너
어디로
가니

너 어디로 가니 식민지 교실에 울려퍼지던 풍금 소리

초판 1쇄 발행 2022년 8월 29일
초판 3쇄 발행 2022년 9월 13일

지은이 이어령
펴낸이 정해종

펴낸곳 ㈜파람북
출판등록 2018년 4월 30일 제2018–000126호
주소 서울특별시 마포구 토정로 222 한국출판콘텐츠센터 303호
전자우편 info@parambook.co.kr **인스타그램** @param.book
페이스북 www.facebook.com/parambook/　　**네이버 포스트** m.post.naver.com/parambook
대표전화 (편집) 02–2038–2633 (마케팅) 070–4353–0561

ISBN 979-11-92265-65-0 03120

너

어디로

가니

식민지 교실에
울려퍼지던 풍금 소리

이어령

이야기 속으로
in medias res

꼬부랑 할머니가
꼬부랑 고개를 넘어가는 이야기

아라비아에는 아라비아의 밤이 있고 아라비아의 이야기가 있습니다. 천하루 밤 동안 왕을 위해서 들려주는 이야기들입니다. 왕이 더 이상 듣기를 원하지 않으면 세에라자드의 목은 사라집니다. 이야기가 곧 목숨입니다. 이야기가 끊기면 목숨도 끊깁니다.

한국에는 한국의 밤이 있고 밤마다 이어지는 이야기가 있습니다. 어렸을 때 들었던 꼬부랑 할머니의 이야기입니다. 아이는 할머니에게 이야기를 조릅니다. 할머니는 어젯밤에 했던 똑같은 이야기를 되풀이합니다. 꼬부랑 할머니가 꼬부랑 지팡이를 짚고 꼬부랑 고개를 넘다가 꼬부랑 강아지를 만나….

아이는 쉴 새 없이 꼬부랑이란 말을 따라 꼬불꼬불 꼬부라진 고갯길을 따라갑니다. 그러다가 이야기 속 그 고개를 다 넘지 못한 채 잠들어버립니다. 다 듣지 못한 할머니의 이야기들은 겨울밤이면 하얀 눈에 덮이고 짧은 여름밤이면 소낙비에 젖어 흘러갈 것입니다.

정말 이상한 이야기가 아닙니까. 왜 모두 꼬부라져 있는지. 가도 가도 꼬부랑이란 말만 되풀이되는데, 왜 같은 이야기를 매일 밤 조르다 잠들었는지 모릅니다. 옛날 옛적으로 시작하는 그 많은 이야기는 모두 다 잊혔는데, 꼬부랑 할머니의 이야기만은 아직도 남아 요즘 아이들이 부르는 노랫소리에서도 들을 수 있습니다. 신기한 일이 아니겠습니까. 이렇다 할 줄거리도 없고 신바람 나는 대목도 눈물 나는 장면도 없습니다. 그저 꼬부라지기만 하면 됩니다. 무엇이든 꼬부랑이란 말만 붙으면 다 좋습니다.

왜 모두가 꼬부랑일까요. 하지만 이렇게 묻는 우리가 이상합니다. 왜냐하면 옛날 할머니들은 누구나 다 꼬부랑 할머니였고, 짚고 다니던 지팡이도 모두 꼬부라져 있었지요. 그리고 나들이 다니던 길도 고갯길도 모두가 꼬불꼬불 꼬부라져 있었습니다. 외갓집으로 가는 논두렁길이나 나무하러 가는 산길이나 모두가 다 그랬습니다.

그러고 보니 생각납니다. 어렸을 때 말입니다. '너와 나'를 '너랑 나랑'이라고 불렀던 시절 말입니다. 그러면 정말 '랑' 자의 부드러운 소리를 타고 꼬부랑 할머니, 꼬부랑 고갯길이 보입니다. 한국 사람들이 잘 부르는 아리랑 고개도 틀림없이 그런 고개였을 겁니다. '꼬부랑' '아리랑' 말도 닮지 않았습니까. 이응으로 끝나는 콧소리 아름다운 세 음절의 낱말. 아리고 쓰린 아픔에도 '랑' 자 하나 붙이면 '아리랑'이 되고 '쓰리랑'이 됩니다. 그 구슬프면서도 신명 나는 노랫가락을 타고 한국인이 살아온 온갖 이야기가 들려옵니다.

그러고 보니 한국말도 아닌데 '랑' 자 붙은 말이 생각납니다. '호모 나랑스

Homo Narrans'란 말입니다. 인류를 분류하는 라틴말의 학명이라는데, 조금도 낯설지 않은 것을 보면 역시 귀에 익은 꼬부랑의 그 '랑' 자 효과 때문인 듯싶습니다. 지식이나 지혜가 있다고 해서 '호모 사피엔스'요, 도구를 만들어 쓸 줄 안다 해서 '호모 파베르'라고 하는가, 아닙니다. 몰라서 그렇지 과학 기술이 발전한 오늘날에는 그런 것이 인간만의 특성이요 능력이 아니라는 점이 밝혀졌습니다. 그러나 어떤 짐승도, 유전자가 인간과 거의 차이가 없다는 침팬지도 밤하늘을 바라보면서 별 이야기를 만들어내고, 땅과 숲을 보며 꽃 이야기를 만들어낼 수는 없습니다. 짐승과 똑같은 동굴 속에서 살던 때도 우리 조상들은 인간이 살아가는 현실과는 전연 다른 허구와 상상의 세계를 만들어냈습니다. 그것이 신화와 전설과 머슴방의 '옛날이야기' 같은 것입니다.

세상이 변했다고 합니다. 어느새 꼬부랑 할머니를 볼 수 없게 되었습니다. 동네 뒤안길에서 장터로 가던 마찻길도 모두 바로 난 자동찻길로 바뀌었습니다. 잠자다 깨어 보니 철길이 생기고 한눈팔다 돌아보니 어느새 꼬부랑 고개 밑으로 굴이 뚫린 것입니다. 그런데도 이야기는 끝난 게 아니라는 겁니다. 바위 고개 꼬부랑 언덕을 혼자 넘으며 눈물짓는 이야기를 지금도 들을 수 있습니다. 호모 나랑스, 이야기꾼의 특성을 타고난 인간의 천성 때문이라 그런가 봅니다.

세상이 골백번 변해도 한국인에게는 꼬부랑 고개, 아리랑 고개 같은 이야기의 피가 가슴속에 흐르는 이유입니다. 천하루 밤을 지새우면 아라비아의 밤과 그 많던 이야기는 언젠가 끝납니다. 하지만 아이들에게 들려주는 꼬부랑 할머니의 열두 고개는 끝이 없습니다. 밤마다 이불을 펴고 덮어주듯이 아이들의 잠자리에서 끝없이 되풀이될 것입니다. 그것은 망각이며 시작입니다.

아니, 아무 이유도 묻지 맙시다. 이야기를 듣다 잠든 아이도 깨우지 맙시다. 누구나 나이를 먹고 늙게 되면 자신이 어렸을 때 들었던 이야기를 이제는 아이들에게 들려주려고 합니다. 천년만년을 이어온 생명줄처럼 이야기줄도 그렇게 이어져왔다고 생각하면 됩니다. 인생 일장춘몽이 아닙니다. 인생 일장 한 토막 이야기인 거지요. 산속에서 길을 잃고 헤매다가 선녀와 신선을 만나 돌아온 나무꾼처럼 믿든 말든 이 세상에서는 한 번도 듣도 보도 못한 옛날이야기를 남기고 가는 거지요. 이것이 지금부터 내가 들려줄 '한국인 이야기' 꼬부랑 열두 고개입니다.

1

천자문 고개

글자로 들여다본 어린 시절

◆ 첫째 꼬부랑길 ◆

한자를 쓰면서 네 눈 달린 창힐과 만나다

◆ 둘째 꼬부랑길 ◆

폭력으로도 지울 수 없었던 한자의 문화유전자

◆ 셋째 꼬부랑길 ◆

양과 조개가 만난 한자의 나라

◆ 넷째 꼬부랑길 ◆

천자문과 천지현황, 표(票)퓰리즘과 대략난감

한자를 쓰면서 네 눈 달린 창힐과 만나다

01 이야기책을 읽어주시던 평소의 어머니와는 달랐다. 방바닥에 벼루와 먹, 그리고 신문지를 깔아놓으시고는 "너도 이젠 학교에 갈 나이가 되었다. 그래서 오늘은 글씨 연습도 할 겸 입춘방을 써야겠다"고 말씀하셨다. "입춘방이 뭔데요?"라는 말에 "그래, 입춘은 한문으로 '봄이 온다'는 뜻이지. 그리고 방은 말이야, 이런 방이 아니고 글을 써 붙이는 종이를 '방'이라고 하는 거란다"라고 말씀하셨다.

밖에는 아직 고드름이 그대로인데 왜 봄이 온다고 야단이신지 모르겠다. 어머니는 신문지 위에 연필로 글씨본을 만들어 놓으시고 따라

立春大吉

立春大吉

세로로 쓴 입춘방(왼쪽)과 그 좌우를 반전시킨 그림(오른쪽)

쓰라고 하신다. "설 입(立), 봄 춘(春), 큰 대(大), 길할 길(吉)…" 큰 소리로 한 자 한 자 읽으시면서 또박또박 내 손을 잡고 써내려가신다. 정성껏 이렇게 써서 기둥이나 대문에 붙이면 귀신이 집 안으로 들어오지 못하고 일

년 내내 좋은 일만 생긴단다. 옛날얘기를 많이 들어서 귀신에 대해서 잘 알고 있었기에 나는 그 말이 믿기지 않아도 처음 쓰는 붓글씨에 정신이 쏠렸다.

02   종이 위에 '설 입'(立) 자의 꼭짓점을 찍는다. 먹물이 까맣게 번진다. 그 순간 한국인들의 운명을 가르는 문자의 세계, 2000년도 넘게 지배해온 한자의 그 역사 속으로 첫발을 들여놓고 있다는 것을 그때 내가 어찌 알았겠는가.

새 옷에 먹물을 묻히면서 백지장 위에 '입춘대길' 넉 자를 겨우 완성시키자, 어머니는 빙그레 웃으셨다. "옛날 같았으면 지금쯤 서당에 다니며 《천자문》*을 다 떼고 《동몽선습》을 읽는 신동*이 됐을 것"이라고 하신다. 그리고 "크면 장원급제해 어사화를 모자에 달고 금의환향했을 것"이라고도 하셨다. 그러나 어머니의 이런 환상은 아버지가 방 안에 들어오시자마자 곧 깨지고 만다. [➥]

• 千字文 | 神童 | [➥] 샛길 〈동몽선습〉

03   "처음 쓴 글씬데 보세요. 조금만 더 연습하면 대문에다 붙여도 되겠지요?"

어머니의 말씀을 들으시고도 아버지의 표정은 밝지 않았다.

"입춘방이란 이렇게 쓰는 게 아녀."

어머니 눈을 피하시고는 입춘방을 뒤집어 비춰 보신다.

"봐라. 거울에 대고 비춰 봐도 이 네 글자는 똑같아 보여야 한다. 좌우가 다르면 안 되는 거다."

원래 '입춘대길'(立春大吉)이라는 네 글자는 좌우가 모두 대칭형으로 된 모양을 하고 있어서 재수가 좋은 글자가 된 것이란다. 그래서 귀신이 들어와 뒤에서 봐도 똑같은 글씨로 보이니까 안으로 들어오지 않은 것으로 알고 들어온 문으로 다시 나가게 된다는 것이다.

04

아버지는 또 한자에 대해서도 말씀해 주셨다. 새 발자국을 보고 한자를 처음 만든 사람은 눈이 네 개나 달려 있었다고 한다. 황제(黃帝)의 사관이었던 창힐(蒼頡)을 두고 하시는 말씀이었다. 전설에 따르면, 창힐이 글자를 다 만들고 났더니 하늘에서는 좁쌀들이 비처럼 쏟아지고 또 어둠 속에서는 귀신 울음소리가 들렸다고 한다. 창힐이 "누가 울고 있느냐"고 묻자 귀신은 이렇게 대답한다.

어둠을 지배하는 귀신이오. 그런데 당신이 글자를 만들어 빛이 환한 세상을 만들어 놨으니 내 있을 곳을 잃어 슬퍼서 우는 거요.

나는 아버지의 설명을 듣고서야 한자가 귀신을 이긴다는 것을 알았다. 그리고 한자를 만든 사람보다 그런 이야기를 해주시는 아버지가 더 존경스러웠다. 칭찬 한마디 없는 아버지가 섭섭했지만, 어머니의 사랑과는 또 다른 아버지의 세계가 존재한다는 사실은 어렴풋이나마 그때도 알고 있었다.

나중에야 알았지만, 세종대왕이 '광화문'(光化門)이라고 이름을 지으신 것 역시 창힐의 그 빛으로 세상을 밝혀(光化) 백성들을 귀신으로부터 벗어나게 하려는 뜻이었다. 창힐의 눈이 네 개였다면, 한글을 만드신 세종대왕의 눈은 여섯 개쯤 되었을 테다. ↪

↪ 샛길 〈창힐과 광화문〉

05 입춘대길, 입춘대길, 입춘대길…. 아버지 말씀을 듣고 귀신도 몰라보게 다시 대칭형으로 고쳐 쓴 입춘방 하나가 뜰 아랫방 기둥에 붙여졌다. 여인네들은 모두 다 칭찬했지만 웬일로 남자들은 내 글씨를 비웃었다. 특히 몇 살 터울밖에 안 되는 형이 놀려댔다. "지렁이다 지렁이. 지렁이가 기어간다!" 내가 약이 올라 "그래, 지렁이다. 어쩔래. 봄이 오니까 지렁이가 나오지." 형제가 싸우는데도 이날만은 온 식구가 말리지 않고 그냥 웃는다. 그래, 묵향(墨香) 같은 향기로운 봄바람이 불고 있었다. 입춘방을 쓰니 정말 봄이 왔다.

샛길

동몽선습

《동몽선습》은 박세무*가 1541년 편
찬한 책이다. 유교의 입문서인 소
학*도 초학자에게는 어려운 편이었
기에, 아동 교육에는 소학의 선수서
(예습용 참고서)가 따로 필요했다. 《동몽
선습》(童蒙先習)은 제목부터 어린아
이(童蒙)의 선수학습(先習)을 위한 책
이라는 의미로, 원래는 가문의 자제
들을 가르치려는 목적이었다. 하지

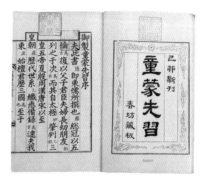
동몽선습

만 소학과 기본 내용이 유사하면서 난이도가 낮고, 아동을 위한 문자학습 교재 역
할도 겸하고 있어 조선시대에 교육용으로 널리 읽혔다. 유교의 다섯 윤리*를 설명
하는 경부(經部), 역사적 사실과 함께 역사에 대한 비평과 이론*을 전개하는 사부
(史部)로 구성되어 있다. 중국사에만 그치지 않고 한국의 역사까지 학습과정에 포함
시켰다는 점이 특징이다.

• 朴世茂(1487~1554) | 小學 | 오륜(五倫) | 史論

창힐과 광화문

창힐은 중국 신화상의 인물로, 《한비자》, 《여씨춘추》 등의 중국 고전에서 한자의 창시자로 등장한다. 고대 중국의 신화적 백과사전인 《산해경》에서는 창힐을 하늘의 신 *이자 해, 달, 바람, 비의 주재자로 소개하고 있다. 황제의 기록관으로 지혜가 뛰어났던 그는 특이하게도 눈이 4개였다. 네 눈 중 둘은 하늘로 향해 별의 움직임

창힐

을 살피고, 나머지 둘은 땅으로 내리깔고 거북이나 새의 흔적을 관찰했다. 이런 관찰에서 영감을 받아 그는 문자를 만들어냈다고 한다. 그렇게 발명된 한자는 만만한 글자가 아니다. 네눈박이가 만든 글자를 익히느라 많은 두눈박이들이 눈을 부릅떠야 했다.

광화문은 경복궁의 정문이다. 1399년 경복궁 주위에 성곽을 쌓으며 여러 성문을 냈고, 정문에는 '사정문'(四正門)이라는 이름이 붙었다. 1425년 (세종 4년) 경복궁의 보수 공사가 있었고, 그때 집현전 학사들이 정문에 '광화문'이라는 이름을 새로 붙여 오늘

조선 시대 광화문 거리

날까지 전해진다. '광화'(光化)라는 말은 《서경》의 '빛이 나라의 바깥까지 덮고 가르침이 온 세상에 미친다'(光被四表 化及萬方, 광피사표 화급만방)에서 따왔다.

• 天神

둘째 꼬부랑길

폭력으로도 지울 수 없었던 한자의 문화유전자

01　작은 탱자 하나가 멀고 먼 시간을 눈뜨게 하듯이 작은 한자 하나가 천만리 멀고 먼 공간을 향한 바람이 된다. 일본의 군국주의자들이 아무리 진군나팔을 불고 총검을 높이 세워도 마음의 문틈으로 새어 들어오는 집단기억을 틀어막을 수 없었다.

'대동아공영권'(大東亞共榮圈)도 그랬다. 여남은 살 어린이에게 '대동아공영권'이라는 말은 퍽 어렵다. 그러나 태평양전쟁을 대동아전쟁(大東亞戰爭)이라고 부르던 시절, 그 전쟁을 선전하는 말로 늘 저 여섯 글자가 따라다녔다. 그러기에 어느 한자보다도 낯이 익다.

그 글자들로 말미암아, '나라 국'(國) 자만 알던 내가 그보다 더 크고 더 넓은 '권'(圈)이 존재함을 깨닫게 된 것이다. 하지만 그것은 '입춘대길'(立春大吉) 자를 쓰며 배운 붓글씨의 기억도 떠올리게 했다. '한가운데가 대칭으로 나뉘는 글자가 길하다.' 대동아공영권 앞의 다섯 자까지는 그렇게 좌우대칭으로 갈라진다. 하지만 맨 끝의 글자만은 다르다.

실제로 일본은 이 '권'(圈) 자에서 결국 걸리게 된다. '대동아공영'까지만 생각했으면 얼마나 일이 잘 풀렸겠나. 하지만 국경(國境)을 넘어 더 커다란 동아시아의 권역(圈域)을 만들려는 생각으로 전쟁을 일으키고야 말았다. 자신은 물론 이웃나라들까지 고통에 빠뜨린 모든 문제들이 이 '권'에서 시작된 게다.

02 　어린아이의 눈에도 이상한 것은 또 있었다. 일본이란 나라 이름에도, 동아시아라고 할 때도 큰 대(大)자가 붙어서 대일본, 대동아라고 했다. 그런데 어째서 막상 제일 큰 아세아(亞細亞, 아시아)에는 '가늘 세'(細)자가 들어 있는가. 무엇을 만드는 걸 일본말로는 '사이쿠', 한자로 쓰면 細工(세공)이라고 한다. 수수깡으로 안경을 만들 때나 쓰는 별 볼 일 없는 글자가 '세'(細) 자 아닌가.

사실 그 의도였다. '아세아'라는 한자어는 중국에 선교하러 온 마테오 리치*에 의해 처음 만들어졌다. 그가 'Asia'를 음역해 '亞細亞'로 옮길 때, 만약 대명제국이 자기네도 그 속에 있음을 알아챘다면 거기에 '가늘 세' 자를 붙이도록 놔뒀겠는가. '탈아입구'*를 선언한 일본인들에게도 비슷한 구석이 있다. 오래전부터 그들은 자기 일본을 항상 아시아 밖에 있는 특수한 나라로 인식해 왔다. 쇼토쿠 태자*가 수양제에게 국서를 보내면서 "해 뜨는 곳의 천자가 해 지는 곳의 천자에 보낸다"고 한 말을 보아도 알 수 있다.

* Matteo Ricci(1552~1610) | 脫亞入歐. 일본은 아시아에서 벗어나 서구 문명 안으로 들어가야 한다는 뜻이다. | 聖德太子(574~622)

03 　'대동아공영권'이란 말은 국가 기밀과 전쟁 첩보를 다루던 이와쿠로 히데오*라는 군인에 의해 만들어졌고, 태평양 전쟁이 일어나기 직전인 1940년에 마쓰오카 요스케* 외무대신의 입을 통해 널

리 퍼진 말이다. 이것을 알면 처음부터 아시아의 번영이 아니라 전쟁을 염두에 두고 만들어진 구호라는 사실까지 눈치챌 수 있다.

그랬기 때문에 대동아공영권을 말하며 가장 많이 사용한 한자는 '영화 영'(榮)자가 아니라 '아닐 비'(非)자였다. 걸핏하면 '비상시'(非常時)라는 말을 내세워 남자들의 머리카락을 깎고 여성들의 긴 옷고름을 가위로 잘라 리본처럼 만들어 놓았다. 남자들은 군민복을 입어야 하고 여성들은 '몸뻬'*를 입어야 했다. 몸뻬는 옛날 일본의 도호쿠 지방 사람들이 일할 때 입었던 옷인데 정부(후생성)에서 디자인해 보급운동을 통해 식민지까지 강제로 착용케 했다. 어머니도 누이도 몸뻬를 입은 모습. 그것이 대동아공영권의 이미지였다. 가수 아와야 노리코*가 전시 위문 연주 때 몸뻬가 아니라 무대의상 차림으로 출연했다고 해서 군 당국의 미움을 샀다는 이야기 하나로 그 억압이 어느 정도였는지 짐작할 수 있다. 그렇게 비상시국에 맞지 않는 행동을 하면 '비국민'(非國民)이라는 딱지가 붙어 비상미(非常米) 배급도 어렵게 된다.

• 岩畔豪雄(1897~1970) | 松岡洋右(1880~1946) | もんぺ. 순우리말로 '허드렛바지', '일바지'라 한다. | 淡谷のり子(1907~1999)

04　　매일같이 비상령이고 비상 경계령이었다. 폭격에 대비한다고 웬만한 문에는 모두 '비상구'(非常口)라고 표시돼 있었다. '대동아'란 말과 함께 한국인에게 늘 이 '아닐 비'(非)라는 한자가 따라다녔기에 우리는 일제에서 해방된 뒤 바로 얼마 전까지만 해도 '비상구', '비상문'이란 글씨를 썼다. 영자로는 그냥 'EXIT'다. 게다가 한자의 본고장인 중국에서는 '태평문'(太平門)이라고 부르는데 말이다. 같은 한자, 같은 문인데 한쪽은 비상이고 한쪽은 태평이다.

한편으로 '대동아공영권'이라는 여섯 자는 뜻하지 않게 내 작은 영혼을 만주 벌판으로, 그리고 공초(空超) 오상순* 시인처럼 아시아의 밤으로 향하게 했다. ⮕

고랸바타케와 히로이나!

(高粱畑は 広いな: 수수밭은 정말 넓구나!)

언뜻 들은 이 한 대목이 나의 먼 조상이 달렸던 만주 벌판의 바람소리를 듣게 한 것이다. 금지의 문자 '비'에 마음 '심'을 붙이면 정말 눈을 감고 울고 있는 '슬플 비'(悲) 자가 되고, 그 반대편에는 환하게 웃고 있는 얼굴을 닮은 '웃음 소'(笑) 자가 보인다. 한자는 어떤 폭력으로도 지울 수 없는 문화유전자였다.

• 吳相淳(1894~1963) | ⮕ 샛길 〈공초, 아시아의 밤을 노래하다〉

샛길

공초, 아시아의 밤을 노래하다

오상순 시인은 지독한 애연가로 유명했다. 하루에 담배 8~9갑, 주례를 서면서도 담배를 피우거나, 담배꽁초에 남은 담배까지 잔에 털어 마시는 등의 기행으로도 유명했다. 호가 '공허함을 초월한다'는 뜻의 공초(空超)였지만, 사람들은 장난삼아 '꽁초'라고 불렀다. 북한산에 있는 시인의 묘 앞에는 자연석으로 만들어진 재떨이가 있다. 시 동인《폐허》의 일원으로, 11연의 장시 '아시아의 마지막 밤 풍경'은 그의 초기 대표작이다. '아시아', '마지막', '밤', '풍경'이라는 표제들은 핵심 시어들로 작품의 골격을 이룬다. 이 시 속 '아시아'에는 분열된 중국, '탈아입구'를 내세우며 침략근성을 노골화하는 일본, 그 틈에서 식민지로 전락한 한국의 모습이 담겨 있다. 그러나 이 아시아의 '밤'에 '마지막'이란 수식어를 붙여줌으로써 시인은 황량한 폐허를 새로운 출발점으로 설정하고자 하는 의지를 보여준다. 아시아의 밤은 어둠의 공간인 동시에, 아침을 품고 있는 시간이다.

오상순 시인. 임응식 촬영, 1954.

양과 조개가 만난 한자의 나라

01 　　암향부동 * 하는 매화의 향기처럼 한자(漢字)는 아주 오래전부
　　터 알게 모르게 동북아시아를 하나로 이어 준 문화유전자 역할
을 해 왔다. 알다시피 한자는 뜻글이어서 글자만 알면 말을 잘 몰라도 의
사를 나눌 수 있다. 그러기에 본바닥 중국은 물론이고 일본에 갔던 조선
통신사들도 "높은 봉우리의 후지산(富士山)"이냐 "1만 2천 봉의 금강산(金
剛山)"이냐를 놓고 토론을 벌일 수 있었다. ➦

한자는 단순한 의사소통의 문자 이상의 것이었다. 마치 그것은 생물의
DNA처럼 복제되고 증식되고 전파되면서 동아시아인의 문화유전자로서
작용해 왔다. 특히 일본의 가토 도루 * 교수의 새로운 한자 해석을 문화유
전자 '밈' * 으로 대체해 보면 그 DNA의 지도까지 그릴 수 있다. * 맨 꼭대
기에 올라가면 3000년 전의 은(殷)나라가 만들어 낸 '조개 패'(貝) 자와 주
(周)나라에서 형성된 '양 양'(羊) 자를 추출해 낼 수 있기 때문이다.

* 暗香浮動 | 加藤徹(1963~) | Meme. 문화유전자 밈에 대해서는 《너 누구니》 중 〈밈 고개〉 참조 |
가토 도루, 《패의 중국인 양의 중국인》, 한명희 역, 수희재, 2007 참조 | ➦ 암향부동, 6 식민지 고개
3-03

02   은나라 사람들은 중국의 풍요한 동방 지역에서 살던 농경민
족이어서 유형의 재화(財貨)를 중심으로 삶을 영위해 왔다. 우
리는 이미 재화라고 할 때의 그 '재'(財) 자와 '화'(貨) 자에 모두 '조개 패'
(貝) 자가 들어 있다는 사실을 알 수 있다. 이것은 고대의 화폐로 사용된
'자안패'(子安貝)를 의미하는 것으로 이 조개 '패' 변을 쓰는 한자들은 모
두 돈과 관계된 의미를 지니게 된다. 물건을 매매(賣買)하고 무역(貿易)을
하여 보물(寶物)을 얻는 그 모든 한자 말에는 조개 '貝'가 따라다닌다. 심
지어 내가 학교에서 처음 받은 공책 표지 위에 커다랗게 찍힌 고무도장도
바로 이 '패' 자가 들어간 '賞'(상) 자였다. ➦

➦ 샛길 〈조개로 돈을 만들다〉

03   한편 주나라 사람들의 조상은 중국 서북부의 유목민족으로 불
모의 스텝 * 지방이나 사막을 이동하며 살던 노마드 문화를 간
직하고 있었다. 그래서 땅보다는 항상 '하늘에서 큰 힘이 내려오는' 보편
적인 일신교를 숭상하며 살았다. 자연히 양을 잡아 제례를 올리는 그 생
활 풍습에서 양의 제물을 통해 선악(善惡)을 나누고, 의(義)와 불의(不義)
를 가리고, 미운 것과 추한 것의 의미를 분별했다. 그러니까 은나라와는
대조적으로 주나라 사람들은 무형의 이념을 추구하는 데서 삶의 가치를
찾았다. '의로울 의'(義), '아름다울 미'(美), '착할 선'(善), 그것들이 바로 무
형의 가치를 담은 '양' 자의 문화유전자다. 식민지 아이들이 수백 번 외우
지 않으면 안 되는 군가 〈일본 육군〉 * 의 노랫말 "하늘을 대신하여 불의를
친다"(天に代わりて不義を討つ)에도 그 이데올로기의 흔적이 한자라는 문
화유전자로 숨어 있었다.

• Steppe | 〈日本陸軍〉

04 동방계 농경집단인 은나라의 '조개 패' 자가 만들어 낸 것은 현실주의적인 물질문화이고, 서방계 유목집단인 주나라의 '양양' 자가 구축한 것은 관념주의적 정신문화라고 할 수 있다. 그것들이 충돌하고 혼합된 은주혁명(殷周革命)에서 오늘의 그 거대한 중국 문화의 틀(祖型)이 만들어진 셈이다. 그래서 밖으로는 예의와 신의를 따지고 안으로는 실리를 계산하는 한족들은 조개와 양이 만난 문자의 나라에서 수천 년 동안 두 얼굴을 지니며 살아왔다는 것이다. ⬏

오늘 우리가 사용하고 있는 '상인'(商人)이라는 말도 은나라로부터 생긴 말이라고 한다. 은을 '상'(商)이라고도 불렀는데, 나라를 잃고 물재를 거래하는 은나라 백성들이 생업을 일삼은 데서 오늘의 '상업', '상인'이란 말이 생겨났다는 설이다. ⬏

그리고 보면 가토 교수의 그 조개와 양의 문화 읽기는 한족이나 중국 문화에서 그쳐서는 안 될 것 같다. 한국으로 그리고 왕인*을 통해 일본으로 전파되면서 그 한자의 조형인 '패'와 '양'의 두 나선형 문화유전자가 우리의 머리와 가슴속으로도 복제됐을 것이기 때문이다. 그리고 '양'과 '패'의 한자 밈이 한국에 오면, '양'은 '이'(理)가 되고 '패'는 '기'(氣)가 된다는 사실도 알게 된다. 거기에서 행인지 불행인지 '이'가 '기'를 누르면서 '양'이 조개 '패'를 압도한 조선조 500년의 역사가 전개된다.

• 일본의 역사책 《고사기(古事記)》에는 그 이름이 '와니기시(和邇吉師)'로, 《일본서기(日本書紀)》에는 왕인(王仁)으로 기록되어 있다. | ⬏ 샛길 〈'주지육림'은 만들어진 이야기〉 | ⬏ 샛길 〈상인의 유래〉

05 한편 '양'이 일본 땅으로 건너가면 에도 시대*의 '부시도'(武士道, 무사도)가 되고 '패'는 조닌(町人)의 상인문화로 변한다. 도쿠가와 막부는 조선통신사를 비롯, 한국의 주자학을 들여옴으로써 병마

(兵馬)를 충효(忠孝)로 바꾸는 통치를 폈다. 그래서 300년 가까운 칼싸움 없는 평화를 유지해 왔다. 탈아주의(脫亞主義), 곧 탈아시아주의의 주역인 후쿠자와 유키치˚의 아버지만 해도 일본의 서당인 데라코야˚에서 아이들이 주판과 산수를 배우는 것에 분개했다는 이야기가 전한다. 그리고 《자살의 일본사》˚를 쓴 모리스 팽게의 증언에 따르면, 하녀가 없는 가난한 사무라이들은 물건을 사올 때면 밤에 몰래 얼굴을 가리고 갔다는 게다. 무사(武士)에도 '사'(士) 자가 붙어 있으니 그들도 한국의 선비와 비슷한 '양'의 문화유전자를 지니고 살았음을 나타내는 일화들이다.

한자를 버리지 않는 한 일본의 내셔널리즘도 대동아도 모순에 빠진다. 식민지 아이들부터 한(韓), 왜(倭), 양(洋), 세 한자말을 알고 있어서 청요리는 물론이고 한식, 왜식, 양식을 혼돈하지 않고 가려 먹을 줄 알았으니까.

• 江戶時代. 에도(지금의 도쿄)를 본거지로 했던 에도막부가 집권하던 시대. 1603년에 정이대장군 (征夷大將軍, 세이이다이쇼군)에 취임한 도쿠가와 이에야스가 도요토미 가문을 멸망시키고 일본의 패권을 확립한 1615년부터 메이지유신이 일어난 1867년까지 약 252년간 지속되었다. | 福澤諭吉 (1835~1901) | 寺子屋 | Pinguet, 《La Mort volontaire au Japon》, 1992. 일본 출간명 《自死の日本史》

조개로 돈을 만들다

자안패는 조개의 일종으로, 여성의
성기와 닮은꼴이다. 중국에서는 '보
패'(寶貝)라고 불렸는데, 특히 은나라
사람들이 무척 좋아했던 조개다. 고
대의 금석문(단단한 돌이나 금속 등에 새긴
글)에는 이 조개가 자주 등장하는데,
"보패를 10줄 하사했다"는 등의 기록

을 보면 권력을 드러내는 하사품으로도 이용되었음을 알 수 있다. 당시 이런 조개
들은 서방의 옥과 함께 가장 희귀한 사치품에 해당했다. '보배 보'(寶) 자만 살펴봐
도 지붕(宀) 아래 옥(玉)과 조개(貝)가 있는 모양 아닌가. 이렇게 조개는 고대 중국의
대표적인 가치저장수단으로, 화폐(貨幣)의 대명사가 된다.

한국과 일본에서는 자안패가 고고학적으로 발견되는 예가 많지 않고, 일본의 조몬
시대에 해당하는 추전현 삼승예* 유적 등에서 일부만 출토될 뿐이다. 최종규 경남
고고학연구소장에 의하면 자안패는 오늘날 "자생 북방한계선이 타이완이나 오키나
와 등 아열대 바다"로, 고대 한국인들이나 일본인들에게도 무척 희귀한 외국의 보
물이었다. '자안'이라는 말은 원래 일본에서 순산(順産)을 뜻하는데, 근대 이후에 이
조개가 순산을 돕는다는 민간신앙이 생겨서 자안패라는 이름이 붙었고, 주로 여자
들이 부적처럼 지니고 다녔다.

• 秋田縣 三升刈

'주지육림'은 만들어진 이야기

사마천의 《사기》 등 고전 역사서에 따르면, 은나라의 마지막 왕 주왕은 폭군 중의 폭군이었다. 그는 주지육림(酒池肉林), 술로 연못을 만들고 고기로 숲을 이루는 사치를 부려 나라를 기울게 하고, 자신에게 간언하는 대신들을 포락지형(炮烙之刑) 등 온갖 잔학한 방법으로 살해했다. 이에 대항하여 주나라의 무왕이 제후들을 모아 군대를 일으켰고, 목야의 전투에서 주왕을 격파한 다음 새 왕조를 세웠다. 이를 '은주혁명'이라고 부른다.

세월이 흐르자 은나라의 흔적은 후대의 기록을 제외하면 완전히 사라졌다. 오랫동안 사람들은 은나라를 실존한 적이 없는, 전설의 왕조라고 믿고 있었다. 하지만 19세기 말에 갑골문자가 발견되었고, 1928년부터는 은의 수도였던 은허(오늘날의 허난성 안양)의 발굴작업이 시작되면서 은나라는 역사의 햇빛 아래 다시 모습을 드러냈다. 그것도 갑골문, 청동기 등 고도의 문명을 증거하는 유물들이, 엄청난 양으로 바깥에 쏟아져 나온 거다. 당대의 유물들이 전하는 은주혁명의 진실은 사람들이 알던 전설과는 사뭇 달랐다.

은나라의 마지막 왕, 제신(주왕)은 조상에게 제사를 열심히 올리던 경건한 인물이었다. 멸망 직전 은나라는 '자안패'를 구하려고 인방*이라는 민족이 살던 동쪽으로 수차례 원정군을 보냈던 것으로 기록되어 있다. 사실은 그 배후를 서방의 주나라가 쳤던 거다. 주지육림의 권선징악적인 전설들이 정복자인 주나라에게 유리하도록 만들어졌고, 패배자인 은나라의 목소리는 수천 년 동안 묻혀 있게 됐다.

• 人方

상인의 유래

은나라 사람들이 원래 자신을 부르던 이름
은 '상'(商)이었다. 상의 선조인 계(契)는 치
수의 공을 세워 상 땅에 봉해졌다. 상 왕조
의 갑골문에 '상수'(商水)라는 강 이름이 나
오는데, 이는 오늘날 하북성 남부에 있는
장수(漳水)를 가리킨다. 당시 상수 연안에
살던 사람들에게 상족, 또는 상인(商人)이
라는 이름이 붙은 거다. 상족은 초기에는
물과 풀이 있는 곳을 돌아다니며 생활했
다. 자주 이동하는 유목민족의 특징을 초
기 상족에게서도 찾아볼 수 있다.

글자 商의 변천 과정

은 왕조가 주나라에게 3000년 전 멸망하자 상인들은 토지를 빼앗긴 망국의 백성,
말하자면 고대 중국에서 유대인 같은 존재가 되었다. 상인들은 각지로 흩어졌고, 서
로 연락을 취하며 무역을 새로운 직업으로 삼았다. 이것이 '상인', '상업'의 어원이라
고 한다.

고향 땅을 떠난 사람들은 새로운 환경에서 좋든 싫든 실력을 닦지 않으면 안 된다.
'동양의 유대인'으로 불리는 하카(客家)도 그렇다. 태평천국의 지도자였던 홍수전,*
중국의 국부(國父) 쑨원,* 싱가포르 전 수상 리콴유,* 타이완의 전 총통 리덩후이,*
중국 주석이었던 덩샤오핑*도 모두 하카 출신이다.

- 洪秀全(1814~1864) | 孫文(1866~1925) | 李光耀(1923~2015) | 李登輝(1923~2020) | 鄧小平
  (1904~1997)

천자문과 천지현황, 표(票)퓰리즘과 대략난감

01   한자 이야기를 하다 보니《천자문》배울 때가 생각난다. 옛날 어렸을 때만 해도 아직 서당이 남아 있어서, 시골에서는 여전히 학교를 다니면서도 옛날 서당 선생에게 한자를 배우는 일이 많았다. 서당이 아니라도 집에서 보통 천자문을 가르쳤다. 수백 년을 두고 한국 사람이면 누구나, 근대교육 기관이 생기기 전까지 필수로 배우는 책이 바로 천자문이었던 거다.

그런데《천자문》을 배우면서 우물의 도르래 장치가 끊어진 듯한 답답함을 느꼈다. 《천자문》은 4자씩 사언고시˙로 되어 있다. 왜 2자와 4자의 틀로 세상을 봐야 하는지 누구도 가르쳐주지 않았던 게다.

˙ 四言古詩

02   또 한자로 된 성씨는 김·이·박처럼 거의 한 글자이고, 이름은 두 글자다.

그 까닭을 아무도 설명해주지 않았다. 지명˙도 한양, 부산, 대구, 광주, 대전 등 온통 두 자다. 구룡포, 노량진, 삼랑진, 조치원, 의정부 같은 예외는

극히 일부다. 중국과 일본 역시 예외 없이 두 자다. 들쑥날쑥하지 않게 아예 법으로 막아버렸던 것이다.

우리말로 된 아름다운 지명을 호명해본다. 골짜기를 뜻하는 강원도 사투리인 '고라데이', 마을이 호리병을 닮아 붙여진 '호려울', 둔전으로 부치던 밭이 있다는 '둔지미', 가락처럼 좁은 골짜기에 있다고 해서 '가락골', 마을이 누운 범과 닮아 '범지기', 황소의 뚜레처럼 생겼다고 '도램말' 같은 순우리말 이름들이 안타깝게도 두 자 한자로 잊히고 말았다.

• 地名

03

나는 소학교에 입학하기 전 형을 따라 서당에 갔다. 그때만 해도 시골에 서당이 있었다. 만발한 살구나무 옆 허물어진 초가. 도무지 사람 사는 집 같지 않았다. 형의 손에 이끌려 문을 열고 들어가 보니 망태는 찌그러지고 귀밑머리가 하얀 숭늙은이가 좌정해 있었다.

순간, 오금이 저려 옴짝달싹할 수 없었다. 컴컴한 방 안, 믿기지 않을 정적 속에 위엄을 가진 선비가 앉아 있었다. 그가 바로 훈장 선생이었다.

꼭 훈장이 아니더라도 시골에는 그런 낙탁(落魄)한 선비가 있었다. 조로서도(새와 쥐만이 다닐 수 있는 좁은 길)˚ 같은 채소밭 한 이랑 없는, 쓰디쓴 씀바귀나물을 엿처럼 달다고 여기는 정신의 승리자들이었다.

마을 사람들은 자기 자식을 군이 맡기고 싶어서가 아니라 선비를 존경하는 뜻에서 콩도 갖다주고 고추도 따다 주면서 '우리 아이에게 글 좀 가르쳐주세요.' 해서 생겨난 게 서당이다. 그게 선비의 나라이고 한국인 이야기다.

굶을지언정 나라 걱정이 태산인 사람들, 버드나무 가지처럼 흔들리며 살 것 같지만 빳빳한 옥양목처럼 투명한 이가 조선의 선비들이자 마을의 훈장이었다.

• 鳥路鼠道

04   어린 나는 《천자문》 첫 수업부터 눈앞이 캄캄했다. '하늘 천
(天), 땅 지(地), 검을 현(玄), 누를 황(黃)', 즉 '하늘은 검고 땅은
누렇다'는 문장을 보며 탱자나무 가시울타리를 마주한 느낌이었다.

"왜 하늘이 검나요? 내가 보기엔 파란데요?"라고 물으면 훈장 선생은 화
부터 냈다.

"이놈아, 밤에 보면 하늘이 검잖아."

"그러면 땅도 검어야지 왜 누렇다고 해요? 밤에 보면 다 까만데요?"

훈장은 "이 쥐방울만 한 녀석이 어딜 와서 따져? 옛 선현들이 다 그렇게
말씀하신 걸 가지고"라고 나무랐다. 하지만 다그친다고 의문이 사라지는
것은 아니었다.

이것, '왜 하늘은 파란데도 서당에 가면 까맣다고 하는가'가 지식에 대한
나의 첫 궁금증이었다. 지금이니까 그렇지, 옛날은 누구나 천자문 외우지
않고는 지식인이 될 수 없었다. 무수한 사람들이 인생을 살아가는 데 있
어 천자문이 가장 기본이고 최초로 입력된 지식이었다.📌

📌 자세히 읽기 〈왜 천자문에서는 하늘이 검다고 했을까〉

05   그것뿐만이 아니었다. 초등학교에 들어갔더니 서당 선생과 똑
같이 황당한 소릴 하는 게다. 지구는 둥글고, 지구는 태양을 향
해서 돈다고 했다. 아무리 보더라도 땅 전체가 이렇게 판판한 걸로 보이는
데, 그리고 아무리 봐도 태양이 뜨지 지구나 내가 돌지는 않는데 말이다.
그러니까 서당에 가면 내가 파랗다고 느꼈던 하늘을 까맣다고 배우고, 학
교에 가면 분명히 해가 떠서 우리 주위를 도는데 선생님은 "아니야 우리가
도는 거야, 지구가 도는 거야"라고 가르치시는 것이다. 교육이란 내가 알고
있고 내가 생각하는 것이 다 거짓말이고 가짜가 되는 경험이었다.

김홍도, 〈서당〉, 18세기, 국립중앙박물관 소장《단원 풍속도첩》수록

06   김홍도[*]의 〈서당〉 그림을 본다. 훌륭한 선생님이 사모관대 쓰고 좀 엄숙한 모습이다. 저런 분이 딱 앉아서 "예이, 이 녀석!" 하면 영락없이 우리는 저렇게 울어야 했다. 그림 속에 옆의 아이들이 다 비웃고 있지만 사실 혼난 애가 장래성 있는 아이가 아닐까. 왜냐하면 선생님이 외우라고 해서 딸딸 잘 외워 "신동 났다" 하는 애는 앵무새에 불과하니까. 앵무새처럼 선생님이 "하늘 천 따 지" 하면 따라서 "하늘 천 따 지" 하고. "예, 하늘은 까맣고 땅이 노랗습니다"라고 대답하고….

• 金弘道(1745~1806)

07　5월 5일이면 부르는 〈어린이날 노래〉가 있다. 이렇게 부른다.

1절)　　　날아라 새들아 푸른 하늘을
　　　　　달려라 냇물아 푸른 벌판을
　　　　　5월은 푸르구나 우리들은 자란다
　　　　　오늘은 어린이날 우리들 세상

2절)　　　우리가 자라면 나라의 일꾼
　　　　　손잡고 나가자 서로 정답게
　　　　　5월은 푸르구나 우리들은 자란다
　　　　　오늘은 어린이날 우리들 세상

이 노래에서 보면 '푸른 하늘'과 '푸른 벌판'이 나온다. 그러니 하늘도 푸르고 땅도 푸르다. 하지만 어째서 서당에 들어오면 까매지고 누래져서 천지현황이라고 가르칠까? 왜 분명히 태양이 돌고 있는데 선생님은 우리가 돈다고 할까? 이렇게 생각하지 않고 선생님 말을 그냥 들은 사람은 머리에서 자기 사고 능력이 자라지 않는다. 마비에 걸린 것처럼 내 생각하는 머리는 전부 정지되고, 남들이 가르쳐 주는 것만 진리라고 생각한다.

08　서당 훈장이 가르쳐 주는 대로 한 달 만에 또는 일주일 만에 《천자문》을 떼서 "이 마을에 신동 났다" 하면 진짜 신동일까. 남들이 '하늘 천 따 지 검을 현 누루 황' 불러준 걸 덮어놓고 외운 것에 불과하다. 지금 우리가 사는 IT, 컴퓨터 시대에 이런 암기 기계는 힘을 잃는다. 지금은 '내 눈으로 본 하늘은 파란데 왜 책에서는 검죠?'라고 질문했

던 사람들의 시대다. 그리고 선생님 앞에서 야단맞고 훌쩍훌쩍 울었을 사람들의 시대기도 하다.

09 그리고 나는 '하늘이 까맣고 땅은 누렇다'는 4자가 왜 우리말 어순처럼 '천현지황'이 아니고 '천지현황'인지 늘 궁금했다. 하지만 누구도 가르쳐 주는 사람은 없었다.

'천지현황'의 운(韻)은 '황'이다. 그다음 우주홍황(宇宙洪荒)에서 '황'이 반복되고 있다. 운을 밟는 것이다. 글자는 다른데 운율은 같다. 기가 막힌 리듬을 밟아가면서 천(天)은 우(宇)가 되고 지(地)는 주(宙)가 되고 현(玄)은 홍(洪)이 되고 황(黃)은 황(荒)이 된 것이다. 일직선으로 읽지 않고 겹쳐서 읽으면 뜻이 더 확실하다. 천지(天地)는 우주(宇宙)가 되고, 현황(玄黃)은 홍황(洪荒)이 되는 식이다.

이렇게 시는 줄글, 산문처럼 일직선으로 가지 않고 겹쳐서 겹쳐서 간다. 이것은 문법적인 문제라기보다는 수사학적인 것인데, 병렬문,* 패럴렐리즘이라고 한다. 천지현황 우주홍황이 서로 짝을 이루고 있다. 이것만 알아도 독자들은 《천자문》의 비밀 하나를 푼 셈이 된다.

• 竝列文

10 〈용비어천가〉(龍飛御天歌)에도 그런 현상이 목격된다.

불휘 기픈 남근 부르매 아니 뮐씨 곶 됴코 여름 하느니,

시미 기픈 므른 구무래 아니 그츨씨 내히 이러 바루래 가느니

'뿌리 깊은 나무⋯.'로 이어진 문장이 쭉 이어지는 게 아니라, '샘이 깊은

물….'로 다시 시작된다. 이 두 시행은 문법적으로나 음운적으로 완벽한 대등 관계를 갖고 있다. 앞뒤가 종속적으로 맺어져 있는 것이 아니라 대등한 의미로 나란히 짝을 짓고 있다.

판소리 《춘향전》을 봐도 비슷한 구조를 확인할 수 있다. 창자(唱者), 부르는 사람이 춘향과 이 도령의 이별 장면을 부르는 장면을 살펴보자. 춘향이는 떠나가는 이 도령을 보는데, 이 도령은 염티고개를 넘어간다. 그때 그 광경을 애절하게 절창으로 부른다.

아 여보 도련님 아따 그만 좀 갑시다.

도련님 하릴없어 말 위에 올라타니

춘향이 정신을 차려 한손으로 말고삐를 잡고 또 한손으로 도련님 등자디딘 다리 잡고

"아이고 여보 도련님 한양이 머다 말고 소식이나 전하여주오!"

말은 가자 네 굽을 치는디 임은 꼭 붙들고 아니 놓네.

저 방자 미워라고 이랴 툭쳐 말을 몰아 다랑다랑 훨훨 넘어서니

그때의 춘향이 난 따라갈 수도 없고 높은 데 올라서서

이마 위에 손을 얹고 도련님 가시는 디만 못두두루미 바라보니 가는 대로 적게 뵌다.

달만큼 보이다 별만큼 보이다 나비만큼 불티만큼 망종 고개 넘어 아주 깜박 넘어가니

그림자도 못 보것네.

- 김소희 〈춘향가〉 중에서, 서울레코드, 1995

11 "(님의 얼굴이) 달만큼 별만큼, 나비만큼 불티만큼 망종고개 넘어 아주 깜박 넘어가니". 보통 사람은 "달처럼 보이다가 별처럼 보이다가 아이고, 자꾸 가니까 안 보이네" 이랬을 텐데, "달처럼 보이다가 별처럼 보이다가", 그다음에 "나비처럼 보이다가 티끌처럼 보이다가 망종고개를 넘어가니"로 되어 있다.

판소리에 왜 이렇게 되어 있을까. 수천 번 읽은 이들도 그 뜻을 모른다. 별이 나비보다 작을까? 눈으로 보이는 크기로 보면 별이 나비보다 작다. 그러면 이 도령이 가다가 되돌아왔을까? 다시 읽어 보자. 달, 별보다 님이 더 멀리 갔는데 이번에는 '나비처럼 보이다가'로 되어 있다. 그리고 티끌처럼 보인다고 서술한다. 물론 티끌은 별보다 작다.

12 이 순간 깨닫게 된다. 병렬법으로 보면 '달과 별'이 '나비와 티끌'과 짝을 이룬다. '천지현황'의 구조처럼 말이다. 또 자세히 보면 앞(달과 별)은 얼굴을 표현한 것이고 뒤(나비와 티끌)는 움직임을 표현해 놓았다. 달과 별은 정지, 나비와 티끌은 동작을 나타낸 것이다. 이제야 무언가 윤곽이 머릿속에서 그려지는 듯하다.

〈용비어천가〉에서는 '뿌리 깊은 나무'하고 다음 구절 '샘이 깊은 물' 사이에 어떤 인과관계가 없다. 놀랍게도 《춘향전》에서 그 대칭관계가 확인된다. 만약 대칭구조가 아니라면 이 도령(의 얼굴은) 순차적으로 점점 멀어져야 한다. 그런데 멀어지는 모양을 두 가지로 나눠 본다. 얼굴과 몸짓으로. 이게 바로 병렬구조다. 그러니까 달이 무엇과 연결된다고? 나비. 별에는 뭐? 티끌. 천에는 뭐? 현. 지에는? 황.

그게 바로 중국 시(詩)문학, 더 나아가 동양문학의 특징인 병렬구조다. 언어학자 로만 야콥슨*이 동양철학과 동양시학의 기본을 '패럴렐리즘'*으로 설명한다는 것도 그런 까닭이다.

• Roman Jakobson(1896~1982) | Parallelism, 대구법(對句法). 하나의 작품에서 줄거리의 구성, 인물, 대사 따위를 서로 조응(照應)시켜 항상 평행적으로 전개하는 방법을 말한다.

13 그럼 천자(千字)란 것은 정체가 무엇인가.《천자문》을 언제 누가 어떻게 만들었는지, 그것도 어린 시절 내게 누가 안 가르쳐 주었던 거다.

《천자문》은 중국이 남북조 시대로 갈라졌을 4~5세기 무렵 양나라의 무제˙가 주흥사˙란 사람을 시켜 만들게 했다. 무제는 왕위를 찬탈해 왕이 되었지만, 학구적인 인물이었다. 아이들을 교육시키는 데에도 관심을 기울였는데, 이게 간단하지 않았다. 상형 문자인 한자는 글자 수가 너무 많았던 게다. 수천, 수만 자를 모두 가르칠 수 없는 노릇이었다. 게다가 요즘 같은 필기도구도 없어 붓글씨를 배워야 했다.

무제는 아이들이 어떻게 하면 재미있게 공부할까? 궁리하다 운을 달아 리드미컬하게 배우면 되겠다고 생각했다. 마치 구구단을 외우듯이 말이다. 그래서 당시 문관이었던 주흥사를 불러서 이렇게 명령했다.

"야, 우리 애들 가르치게 학습서를 만들어 봐. 그런데 절대로 두 번 중복되면 안 돼! 한 번 배운 거 또 배워야 되니까. 또 외우기 좋게 운율도 넣고. 거기다 자연, 인간, 사물의 이치, 세상만사 안의 모든 일이 들어가는 교육적인 내용으로 재미있게 써. 분량은 천 자 안으로."

그런데 시간도 별로 안 주었다고 한다.

"내일 아침까지 당장 만들어 와!"

대개 높은 사람들이 지시할 때 그렇게 어처구니가 없는 법이다.

• 梁武帝(464~549) | 周興嗣(470~521)

14 　그러나 하룻밤 동안 이 사람(주흥사)이 중복 안 되는 천 자에 전인간, 자연, 천지만물의 이치를 다 넣어 만든 것이 《천자문》이다. 두 자씩 짝을 지워 1구 4자로 250구, 모두 1000자로 된 고시이자 문학작품이 되었다. 그런데 생활에서 자주 쓰이는 봄 춘(春)자가 빠져 있고 '일(一)'부터 '십(十)'까지 숫자도 다 갖추지 않았다. 심지어 동서남북의 '북(北)'도 없다.

어쨌든 주흥사가 한 글자도 중복되지 않도록 신경을 쓰다 보니 하룻밤 새에 머리가 하얗게 세었다는 전설이 전한다. 믿기 어렵다고? 소설 《레미제라블》에도 비슷한 표현이 나온다. 밤새 고민하며 돌아다녔더니 아침에 일어나 머리가 허옇더라는 이야기 말이다. 사람은 이처럼 큰 압력을 받고 나면 하룻밤 사이에 머리가 하얗게 셀 수가 있다. 그러니까 여러분들, 지금 머리가 검다고 어른들 앞에서 너무 우쭐대지 마시길…. 고민이 있으면 그다음 날 할아버지가 될 수도 있으니⮕

⮕ 샛길 〈하얀 머리카락과 바꾼 글자들〉

15 　이렇게 한자가 까다롭고 배우기 어렵다지만 요즘 젊은이들은 '한자 말놀이'로 맞선다. 인터넷 댓글이나 휴대전화 문자, 채팅에서 등장하더니 광고나 TV 드라마 등 제도권 안으로 흡수되고 있다.

대중영합주의라는 뜻의 외래어 '포퓰리즘''에 한자를 넣어 '票퓰리즘'이라 써보라. 한층 의미가 명확해진다. '다 주세요'라는 말도 '多주세요' '이 사람'을 '李사람'이라 써보라. '많이 달라'는 의미와 연결되고, '이 사람'이 자연스레 '이씨 성'을 가진 사람을 지칭한다.

이처럼 사자성어(四字成語)도 시대에 맞게 변신하고 있다.

'대략난감'이란 말을 들어본 적이 있는가. 이 말을 듣고 한자 사전을 뒤진다면 구세대나 쉰세대 소리를 들을지 모른다. '내로남불, 대략낭패, 완전열공, 찍먹부먹, 낄끼빠빠, 할많하않' 등 수없이 많다. 좀 더 예를 들어볼까? 호구지책˚(호구는 지 스스로 책망한다), 고진감래˚(고생을 진탕하고 나면 감기 몸살이 온다), 삼고초려˚(쓰리고 할 때는 초단 조심) 등 '짝퉁 사자성어'는 지금도 만들어지고 있다. 단순한 말장난을 넘어 한글과 한자의 어울림이 재미와 함께 기성세대와 신세대 간 소통의 도구로 진화하고 있다.

• Populism. 인기에 영합하는 대중 정치 형태를 말한다. 대중을 동원하여 권력을 유지하는 정치 체제로 대중주의라고도 하며 엘리트주의와 상대되는 개념이다. | 糊口之策 | 苦盡甘來 | 三顧草廬

샛길

하얀 머리카락과 바꾼 글자들

"우리나라에서는 나이 4~5세 된 아이들에게 우선 천자문을 가르치는데 저속한 학
자들이 이 책 제목을 《백수문》(白首文)이라 썼으니 매우 야비하다. 그러나 그렇게 쓴
까닭이 있다. 진미공(陳眉公) 계유 *의 《미공비급》(眉公祕笈)을 상고해 보니 이런 문
장이 나온다.

'천자문은 양나라 주흥사가 편차(編次, 순서에 따라 편집)하고 왕우군(왕희지)이 썼다
고 하는데 (전후 상황을) 다 알지 못한 말이다. 당초에 양무제가 여러 왕자에게 글
씨를 가르치려고 은철석에게 명하여 왕우군의 글씨 중에서 중복되지 아니한
글자 1000자를 탑본하여 조각 종이 하나에 글자 하나씩 넣게 하고는 차례 없이
뒤섞여 있는 것을 무제가 주흥사를 불러 '경이 재주가 있으니 나를 위하여 귀
글을 지어 주오.' 하자 주흥사가 하룻저녁에 편차를 끝내어 올렸는데 이때에 주
흥사의 머리털이 다 희어져서 상을 매우 후하게 주었다 하므로 '백수문'이라 한
다.'

하였다." *

• 陳繼儒(1558~1639). 중국 명나라 때의 서예가 | 이규경, 《분류 오주연문장전산고》 경세편 4, 민족문
화추진회, 1979, 177쪽.

한석봉의 천자문

혼란스러운 일본의 서당, 데라코야

일본에도 서당이 있고 글방이 있었다. 데라코야(寺子屋)라고 했는데, 그곳 학생들은 읽기와 쓰기뿐만 아니고 주판까지 배웠다. 우리는 서당에서 오로지 붓으로 가르쳤지만 말이다. 전해져 오는 일본 데라코야 그림을 보자. 한 아이가 책상 밑에서 나오고 다른 한 아이는 가면까지 쓰고 옆 학생을 놀린다. 아래쪽 학생은 다른 아이를 막 때리려고 한다. 사무라이 훈장은 그 광경을 보고만 있다. 교실붕괴다. 벌써 이 시대에 교실이 붕괴돼 아이들이 제멋대로 논다. 만약 우리가 일본에서 태어났으면 어떻게 될 뻔했나?

일본의 《천자문》은 왕인 박사가 전한 것이다. 지금 영암에 가면 천자문 비석을 확인할 수 있는데 왕인 박사가 태어난 곳이다. 영산강을 따라 서해로 흘러가는 영암의 바닷길이 해류를 따라 일본으로 이어진 셈이다. 삼국시대부터 고려시대까지 영암은 일본과의 무역항으로, 당시 우리나라의 선진 문물을 전파하는 통로였다. 오경박사 왕인은 백제 전성기에 일본 천황의 요청으로 바다를 건너갔는데, 특이하게도 오직 일본의 사료로만 전해진다. 일본 황실 고문이면서 태자의 스승으로 일본의 아스카문화의 꽃을 피우게 했다. 이 왕인이 일본에 사서삼경(四書三經)과 《천자문》 한 권을 가져갔다고 한다. 왕인 박사가 가져온 《천자문》을 보고 일본 사람들도 처음 "하늘 천 따 지"를 배웠다. 그러니까 왕인은 일본 사람들에게 글자를 가르쳐 준 큰 서당 선생님이었던 셈이다.

그런데 일본 사람들은 서당에서 천자문만 공부하지 않았다. 주판도 가르치고, 왕래물(往來物)이란 것도 가르쳤다. 왕래물은 편지로 오고 간(往來) 것이라는 뜻이다. 만약 선생님께 "하늘은 왜 까맣습니까?", "장사할 때는 어떻게 해야 됩니까?"라고 편지를 보내면, "이러이러하여 그렇습니다", "이렇게 해야 합니다"라는 답장이 올 거다. 이렇게 편지로 주고받은 문답들을 모아 교과서로 만들었다. 이 왕래물을 교재로 상업도 가르치고 농업도 가르치고 실용 학문도 가르쳤다. 요즘 말로 하면 일본인들은 일찌감치 인터랙션(Interaction, 대화)을 한 거다.

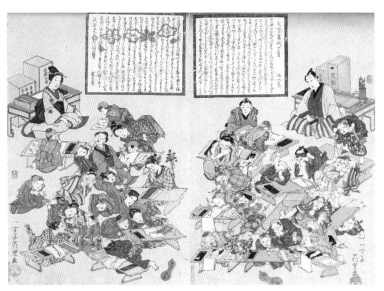

잇순시 하나사토, 〈文學萬代の寶〉, 1840년대. 데라코야를 묘사한 우키요에다.

조선의 서당에서는 선생님이 "천자문에서 하늘이 검은 이유는 이런 것이다"라고 가르쳤다면 어떻게 되었을까 생각한다. 하지만 조선에서는 엄한 훈장 선생 밑에서 "토를 달지 말라"는 가르침에 익숙해야만 했다. 그런데 일본 아이들은 어땠을까?

사실 앞의 그림에는 글방 아이들에게 이런 식의 장난을 하지 말라는 뜻이 담겨 있다고 한다. 〈글을 배운다는 것은 만대에 재보가 되느니라〉라는 제목의 우키요에 ˚ 인쇄물이다. 이것을 보며 문득 깨닫게 된다. 일본 사람들이 집단주의이고 굉장히 규율이 있는 줄 알았는데, 사실 글방에서 배울 때는 상당히 자유로운 분위기였다는 거다. 메이지유신(明治維新)을 하고, 근대화를 하고, 그러다 남의 나라까지 쳐들어가는 나라의 교육이 이러했다. 반면 우리는 얼마나 조용했나? 마치 모범생처럼.

김홍도의 〈서당〉에서 우는 아이까지 없었으면 큰일 날 뻔하지 않았을까. 수업에서 튀고 부모 말 안 듣고, 이런 무질서도 필요하다. 물론 거기서 끝나면 안 된다. 자기 머리로 뉘우치고 발견하고 하는 질서로 만들어내야지, 무질서가 무질서로 있으면 안 되는 거다.

일본 어른들은 어린아이들에게 뭘 칡는가, 상당한 자유다. 그러나 조금 크면 어떻게 했나, 막 쪼는 훈련을 했다. 하지만 어렸을 때에 자유롭게 자랐던 생각이 있었기에 어떤 집단주의 속에서도 사카모토 료마˚ 같은 훌륭한 사람을 낳을 수 있었다. 일본 사람들이 제일 존경하는 위인이 이 료마다. 바보들이 "대륙으로 가서 한국을 쳐서 중국을 먹어야 된다"고 주장할 때 사카모토 료마는 "야, 바보 같은 소리 하지 마! 바다는 비어 있잖아. 무주공산이다. 미래의 일본을 위해서는 바다로 나가야 된다"라고 주장한 사람이다. 그런데 한국 먹고, 중국 치자는 육군파들이 이겨서 일본인들은 그 고생을 했다.

• 浮世繪. 일본 에도 시대에 유행한 풍속화 장르. 목판 인쇄로 대량 생산되었으며 서민 생활을 중심 소재로 삼았다. | 사카모토 료마(坂本龍馬, 1835~1867)는 일본 에도 시대의 무사로, 근왕파의 동맹을 성사시키고 대정봉환을 주도해 실질적으로 일본의 근대화를 이끈 인물이다. 대정봉환(大政奉還)은 1867년 11월 9일 도쿠가와 막부가 일본 천황에게 통치권을 반납한 정치적 선언을 뜻한다.

2

학교 고개

열린 교실 문 너머엔 무엇이 기다릴까

◆ 첫째 꼬부랑길 ◆

학교와 유리창, 그리고 란도셀의 추억

◆ 둘째 꼬부랑길 ◆

학교란 말도 모르고 학교를 다닌 우리들

◆ 셋째 꼬부랑길 ◆

그들은 왜 '국민학교'라고 했는가

◆ 넷째 꼬부랑길 ◆

서당에는 민들레가 학교에는 벚꽃이

◆ 다섯째 꼬부랑길 ◆

학교 교육과 서당 교육의 차이

◆ 여섯째 꼬부랑길 ◆

'오, 선장님! 나의 선장님!'과 '줄탁동시'

학교와 유리창, 그리고 란도셀의 추억

01 눈을 떠 보니 그렇게 갖고 싶었던 란도셀이 내 머리맡에 놓
여 있었다. 밤차를 타고 오신 아버지의 선물이었다. 가슴에
끌어안는 순간 그윽한 가죽 냄새가 났다.

그리고 필통. 서울의 백화점에서 파는 필통이었다. 소학교에 입학한 아들
에게 아버지가 사다주셨던 게다. 그때는 플라스틱을 셀룰로이드로 불렀
다. 셀룰로이드 필통은 나무빛깔이나 누런 종이 같은 바랜 색이 아니라
보석처럼 빛나는 무지개색이었다. 필통을 열면 색색의 연필이 가지런히
누워 있었고 고무지우개가 들어 있었다. 새로 깎은 연필에서 향내가 났다.
지금까지 제사 지낼 때 맡았던 향불 냄새와 차원이 달랐다. 무지갯빛 지
우개는 또 어떻고. 지우개에서 나는 냄새가 나를 현대 문명의 세계로 이
끌었다. 거대한 함선과 비행기의 신비로운 문명을 나는 연필과 지우개에
서 처음 보고 느꼈던 거다.

02 앞선 세대들은 남포등 아래 석유 냄새까지는 맡았지만, 고무
냄새는 맡지 못했다. 향이 풍기는 고무지우개는 고무를, 아니

지우개를 먹고 싶은 욕구를 불러일으켰다. 손에 쥐면 그 말랑말랑한 촉감은 또 어떻고…. 그런 소재를 언제 본 적도 만져본 적도 없었으니까. 필통을 열면 감각이 확장되고 낯선 공간으로 여행을 떠나온 느낌이었다. 내 학교 체험의 시작이 그 필통이었다.

1930년대에는 학교 체험이 거대한 문명 체험이었다. 시골 아이들은 문풍지에서 보던 문살과 창호지 대신 반짝반짝 빛나는 학교 유리창과 만나게 되었다. 당시에는 유리 대신 '글라스', 일본어 발음 '가라스'로 불렸고 컵도 '가라스'라고 하였다. 물론 개화기 이전에도 유리는 있었다. 그 유리가 근대 이전의 비단길이라고 불리던 실크로드를 따라 대륙을 건너온 것이라면, 근대 이후의 유리는 양선(洋船)을 타고 바다 건너에서 왔다.

03 내 어린 시절 최고로 치던 과일은 바나나였다. 이유는 간단하다. 우리 집 뒷동산에서 열리던 과일이 아니었으니까. 바나나는 야자수를, 비가 억수같이 쏟아지는 남태평양의 스콜을 떠올리게 만들었다. 서늘한 북두칠성의 밤이 아니라 대양의 남십자성의 이미지가 물씬 풍기는 열대 과일이었다.

학교에 간다는 것은 문자를 배우고 교육을 받는 것을 넘어, 교실을 투명하게 둘러싼 유리, 그리고 바다와 만난다는 것이었다. 유리는 바다처럼 경이로운 세계로 들어가는 관문이자 열쇠였다. 투명한 창을 통해 바다 건너 문명을 보게 된 것이다.

그렇게 우리는 문풍지, 남포등, 메주 냄새에서 벗어나 학교에서 유리, 고무지우개, 셀룰로이드와 만날 수 있었다. 병원, 극장, 열차 같은 근대의 공간인 학교는 어린 나에게 새로운 문물을 넘어 이전에 보지 못한 세상을 경험하게 만들었다.

04　그리고 근대는 내게 란도셀과도 같았다. 란도셀이 뭐냐? 우리 어린 학생들이 TV에 나와 퀴즈 문제를 푸는 것을 보며 나는 깜짝 놀란다. 교수 생활 50년 넘게 한 나도 풀 수 없는 문제를 어떻게 그리 신통하게 잘 맞히는지, 얼굴이 뜨거워질 때도 있다. 하지만 골든벨 장학생이라도 입을 다물 것 같다. 지금 아이들에게 "란도셀*이 뭐니?"라고 물어본다면 말이다.

원래 '란도셀'은 유럽에서 일본으로 건너온 군용 가죽가방을 부르는 말이었다. 하지만 이런 모습의 가죽가방이 일본 학생들의 통학용 가방으로도 이용되었다. 당시 란도셀을 등에 멘 아이들은 분명 서울내기였다. '보자기(혹은 책보)'를 옆구리에 끼고 통학하는 아이들은 시골뜨기였고.

란도셀의 가죽 냄새, 그것은 시골 아이들이 옆구리에 끼고 다니는 무명 책보에 밴 김칫국물 냄새가 아니다. 책보를 풀고 매는 번거로움도 이제는 끝이었다. 상자에 뚜껑을 단 것 같은 란도셀 안에는 책, 필통, 도시락을 넣어 두는 칸들이 있어서 아주 편리했다. 두 손은 자유로울 것이고 등 뒤의 가방은 아침 햇살을 받아 더욱 찬란할 것이다. 란도셀을 메고 학교에 가는 상상만 해도 즐거웠는데 마치 하루하루가 잔칫날처럼 느껴졌다. 나는 도회지 아이처럼 뻐기고 걸으면 되었다. 친구들의 시선을 한 몸에 받은 란도셀은 그야말로 꿈을 담은 가방이었다.

* ランドセル

05　그러나 그 기쁨과 행복은 날이 갈수록 거품처럼 꺼져 가기 시작했다. 책보는 풀면 그만이다. 자리를 차지하지 않기 때문에 책상 서랍에 보자기를 접어 넣기만 하면 된다. 하지만 가방은 책과 필통을 꺼내도 모양은 그대로다. 의자에 걸어 놔야 하는데 아이들이 지나다닐

때마다 걸린다. 툭툭 칠 때마다 내 가슴이 얻어맞는 것 같다. 흠집이라도 났는지 신경이 쓰인다.

하굣길, 친구 아버지가 "아무개야. 참외 가져가라"고 하면 책보 멘 친구들은 보자기에다 참외를 쌀 수 있었지만, 란도셀은 그런 공간이 없었다. 심지어 친구 책보는 덩치 큰 수박까지 쌀 수 있어 마법의 양탄자처럼 보였다. 그러나 란도셀에는 예쁜 꽃 한 송이, 못생긴 개구리참외조차 넣을 수 없었다. 둥근 수박도, 길쭉한 병, 네모난 각도 무엇이나 다 쌀 수가 있었던 책보가 아니었으니까. 창에서 햇빛이 들어오면 아이들은 책보로 가릴 수 있었지만, 딱딱한 표정을 하고 있는 란도셀은 아무 도움도 주지 않았다.

란도셀, 군인 가방에서 통학 가방으로

에도 시대에 막부가 서양식 군대를 도입되면서 란도셀은 군용가방, 가죽가방으로
쓰이기 시작했다. 1864년판 《보조신식》* 이란 책에 '란도셀'이란 표기가 등장한다.
제국 육군에서 장교용 가방이었던 란도셀은 메이지 시대에 들어 학생들의 통학가
방으로 쓰이기 시작했다. 이토 히로부미가 당시 황태자에게 입학 선물로 준 것이
그 시발점이라고 한다.

소가죽을 주로 쓰고, 고급 가방에는 말가죽이 쓰인다. 최근에는 가볍고 손질이 간단
한 인공 피혁 제품도 많이 만들어졌다. 색깔은 검정, 빨강이 주류였지만, '남자는 검
정, 여자는 빨강'이란 고정관념이 사라지면서, 분홍색, 녹색, 파랑색 등 다채로운 색
깔이 등장했다. 신입생들에게는 교통안전협회에서 교통안전을 목적으로 노란 덮개
를 기증하기도 한다.

• 《步操新式》

일본 헤이와 초등학교 교실의 란도셀. (촬영 ajari)

둘째 꼬부랑길

학교란 말도 모르고 학교를 다닌 우리들

01 만나는 사람마다 "너 학교에 들어갔다면서?"라고 반갑게 내
게 인사했다. 그런데 곰곰이 생각해보니, 누구도 가르쳐준 적
이 없었다. '학교'란 말은 무슨 뜻인가? 서당을 왜 '서당'이라 부르는지
도 누가 알려준 적이 없었고 말이다. 학교가 뭔지도 모르고 학교에 다니
다니, 그래서 한번은 선생님께 여쭈었다. "쓸데없는 거 알려고 하지 말
고, 가르치는 거나 열심히 공부하라"는 말이 돌아왔다.

아니, '공부'란 말은 또 뭔가? 생각이 꼬리에 꼬리를 무는데도 사람들은
"그런 것 알아서 뭐 하느냐?", "그게 밥 먹여주느냐?"며 대수롭지 않게 말
하고 만다.

늘 그런 식이었다. 중요한 것을 어른들은 묻고 따지지 않았다. 무슨 불문
율이라도 있는 듯, 어쩌면 몰라서, 아니면 귀찮아서, 또는 겁나서 그냥 피
해다니기만 했다. 그것들과 눈만 마주치지 않으면 밥만 먹고도 잘 산다는
식이다. 감동 없이도, 사랑 없이도, 나라 없이도 말이다.

02   돌이켜 보면 나는 집에서나 학교에서나 인기 없는 아이였다. 매사를 캐묻는 '질문대장' 혹은 말다툼 잘하는 '싸움닭' 이라는 별명이 붙었다. 하지만 어머니만은 무엇을 물어도 지적 호기심 가득한 눈으로 나를 대해주셨다.

어머니께서 새 연필로 새 공책 겉장에 내 이름과 '온양 명륜 심상소학교'(溫陽明倫尋常小學校)라는 글씨를 적어 내려가셨다. 입춘방을 쓰실 때처럼 한 자 한 자 토를 달아 읽으시면서. 그 가운데서도 '배울 학'(學), '가르칠 교'(校)란 말은 분명히 기억할 수가 있었다. 그러면서 학교란 배우고 가르치는 곳임은 어렴풋이 짐작했던 게다.

어머니의 목소리를 타고 이 문명의 향기가 '온양'의 따스한 햇볕, '명륜'의 밝은 빛 무리에 섞여 내 가슴 안으로 번져왔다. 아들 교육을 위해 세 번 이사를 다녔다는 맹자의 어머니, 혹은 가르침을 위해서 불을 끄고 흰떡을 썰었다는 한석봉 어머니가 아니어도 좋았다. 어른들이 아이의 질문에 짜증만 내지 않았어도 식민지 교실이 그렇게 어둡지만은 않았을 테다.

• 겐카토리(けんかとり)

03   미국의 과학저술가 라인골드 의 《스마트 몹스》를 사서 첫 장을 펼쳤을 때 불현듯 쏟아진 내 몇 방울의 눈물은 그 책의 내용 때문이 아니었다. "색칠그림에 칠을 할 때 그 선을 멋대로 벗어나도 야단치지 않으셨던 어머니에게 이 책을 바친다. 어머니 감사합니다"라고 쓴 그 저자의 헌사를 보고 그때의 연필 향기를 맡았기 때문이었다.↪

어렸을 때의 어머니에 대한 추억이 있었기에 라인골드는 다른 지식인들처럼 그려준 선 안에서만 생각의 칠을 하지 않고 대담하게 휴대전화를 든 새로운 군중 속으로 나갈 수가 있었다.

• Howard Rheingold(1947~) | ➡️ 샛길 〈스마트 몹스〉

04   어릴 때 다니던 학교를 졸업하고 난 뒤에야 비로소 나는 '학교'란 말이 옛날 《맹자》(孟子)에 나오는 말이라는 것을 알았다. 영어의 학교 '스쿨'(School)이 고대 희랍어의 '스콜레'(Schole)에서 나온 말이라는 것도, 그리고 그 단어가 '여가'(餘暇), 즉 '논다'와 같은 뜻이라는 것을 알고 충격을 받게 된 것도 모두가 대학 때의 일이었다.
어렸을 적에 '학교'란 말이 일본 사람이 붙인 이름이 아니라,《맹자》의 '등문공장구 상'(滕文公章句 上)에서 따온 말임을 알았더라면 어떠했을까➡️

"다음에는 교육정책이 긴요합니다. 학교(學校)를 만들어 백성을 교육하지 않으면 안 됩니다. 하(夏)의 시대에는 '교'(校)라 하고 은(殷)나라 때에는 '서'(序)라 하고 주(周)나라 때에는 '상'(庠)이라 하여 이름은 달랐지만, 거기에서 배우는 내용은 모두 같았습니다. 이렇게 위에 서 있는 자가 인간의 도를 밝혀 가르쳐 인도하면 백성들은 감화하여 크게 나라를 다스릴 수 있을 것입니다."

만약 이 글의 의미를 알았더라면 '학교'란 말에 더 두터운 정을 느꼈을지 모른다. 학교란 선생님의 일방적인 가르침으로 이뤄지는 공간이 아니라 스승과 제자가 서로 주고받으며 배우는 공간임을 알았을 테지….
➡️ 샛길 〈맹자 가라사대, 학교란〉

05   그리고 또 우리가 지겹도록 들었던 그 '공부'(工夫)란 말도 그렇다. 한국에서 공부는 'learn'이나 'study'와 같이 배운다는 뜻이다. 기술이나 학문을 익히는 과정을 말한다.

그런데 중국에서 '공부'라고 하면 쉬는 것, 여가란 의미다. 학교의 어원인 희랍어 스콜레 역시 한가, 여유, 틈을 뜻하지 않았는가. 일상의 생활을 책임지는 계층과 달리, 그리스의 시민들은 '여가'를 가짐으로써 공론(公論)이나 아름다움과 예술적 가치를 추구할 수 있었다.

일본에서 '공부'는 생각한다, 아이디어를 낸다는 의미로 쓰인다. 무언가를 골똘히 생각하고 궁리하며 연구한다는 뜻을 가졌던 게다. 여가란 의미를 지닌 중국의 공부와 배우고 익히는 한국의 공부, 골똘히 생각한다는 일본의 공부가 합쳐지면 훌륭한 교육론이 된다. 시간 여유가 있어야 공부할 수 있고, 공부를 해야 좋은 생각을 할 수 있지 않은가.

06 이렇게 중국에서는 공부가 노는 '여가'를 의미하고 일본에서는 '생각한다'는 뜻으로 사용되고 있었다는 것을 안 것도 훨씬 뒤의 일이다. 같은 한자인데도 한 · 중 · 일 뜻이 다 다른 것을 합치면 멋있는 학교교육론이 된다는 것을 어렸을 때 알았더라면, 내가 공부하는 태도도 달라졌을지 모른다.

우리 학생들에게 공부는 국 · 영 · 수 공부, 어려운 암기를 뜻한다. 생활의 지혜, 인생의 생각과는 상관없는, 그저 진학을 위한 도구다. 원래 공부의 의미가 '놀고 생각한다'는 의미라는 사실을 아는 학생들이 얼마나 될까. 그리고 놀면서 생각하는 공부가 얼마나 즐거운지 아는 이가 몇이나 될까. 진학을 위한 암기식 빈칸 채우기의 쩨쩨한 공부가 아니라 진정한 공부를 해야 제대로 세상살이를 할 수 있다.

07 그렇다면 진정한 공부란 뭘까. 학교의 고향, 그리스의 아리스토텔레스는 쉬고 여가활동을 하는 것이 삶의 제1원리라고 했

다. 사람들은 흔히 노동이 삶의 첫째 원리라고 생각한다. 그래서 좋은 직장을 잡기 위해 학창 시절 열심히 공부한다. 그러나 노동은 가족과 나를 위해서 하는 생(living)의 수단일 뿐이다. 노동의 가치는 창조적인 데 있는 게 아니라 연명하는 데 있다. 인간은 단지 금수(禽獸)처럼 먹고 배설하는 존재가 아니다. 만약 그것만이 가치를 인정받는다면 누가 공동을 위한 학문에 매진하고, 진실과 가치를 추구하겠는가. 리빙이 아니라 라이프를 위한 공부, 생물의 가치보다 인간의 가치를 추구하는 공부, 그것이 참다운 공부라고 할 수 있다.↪

↪ 샛길 〈살기 위해 버는가, 벌기 위해 사는가〉

08　　어떻게 공부하는 것이 진짜 공부일까.

　　유명한 물리학자 중에 이지도어 아이작 라비 *라는 유대인이 있다. 우리가 지금 자동차 내비게이션을 이용해 편하게 길을 찾아다니는 것은 바로 이 학자의 덕택이다. 그가 언젠가 세상이 깜짝 놀랄 만한 연구 결과를 발표했을 때 기자들이 뛰어난 성과의 비결을 물었다. 그는 이렇게 답했다.

"제가 학교에서 돌아오면 어머니는 항상 '애야, 오늘 공부시간에는 선생님께 무슨 질문을 했니?'하고 물으셨습니다."

무슨 질문을 했니? 그것은 비단 라비라는 한 명의 학자만 받은 질문이 아니다. 노벨상 수상자를 가장 많이 배출해 낸 유대인들이 자녀들에게 습관처럼 던지는 질문이다. 그들은 우리네 어머니들처럼 자녀들에게 "학교에서 선생님 말 잘 들었니?", "공부 잘했니?"라고 묻지 않는다. 얌전히 앉아

무엇을 배웠는가에 앞서, 무엇을 느끼고 어떤 질문을 던져 배운 것을 온전히 자신의 것으로 만들었는지를 중요하게 여기는 것이다.

조선시대 추사 김정희˙는 제주도 유배시절, 한 향교의 유생들이 머무는 공부방에 '의문당'(疑問堂)이라는 현판을 써 줬다고 한다. 스승의 말을 듣고 그냥 따르는 것이 아니라 항상 마음속에 의문을 품으며 학문에 정진하라는 가르침을 담고 있는 말이다. 김정희가 다른 선비들처럼 중국의 서체를 그대로 따라 하지 않고, '추사체'라는 자신만의 서체로 일가를 이룰 수 있었던 힘은 항상 마음속에 품었던 의문에서 시작된 것이 아니었을까.

아이들은 누구나 어렸을 때는 "새는 왜 울어?", "달과 별은 낮이 되면 어디로 가?" 하는 질문을 종종 던지기 마련이다. 그러나 학교에 들어가자마자 묻는 것은 선생님의 몫이고 아이들은 대답만 하게 된다. 시험이라는 것이 바로 그렇다. 그래서 주눅이 든 아이들은 더 이상 질문하는 버릇을 잃게 된다. 물음표 없이도 새가 울고 구름은 떴다가 사라진다는 걸 알면서 차차 어른이 되어 가는 것이다. 사실은 아무것도 모르는데, 남들이 다 알고 있는 것 같으니까 자기도 아는 척하면서, 나이만 먹어간다.

˙ Isidor Isaac Rabi(1898~1988) | 金正喜(1786~1856)

09 그렇다면 학교에서 어떻게 창의력을 기를 수 있을까?

나폴레옹 등장 이후 근대국가의 교육은 행정편의를 위한 교육에 가까웠다. 교육을 받는 '나'를 위한 교육이 아니라, 국가에 필요한 인간을 만드는 교육이었다. 쓰기와 읽기를 가르치는 것도 그것이 통치에 수월하기 때문이었다.

학교 교육도 군대가 모델이 되었다. 때문에 개인이 지닌 잠재력을 억압하고 획일적으로 만드는 일이 적잖았다. 학교는 배우는 수요자 입장이 아니라, 가르치는 공급자 위주로 지식을 전달하는 공간에 지나지 않았다.

우리가 어렸을 때 자주 듣던 "학교 종이 땡땡땡 어서 모이자. 선생님이 우리를 기다리신다"는 동요 가사가 있다. 노래로 정해진 등교 시간에 맞춰 함께 모이는 훈련을 시키는 것이다. '어서'란 말, '기다리신다'는 말은 시간을 독촉하는 강박 관념의 언어다. '모이자'도 모두 함께 똑같은 시간에 맞춰 '징발'당하는 모양새를 표현한다. 이렇게 모두 같은 생각을 포장하여 일정한 박스에 담아 시장에 내놓는 것, 그것이 근대 이후의 학교 제도라 할 수 있다.

하지만 김홍도의 〈서당〉 그림을 보면, 훈장 선생은 학생들 무리에 섞여 있다. 서당에서는 지금처럼 꽉 짜인 시간표도 없었고, 커리큘럼도 빡빡하지 않았다. 오히려 옛날 선생과 관계에 멘토와 멘티의 요소가 있었다.

멘토와 멘티 *는 서로를 자극하며 함께 발전하는 관계다. 선생과 제자의 수직적 관계라기보다는 잠재력을 일깨우는 수평적 관계에 가깝다. 멘토는 멘티들의 잠재능력을 일깨우고 능력을 발견할 수 있도록 돕고, 멘티는 멘토의 도움으로 자신의 창조력을 키워 미래를 만들어나간다. 교육이 그런 미래를 키워야 한다.

• 멘토(Mentor, 보호자, 교육자)와 멘티(Mentee, 피보호자, 피교육자)

똑똑한 군중

라인골드의 저서《스마트 몹스》*의 제
목은 '똑똑한'(Smart)과 '군중'(Mobs)의
합성어로, 여기서 이름을 딴 스마트몹
이 한때 유행하기도 했다. 군중은 귀스
타브 르봉 이래 대개 충동적이고 편협
한, 부정적인 면이 주로 묘사되었으나,
라인골드는 하이테크 기기와 디지털
네트워크가 군중을 똑똑하게 만들어줄
것이라고 예측한다. 오늘날 개인은 언
제 어디에서나 휴대폰과 개인정보단말
기(PDA)를 이용해 인터넷에 접속할 수
있다. 그들은 쉽게 네트워크 안에서 다
른 이들과 의사를 주고받으며 동료를
만나고, 웹에서 얻은 최신의 정보로 최
선의 판단을 내린다. 그렇게 출현한 똑

《스마트 몹스》

똑한 군중이 사회와 정치를 변화시킬 동력으로 등장하리라는 이야기다.

• 《Smart Mobs》, 2002.

맹자 가라사대, 학교란

맹자의 초상. 원대《至聖先賢半身像》에 수록

등나라의 제후 등문공은 학문과 옛것을 숭상하는 사람이었다. 그는 맹자가 오늘날의 산둥성에 있는 고향에 낙향하여 만년을 보낸다는 소식을 듣고, 맹자를 국정 고문으로 초빙한 후 치국의 방책을 물었다.《등문공장구 상》에는 맹자가 등문공에게 조언하는 말이 담겨 있다. 이 가운데 '학교'라는 용어의 기원이 등장한다.

살기 위해 버는가? 벌기 위해 사는가?

"오늘날 대부분의 노동자들은 오직 자유 시간에 쓸 수 있는 돈을 벌기 위하여 노동하는 것처럼 보인다. 고대의 폴리스에서 여가와 자유시간(스콜레)은 자유로운 시민들이 공론 영역에서 다른 시민들과 공동 관심사에 관해 논의할 수 있기 위한 전제 조건이었다면, 사적 삶의 향유로 이해되는 현대의 여가와 자유시간은 모든 활동의 목표가 된 것이다. 이런 맥락에서 신체적 노동이 부담과 고통으로 여겨지는 것은 지극히 당연한 결과다. (…) 고대 폴리스에서 자유인들이 노동으로부터, 필연성의 영역으로부터 벗어나고자 했던 것은 그들이 공론 영역에서 정치적 행위를 하기 위해서였다. 노동으로부터의 해방은 그것이 실현되면 결국 인간에게서 모든 행위의 가능성들, 즉 활동적 삶 자체를 박탈할 것이다. 왜냐하면 노동으로부터의 해방은 인간을 노동의 고통과 노고로부터 구원할 수 있는 편의 수단의 끊임없는 생산을 야기하기 때문이다. 만약 생산이 궁극적으로 추구하는 목적이 존재하지 않는다면, 작업과 행위는 결국 모두 지속적 생산이라는 노동에 예속된다. 따라서 끊임없는 생산의 자동화 과정은 인간을 노동으로부터 해방시키기보다는 오히려 다른 두 가지 활동, 즉 작업과 행위를 노동의 차원으로 전락시킨다."*

* 이진우, 〈근본악을 경험하고 세계애로 사유하다〉 중 발췌. 해당 글은 한나 아렌트가 쓴 《인간의 조건》 한국어판의 해제에 해당한다.

셋째 꼬부랑길

그들은 왜 '국민학교'라고 했는가

01 학교에 입학하고 한 해 뒤 아무런 설명도 없이 교명이 바뀌었다. '온양명륜심상소학교'(溫陽明倫尋常小學校)라고 써 붙였던 동판이 뜯겨 나가고 그 자리에 '온양국민학교'라고 쓴 큰 목간판이 나붙은 것이다. 내가 학교에 들어간 것은 1940년이었는데 바로 다음 해 3월에 '국민학교령'이 칙령(勅令)으로 공포되었다. 동시에 조선총독부에서는 민족교육금지령을 내렸다. 아이들은 획수가 많고 까다롭던 '심상'(尋常)이란 한자가 사라졌다고 좋아했다. '심상'이란 말이 사라지면서 그야말로 '심상'찮은 일들이 생기리라는 것을 애들은 물론이고 학부모들도 알 턱이 없었다.

02 메이지유신˚ 때의 '소학교령'을 제정하면서 써온 '심상소학교'라는 말을 '국민학교'로 바꾼 것은 곧 나라의 체제를 또 바꾼 것이나 다름없었다. 소학교령과 국민학교령, 두 법령을 비교하면 금세 알 수 있다. 국가란 말이 '황국'(皇國)으로 변하고 아동(兒童)은 '소국민'(小國民)이 된 게다. 무엇보다 교육의 목적이 다르다. 소학교령은 "아

동의 신체 발달을 목적"으로 하고 있는데, 국민학교령은 "국민의 기초적 연성(錬成)을 목적"으로 한다. '연성'이란 말은 일종의 군사용어로, '연성 도장'이나 '연성소'의 경우처럼 심신과 기예를 훈련하는 장소를 의미한다. 한마디로 '국민학교'란 '황국신민'을 단련시키는 연성도장이었던 게다.

• 明治維新, 명치유신

03 메이지 시대에 만들어진 소학교령은 한 자도 고치지 않고 지금 우리가 써도 탈날 게 없다. 심상소학교의 '심상'은 보통이나 일상적인 것을 뜻하는 프랑스어의 '노르말'˙, 영어의 '오디너리'˙의 개념을 그대로 옮긴 말이기 때문이다. 그것은 일본이 개화의 모델 국가로 삼았던 영국과 프랑스의 교육제도를 수입해 왔다는 것을 뜻한다. 하지만 2차 세계대전이 벌어지고 중일전쟁이 본격화되면서 상황이 달라진 거다. 군국주의 체제로 들어서면서 공포된 '국민학교령'은 영·프를 배척하고 나치의 교육법을 반영했다. 일본의 은행법이 히틀러가 만든 도이치 은행법을 도입한 것처럼 '국민학교령'은 그 명칭부터가 나치가 만든 '폴크스 슐레'˙에서 가져온 말이다. 생각할수록 언어는 '생각의 집'이다.

알다시피 히틀러의 국가주의·전체주의를 한마디로 응결시킨 것이 '폴크스'라는 말이다. 모든 국민을 똑같은 학교에서 똑같은 교육이념으로 훈련하고 똑같은 모양의 폴크스바겐˙ 자동차에 태우려고 했다. 그 '폴크스'가 일본으로 건너온 것이 '국민학교'의 국민이요, '국민복'의 바로 국민이다. '국민학교'의 개칭만이 아니라 수신, 국어, 국사, 지리의 네 과목을 '국민과'(國民科)라는 이름으로 묶은 것도 나치의 커리큘럼과 명칭을 그대로 따 쓴 거다.

• Normale | Ordinary | Volks Shule | Volkswagen

04 슬프게도 '민족'(民族)이라는 말이 그러했듯이 우리에게 그렇
게도 익숙한 '국민'이란 말 역시 일본인들이 근대에 들어와 만
든 말이다. 구한말 안중근 의사가 단지 장인을 찍은 족자만 해도 '국민'이
아니라 '대한국인(大韓國人)'이라고 선명하게 쓰인 문자를 읽을 수 있
다. 그러고 보면 같은 식민지 시대에 살던 한국인들이라고 해도 심상소
학교를 나온 사람과 국민학교를 나온 사람들은 서로 다른 한국인이라
할 수 있다. '일제 36년'이라는 말도 국민학교 이전과 이후로 나누어 불
러야 옳다.

수백 년 내려온 서당과 향교가 학교란 말로 바뀌었을 때에도, 그리고 심
상소학교가 국민학교로 다시 바뀌던 때에도 우리는 특별한 문제의식 없
이 역사의 강물을 흘려보냈다. 일본으로부터 해방이 된 뒤에도 '국민학교'
라는 말을 그대로 썼다. 일본이 패전 후 민주화를 추진하며 맨 처음 한 일
이 '국민학교'란 말을 버린 것이었는데도, 우리는 김영삼 정부가 들어서고
난 뒤 1996년이 되어서야 '초등학교'로 바뀌었다. 그런데 왜 바뀌어야 했
는지 아는 학부모들은 많지 않았다.

05 '내셔널' 또는 '네이션'이라는 개념은 국민국가 형성 이후에
생겼고 민족이란 말도 100년 정도밖에 안 되었다. 단군 때
부터 민족이란 말이 있는 줄 알지만 이것은 큰 오해다. '네이션 스테이
트'(Nation State)를 중고교에서 '민족국가'로 가르치는데, 그럼 미국은
'Nation State'가 아닌가? '국민국가'로 칭해야 옳다. 민족은 국민과 종족
을 뜻하는 말이 아니다. 일본 사람들이 제국주의를 할 때, 천황주의의 국
민이란 말을 통칭하기 위해 민족이란 말을 썼다. 황족(皇族)의 신민(臣
民) 국가, 국가의 우두머리가 황실이며 천황의 정통성을 가진 순혈주의

적 국가라는 것을 표방하기 위한 말이 민족이었다. 우리 정체성에서 중요한 민족이란 말을 일본이 만들었다는 것에 학생들은 충격을 받을지도 모른다.

06 일제는 1941년 국민학교령을 내렸다. '국체의 본의', '황국에의 길'에 기초하여 '황실의 운명'(皇運)을 받들고 보좌하는 국민을 육성하자는 목적이었다. 교육방법도 달라졌다.

종전에는 지식을 교과 항목으로 나열하여 주입식으로 가르쳤다면서, 모든 교과목을 종합적으로 가르쳐 지식의 통합을 꾀한다고 했다. 전쟁 수행에 도움이 되도록 자연과학을 진흥하자고도 했고, 훈육과 교수를 통일시켜 전일적 인간을 만들겠다고도 했다. 특히 '동아시아 및 세계'나 '국방'에 관한 사항을 유념시키는 데 요점이 있었다.

여기서 등장한 새롭고 독특한 교육방법, 또는 이념이 앞서 나온 '연성'이다. 지식 전달보다 신체 단련, 정신수련을 중시했다. 결국 아이들을 전쟁에 맞는 인간으로 만들겠다는 게 교육의 목적이 된 거다. 전체주의적 사상을 보급하기 위한 교육정책이었다.

'소학교 아동'으로 입학해 1년 만에 그 신분이 '국민학교 소국민'으로 바뀌면서 한국인은 정말 일본인으로 변해가고 있었다. 영어에서는 그냥 '피플'이고 '네이션'인데 한국인들에게 따라붙는 말은 많기도 하다. 창생이라는 말, 백성이라는 말, 국민, 신민이라는 말, 공민과 시민이라는 말, 그리고 인민과 민중이라는 말…. 말이 바뀔 때마다 찢기고 피투성이가 되고 가위에 눌리면서 살아야 했다.↪

↪ 샛길 〈국민과 비슷한 용어들〉

07   그렇게 되면 교육이 나라의 손안에 들어온다. 모든 학교의 교
육내용을 동일하게 규격화할 수 있고, 나라에서 허가하지 않는
학교는 인정하지 않게 되는 것이다. 물론 국민학교의 신설도 제한되었다.
그 결과 학교 교육의 내용과 수준이 똑같기에 굳이 좋은 학교를 선택할
필요가 없어지게 되었다. 국민학교는 자연히 거주 지역에서 가장 편리한
곳으로 보내는 통학구 제도가 생겨나게 된다.

어린애들을 이렇게 획일화하여 공장에서 국민차를 뽑아내듯이 뽑아내는
국민학교에서 과연 미래의 개성적인 한국인들, 국제인들을 길러낼 수 있
을까?《학교 없는 사회》를 쓴 이반 일리치*는 개성이 넘쳐나는, 우리 눈
에 지나치게 자유방임하는 듯한 미국의 학교와 교육제도를 두고서도 야
만적인 획일주의라며 비판했다. 우리는 늦게나마 국민학교라는 명칭을
바꾸었지만, 그사이 서구에서는 학교라는 울타리마저 없애자는 탈학교
운동까지 전개되고 있었다.

• Ivan Illich(1926~2002)

국민과 비슷한 용어들

게티즈버그 연설(1863)을 묘사한 그림. 서우드 판화사, 1905.

(國民)은 정치, 법적인 의미를 가진 네이션(Nation)을 뜻한다. 링컨의 게티즈버그 연설에 등장한 'Of the people, By the people, For the people'을 '국민의 국민에 의한 국민을 위한'으로 번역하는데, 엄밀히 따지자면, 국민보다는 '국인'이라 하는 것이 원뜻에 가깝겠다. '국민'은 주권국가로서의 구성원이라는 의미가 강하다. 하지만 "모든 사람은 평등하다"는 미국의 건국신조의 존속을 위한 싸움에 목숨을 바쳤던 병사들의 뜻을 기리겠다는 의미로 링컨이 연설을 한 것이니, 국민보다는 '사람'이나 '국인'을 뜻한다고 보는 것이 온당하지 않을까.

한편 '창생'(蒼生)은 세상의 모든 사람을 이르는 말이다. 억조창생(億兆蒼生)이란 말도 있다. 일체중생, 창맹(蒼氓)이라고도 부른다. '백성'(百姓)은 군주 이외의 사람들을 일컫는 말이다. '신민'(臣民)은 왕을 제외한 국가의 녹을 받는 신하와 백성을 아우르는 말이다. 주종 관계가 전제되어 있다. '인민'(人民)이란 말은 인간인 백성, 사회체제나 국가와의 관계를 떠나 사람 그 자체를 뜻한다. 그러나 사회주의 국가에서 인민이란 용어를 즐겨 씀으로써 사회주의 사상과 결부시키는 경우가 많아졌다. '민중'(民衆)이란 말도 이와 유사한데, 세상 일반의 인민을 뜻하며 주로 '피지배계급'의 의미로 쓰인다. '공민'(公民)은 정치에 참여할 자격을 가진 국민을 뜻하며 일본에서 다이쇼 시대 * 이후 쓰인 말이다. 외형상으로는 시민의 자발성과 정치 참여를 허용하는 듯싶으나, 실제로는 지배 체제에 대한 적극적 복종을 유도하기 위해 사용된 말이다. 마지막으로 '시민'(市民)은 민주 사회의 구성원으로서 공공의 정책 결정에 주체적으로 참여하는 사람을 의미한다.

• 大正時代(1912~1926). 다이쇼 천황이 재위했던 시기다.

넷째 꼬부랑길

서당에는 민들레가 학교에는 벚꽃이

01　만약 가모 마부치˙의 벚꽃 노래를 알았더라면 대동아전쟁
　　　때 어린 마음속에 품었던 의문이 풀렸을지 모른다.

중국 사람들에 보이고 싶구려

요시노에 요시노산에 핀 산벚꽃들이여

もろこしの人に見せばやみ

吉野の吉野の山の山桜花

만약 가모 마부치가 요시노산에 핀 산벚꽃 나무의 아름다움을 보고 그 감
동을 중국 사람들과 함께 나누고 싶어 그 노래를 지은 것이라면 대동아전
쟁은 말 그대로 동북아시아의 평화와 번영을 위한 것이라고 믿어도 좋다.

˙ 賀茂眞淵(1697~1769)

02　하지만 중국 사람들에게 일본인만이 즐길 수 있는 벚꽃을 뽐
　　　내려는 우월의식에서 나온 노래라 한다면 그것은 아시아를

벚꽃으로 뒤덮으려는 침략의 구호에 지나지 않을 거다. 아니나 다를까, 그것이 불행하게도 후자라는 점을 후타가와 스케지카*가 그 뒤에 쓴 벚꽃 노래에서 엿들을 수 있다.

벚꽃으로 밝아지는 미요시노의 봄날 새벽 경치 바라다보면
중국 사람도 고려 사람도 야마토 고코로(일본인의 마음)를 알게 되리라
花より明くる三芳野の春の曙見わたせば
唐国人も高麗人も大和心になりぬべし

요시노의 벚꽃을 일본 고유의 무사도 정신과 결합시켜 중국과 한국을 지배하려는 대륙 콤플렉스를 드러낸 노래다. 그가 말하는 '야마토 고코로'야말로 수업 때마다 귀가 따갑게 들어온 '야마토 다마시'(大和魂)와 같은 말이다. 해방 후의 아이들은 "무궁화 꽃이 피었습니다"라고 했지만 식민지의 아이들은 학교 마당에서 놀 때에도 "사이타 사이타 사쿠라노 하나가 사이타"(피었다 피었다 벚꽃이 피었다)를 불렀다.

• 二川相近(1767~1836)

03 앞서 말한 가모 마부치에게 영향을 받은 일본의 국학자 모토오리 노리나가*는 40년이나 걸려 일본의 《고사기전》*을 완성해 '야마토 고코로'의 국학을 세웠다. 유교나 불교의 대륙 사상에 물들지 않은 일본 고유의 신도(神道) 이론이다. 그의 주장에 따르면 야마토 고코로는 이심이 아니라 일심이라는 것이다. 즉 황국심(皇國心)은 '나오비노미타마노가미'*라는 선신(善神)에서 나오는 것으로, 솔직하고 진심 그대로 행동하려는 마음이다. 그 반대의 신이 화를 가져다주는 악신(惡神)은 '마

가쓰비노가미'*인데 일본 땅에서 살지 못하고 대륙으로 건너간다. 그리고 거기에서 인심을 현혹시키고 권력을 찬탈하고 그것이 마치 영웅적인 행동인 것처럼 미화하고 합리화했다. 요순(堯舜), 주공(周公)을 비롯한 성인들이 모두 그러했다는 거다. 특히 내놓고 모반을 선동한 맹자가 그렇다고 했다. (기억해 주기 바란다. 앞글에서 나는 학교란 말이《맹자》에서 나온 말임을 밝힌 적이 있다).

악신의 농간으로 대륙의 사상들이 일본 땅에 들어와 단순소박한 일본인의 마음을 속이고 오염시켜 천황을 중심으로 세운 나라를 근본적으로 뒤엎고 말았다. 그 탓으로 세상이 어지러워지고 천황을 능멸하는 무사집단이 권세를 장악하게 되었다는 해설이다. 그래서 대륙 사상들을 몰아내 옛날의 '야마토 고코로'를 되찾아 황도(皇道)를 바로 일으켜야 한다는 게 그의 국학이론이요, '고신토'*의 부흥이다.

• 本居宣長(1730~1801) |《古事記傳》| 直毘神 | 禍津日神 | 古神道

04　모토오리 노리나가의 국수주의는 메이지유신의 개국을 타고 야마토 고코로의 사쿠라 꽃이 되어 식민지 학교 마당에도 만발하게 되었다. 유불신(儒佛神) 삼교를 습합(褶合)해온 오랜 일본의 전통은 무너지고 황실의 조상신*하나만을 믿는 일신교 같은 체제로 바뀌면서 일본의 군국주의는 결국 대동아전쟁이 된다.

그러나 형님들이 다니던 한국의 서당에는 벚꽃이 아니라 민들레가 심어져 있었다고 했다. 벚꽃처럼 요란스럽게 일시에 폈다 지는 그런 꽃이 아니라 누구도 눈여겨보지 않은 잡초와 다름없는 꽃. 일본 사람의 야마토 고코로를 만든 것이 벚꽃이라면, 한국인의 서당 아이들의 마음을 키운 것은 아홉 개의 덕을 가진 민들레꽃이었다고 한다. ↪

서당이 문을 닫고 아이들은 학교 마당으로 몰려간다. 민들레가 시든 서당의 자리에는 어느새 요시노의 벚꽃이 만발한다. 대동아의 신화는 그렇게 시작된다.

• 天照大神 | ↗ 샛길 〈아홉 가지의 덕을 가진 꽃, 민들레〉

샛길

아홉 가지의 덕을 가진 꽃, 민들레

민들레를 가리키는 말로 '포공구덕'(蒲
公九德)이라는 게 있다. 민들레에게는
우리가 배울 만한 아홉 가지 덕목, '구
덕'이 있다는 이야기로부터 나온 말이
다. 그 덕을 교훈으로 삼도록 서당 뜰
에는 민들레를 심었는데, 서당 훈장을
높여 부르던 말인 '포공'이 민들레의
별칭으로 붙게 되었다고 한다.

1. 마소와 수레에 짓밟혀도 죽지 않고 살아나는 끈질김이 있으니 인(忍)

2. 뿌리를 자르거나 캐내어 며칠을 말려도 다시 싹이 돋아나니 강(剛)

3. 한꺼번에 꽃이 피지 않고 차례를 지켜 한 송이씩 피어나니 예(禮)

4. 여린 잎이나 뿌리도 나물이나 김치로 쓰이니, 온몸을 다 바치는 용(用)

5. 꽃에 꿀이 많아 벌과 나비가 모여드니 정(情)

6. 잎이나 줄기를 자르면 하얀 젖이 나오니, 사랑을 베푸는 자(慈)

7. 약재로 쓰면 늙은이의 머리를 검게 하니 효(孝)

8. 모든 종기에 민들레의 즙이 으뜸이니 인(仁)

9. 씨앗이 바람을 타고 멀리 날아가 스스로 번식하고 융성하니 용(勇)

다섯째 꼬부랑길

학교 교육과 서당 교육의 차이

01   조선시대에는 서당(글방)이 초등교육을 담당했다. 서당은 양
반 자제뿐만 아니라 일반 서민들의 자제들에게 기초적인 교
육을 실시한 사설 초등교육 기관이었다. 그 기원은 고구려의 경당으로
까지 거슬러 올라간다. 서당에서는 대체로 8~9세에서 14~15세에 이르
는 남자 아동들을 대상으로 문자교육을 겸한 한문 교육과 유학의 입문
교육이 이루어졌다.

서당은 단순한 '문화재'가 아니라 우리의 전통적 사유가 스며 있는 '문화
공간'이었다. 어린 아이가 글공부를 시작한다는 것은 세상을 이해하는 틀
을 제공해줄 지식의 세계에 첫발을 내딛는 것을 뜻한다. 지식은 많이 축
적하는 것을 목표로 하기 전에 올바른 방향을 먼저 정립하는 것이 중요하
다. 글공부의 시작은 앞으로 쌓아갈 지식의 올바른 방향을 잡고, 몸이 올
바른 방식을 자연스러워하도록 습관을 들이는 첫걸음이었다.[*]

• 한재훈, 《서당공부, 오래된 인문학의 길》, 갈라파고스, 2014.

02 　서당에서 이뤄지는 공부는 눈으로 한문 문장을 소리 내어 읽
　　　고 그 소리를 귀로 들을 뿐만 아니라, 그 소리에 실린 장단과
고저에 따라 온몸을 좌우로 흔들면서 느끼는 과정이다. 내가 자신에게
글을 읽어줌으로써 그 글과 함께 호흡하고 그 속에 온몸을 적시게 된다.
같은 내용을 수십 수백 번 소리 내어 읽으면서 문장을 깊이 음미하고
흠뻑 젖게 된다.

수업과정은《천자문》,《동몽선습》,《명심보감》,˚《통감절요》,˚《소학》순
인데, 소학을 다 배우고 나면《대학》,˚《논어》,˚《맹자》,《중용》˚ 순으로
이어지는 사서(四書)를 배우게 된다. 그다음으로《시경》,˚《서경》,˚《주
역》˚의 삼경(三經)을 배우게 된다. 서당에서는 사서삼경을 합쳐서 칠서
(七書)라고 부르는데 서당의 경전 공부는 이 칠서를 중심으로 이뤄진다.
칠서를 다 배우고 나면 대학부터 다시 사서를 차근차근 공부해가는 이른
바 재독(再讀)의 과정을 거치거나《예기》˚나《춘추》˚ 등 또 다른 경전을
배우기도 한다.

부잣집에서는 독선생을 들였고 마을 주민들이 돈을 거둬 훈장을 모시는
경우도 있었다. 한 가문에서 따로 서당을 열어 자기네 문중 아이들만 받
거나 외지인이 글방을 열고 수업료를 받아 꾸리는 경우도 있었다. 학동이
과정 하나를 마칠 때마다 학부모는 책거리(책씻이, 책례)를 했다. 스승과
학동들은 함께 국수나 떡, 경단, 지짐이 같은 것을 나누어 먹었다.

• 明心寶鑑 | 通鑑節要 | 大學 | 論語 | 中庸 | 詩經 | 書經 | 周易 | 禮記 | 春秋

03 　조선 말기 서양 문물이 소개되었고, 중국과 일본의 근대화 과
　　　정을 배우기 위해 시찰단, 영선사˚와 신사유람단˚이 파견되었
다. 정부는 외국어에 능한 사람을 양성하기 위해 동문학(1883)˚, 육영공원

(1886)* 같은 학교를 설립했는데, 이처럼 근대교육이 제도적으로 정비된 것은 갑오개혁(1894) 때였다. '교육조서'가 반포되고 6년 연한의 관공립소학교가 건립되었으며 각종 교과서 편찬이 그즈음에 이뤄졌다.

근대 초기에는 서양의 기술문명을 받아들여 부국강병*을 이루는 것이 근대화라 여겼다. 개화파들은 국가 존망이 자강*에 달려 있다고 보았다. 교육과 산업발전을 통한 실력양성을 자강으로 여겼다.

돌이켜보면 개화기 중심의 문명은 공급자 중심이었다. 학생이 가르칠 교(敎)가 들어가는 '교실'에 가서 공부를 했다. 왜 배울 학(學)을 붙여서 '학실'이라 이름 짓지 않았을까? 학생이 배우는 책도 '교과서'라고 불렀다. 학습자 위주의 '학습서' '학과서'라고 부르지 않았다. 배우는 사람이 아니라 가르치는 사람 위주로, 소비자가 아니라 생산자 중심으로 학교제도가 만들어졌던 게다.

무엇보다 일제는 1918년 '서당규칙'을 제정하여 서당의 개설을 도지사의 인가를 받도록 만들었다. 또한 교과서는 조선총독부가 편찬한 것을 사용토록 강제해 서당의 설립을 사실상 봉쇄하고 말았다. 서당뿐만이 아니라 외국어학교(일어학교, 영어학교, 한어학교, 아어학교, 덕어학교, 법어학교)*마저 없애버렸다. 또 사립학교령을 강화한 '사립학교 규칙'(1911)을 공포하여 학교설립은 물론 교육전반에 걸쳐 통제와 감독을 강력하게 추진했다.

• 領選使 | 紳士遊覽團 | 同文學 | 育英公院 | 富國强兵 | 自强 | 한어(漢語): 중국어, 아어(俄語): 러시아어, 덕어(德語): 독일어, 법어(法語): 프랑스어

04 어쩌면 일제의 식민지 교육 때문일지 모른다. 일제는 내선일체*의 기조 위에 교육목표를 조선인의 황민화에 두었다. '충량(忠良)한 국민양성'이란 목표는 일본 군국주의 교육정신을 바탕으로 한다 ↪

당시 교실 풍경은 어땠나? 교탁이 교실 가운데 우뚝 서 있고 교단은 학생들을 내려다볼 수 있게 높았다. 과거 서당은 달랐다. 훈장 선생은 보료에 앉을 뿐이었다. 동양에서 학문은 가르치는 사람이 아니라 배우는 사람이 주체였다. 《논어》의 첫 구절은 "학이시습 불역열호"* 라고 하지 않았던가? 근대 이전에 많이 쓰이던 '학당' '학원'이란 이름은 모두 배우는 사람을 주체로 한 말이다.

교육 주체가 배우는 쪽에서 가르치는 쪽으로 바뀐 것은 근대 이후다. '수우미양가' '갑을병정'으로 매기는 평가와 서열도 그때 생겨난 것이다.

- 内鮮一體 | "學而時習, 不亦說乎"(배우고 때로 익히면 또 기쁘지 아니한가) | 📑 내선일체, 3 한국말 고개 2-05 | 10 아버지 고개 4-03 | 10 아버지 고개 5-02, 05

05 옛날 서당의 평가방식은 어땠을까.

서당에서는 평가를 '문자'로 하였다. 예를 들어 재주가 뛰어나 과민한 자에게는 '우'(愚)라는 문자를 주었다. 반면 타인에 대한 배려가 없는 독선가에게는 '인'(仁), 효행심이 부족한 자에게는 어미 새에게 은혜를 갚은 반포지효*의 '오'(烏), 그리고 성급한 자에게는 느리게 걷는 '우'(牛)를 써주었다.

이런 이야기가 있다. 조선 선조 때 명재상* 정탁*이 출사*하게 되어 하직 인사차 스승인 남명 조식*을 찾아갔다. 스승이 "뒤뜰에 매어 둔 소 한 마리를 몰고 가게나"라고 하였다. 정탁이 매어 놓은 소가 없어 어리둥절해하자 남명이 이렇게 말했다.

"자네는 언어와 의기가 너무 민첩하고 날카로우니 날랜 말(馬)과 같아. 말은 넘어지기 쉬운지라 더디고 순한 것을 터득해야만 능히 멀리 갈 수 있으므로 소를 준다고 하였네."

마음의 소를 주겠다는 말이었다. 이후 정탁은 항상 마음의 소와 더불어
우보(牛步) 처세를 게을리하지 않아 정승에 올랐다.

• 反哺之孝. 어미에게 되먹이는 까마귀의 효성이라는 뜻으로, 어버이의 은혜에 대한 자식의 지극한
  효도를 이르는 말이다. | 名相 | 鄭琢(1526~1605) | 出仕 | 南冥 曺植(1501~1572)

06 공자(孔子)는 똑같은 질문을 던진 두 제자에게 정반대의 대답
을 한 적이 있다. 어느 날 "좋은 이야기를 들으면 언제 실천해
야 합니까" 하고 제자 자로가 묻자, 공자는 "다른 사람의 말을 잘 들은 후
에 행해야 한다"고 했고, 이튿날 제자 염유가 같은 질문을 하자 "망설일 것
없다. 바로 행해야 한다"라고 하였다. 그러자 다른 제자가 "왜 어제와 오늘
의 대답이 다릅니까" 하고 물었는데 공자의 답은 이러했다.

"자로는 조금 성급한 면이 있으므로 신중함을, 염유는 우유부단하므로 행동력을
강조한 것이다."

이처럼 근대 이전 교육은 획일적인 기준 대신 한 사람씩 맞춤교육을 하였
다. 서당이란 작은 공간에서 여섯 살과 스무 살이 함께 배울 수 있었다. 때
로 낡은 것이 새롭고 새로운 것이 낡을 수 있다.

07 어렸던 나는 학교 시스템이, 그러니까 근대교육의 시스템 속에
어둠이 있다는 사실을 어렴풋이 느끼기 시작했다. 신시대 여명
을 경험하자마자 문명의 석양, 그 폐부가 불길하게 어른거렸던 것이다.

빛나던 학교 유리창도 마찬가지였다. 장난을 치다 행여 유리창을 깨면 그 아이는 죄책감이 들었다. 금지된 장난이자 문명의 반역, 최초의 범죄로 비칠 수 있었다. 지우개도 그랬다. 지우개를 반쯤 쓰면 색이 시커멓게 변하고 모양도 이지러졌다.

태평양전쟁이 발발하자 제일 먼저 지우개가 사라졌다. 남양(南洋)*에서 만든 고무가 한반도까지 오지 않았던 게다. 죄다 장병들의 군화로, 전쟁물자로 쓰이면서 자취를 감추었다.

• 적도 부근의 도서 지역. 필리핀, 인도네시아 및 마리아나, 마셜, 캐롤라인 제도 등을 지칭한다.

샛길

동문학과 육영공원

조선은 미국과의 수교 후 외국과의 교
섭을 위한 외국어 능력자들을 필요로
하게 되었다. 청나라의 추천을 받아 조
선의 관리가 된 묄렌도르프*는 통역관
들을 위한 외국어 연수 기구의 설립을
제안하였고, 1883년 동문학이 설립되었
다. 동문학은 외무아문*의 산하 기구로
외국어를 교육하는 것은 물론 서적이나
신문을 펴내기도 했다.

하지만 동문학의 운영만으로 영어 해득
자 양성이라는 국가적 필요를 충족할
수 없었고, 조선 정부는 미국과 외교교
섭을 벌여 교사를 초빙하려고 했다. 미

관복을 입은 묄렌도르프

국으로부터 교사들이 입국하자 정부는 1886년 9월 육영공원을 설립했다. 입학생은
대개 고급 관리나 양반 가문의 자제였다. 처음에는 영어교육에서 출발했으나 곧 서
양 학문을 포괄적으로 다룰 수 있도록 강의의 폭이 넓어졌다. 세계지리, 수학, 자연
과학, 국제법 등은 물론 농업, 화훼, 초목, 부국강병술 같은 실용과목도 다루었다.

* Paul Georg von Möllendorff. 한자식 표기는 穆麟德 (목린덕) | 外務衙門

여섯째 꼬부랑길

'오, 선장님! 나의 선장님!'과 '줄탁동시'

01 문득 로빈 윌리엄스*가 주연한 영화 〈죽은 시인의 사회〉*가
떠오른다.

키팅 선생님은 자신을 부를 때 '오, 선장님! 나의 선장님!'이라고 부르도
록 하고, 시론(詩論)을 강의하며 교과서의 '시의 개론' 부분을 찢어버리라
고 지시한다. 키팅이 학부모의 압력으로 학교를 떠나는 마지막 장면도 인
상적이다. 학생들이 차례차례 책상 위에 올라서는데 "의자에 앉았을 때와
책상 위에 올라섰을 때 세상은 달라 보인다"는 그의 가르침을 잊지 않겠
다는 시위였다. 눈물 나는 장면이 아닐 수 없다.

일제 강점기 시절, 전근대에서 근대로 바뀌는 체험은 얼마나 놀랍고 설레
는 일이었던가? 그러나 그때의 가르침은 줄탁동시*의 교육이 아니라 식
민 지배와 전쟁으로 내몰기 위한 교육이었다. 《천자문》을 뗀 아이가 입학
해 일본 교과서의 '붉은 일장기'를 배우면 어떤 느낌이 들까?

* Robin McLaurin Williams(1951~2014) | 〈Dead Poets Society〉, 피터 위어 감독, 1989. | 啐啄同
時. 병아리가 알을 깨기 위해서는 어미와 새끼가 안팎에서 서로 쪼아야 한다는 뜻

02　　　보급대로 정신대로 징병으로 끌려가던 형과 누나를 바라보
　　　　　면서 얼마나 슬프고 혼란스러웠을까? 식민지 아이들은 묵비
사염*의 모습이었다. 붉은색을 칠하면 붉은 실이 되고 노란색을 칠하
면 노란 실이 되듯이 말이다. ➡

안타깝게도 어느 교육학자들도 당시 아이들의 심리를 연구하지 않았다.
만약 식민지 시절로 돌아간다면 나치 점령 하의 안네 프랑크*처럼 그 순
간순간을 일기로 기록하고 싶다.

지금의 우리 교육도 되짚어봐야 한다. 미리 결론 내리고 정해진 해답을
만들어 틀을 씌운다. 누구도 만행이라 생각하지 않는다. 해방 이후 많은
시간이 흘렀지만 일제의 흔적이 여전히 남아 있는 것 같다.

• 墨悲絲染. 실에 검은 물이 들면 다시 희지 못함을 슬퍼한다는 말 | Anne Frank(1929~1945) | ➡
　자세히 읽기 〈왜 천자문에서는 하늘이 검다고 했을까〉

03　　　소학교에 입학하자 느닷없이 '온양국민학교'가 되었다. '국민
　　　　　학교'라는 명칭은 일제가 태평양전쟁 등 침략전쟁을 본격화한
1941년 2월 28일 일황 히로히토의 칙령 제148호에서 처음 발견된다. 창
씨개명을 강요하기 시작한 지 1년 만의 일이었다.

그리고 1943년 제4차 조선교육령이 마련되면서 수업연한이 줄고, 대학
및 전문학교가 전시체제로 개편되었다. 학생들을 전쟁에 빨리 동원하기
위해 중학교(5학년), 고등여학교(4~5학년), 실업학교(3~5학년)의 수업연한
을 모두 4년으로 단축했다. ➡

국민을 위해, 나라를 위해 가르치는 것이 교육일까? 아니다. 한 사람의 인
격체로 성장해 꿈꿀 수 있는 주인공이 되고, 가장이 되며, 국민이 될 토대
를 배우고 가르치는 것이 교육이다. 붕어빵처럼 국가가 요구하는 인간을

만드는 의무교육이어선 안 된다.

학교에서 신체검사를 하고 머릿니를 잡으려 DDT를 뿌리며 회충약을 주었다. 내 몸이 국가의 것이라는 얘기다. 체력은 국력이라며 체육을 가르쳤다. 체육은 체조교육의 줄임말이다. 덴마크에서 가져온 체조를 통해 식민지인을 근대인으로 개조하려 한 것이다.

➦ 조선교육령, 3 한국말 고개 3-02

04 남만주철도 초대 총재와 내무, 외무 대신을 지낸 고토 신페이˙는 '폭력이 아닌 의술과 인프라로 식민지를 다스려 자청해서 따라오게 만들어야 한다'고 주장했다. 소위 위생˙을 가르쳤던 거다. 그게 바로 푸코˙가 말하는 '생정치'˙˙다. 무서운 헌병의 채찍이 아니라 구충제 주고 때를 씻겨 '이게 너의 행복이고, 이 행복을 국가가 준다'고 생각하게 만든다.

그런데 일본이 가져온 근대화 세례들은 자기네 것이 아니라 서양에서 가져온 것이다. 그러니 우리가 일제를 통해 근대화를 이뤘어도 동화되지 않았다. 한국인의 빗장을 풀고 무장을 해제시킨 것은 일본식 난방장치 '고타쓰'가 아니라 서양식 '스토브'였다.

• 後藤新平(1857~1929) | 衛生 | Michel Paul Foucault(1926~1984) | Biopolitics. 국가가 개인의 생명을 좌지우지하는 생명정치 현상. "과거 독재자는 '나를 죽이는 사람'이었지만, 코로나19가 퍼진 사회선 '내 말 들어야 너를 살려준다'는 식이다. 과거엔 독재자를 피해선 도망갈 수라도 있었지만, 지금은 도망가면 백신도 맞을 수 없다." ("이어령 '포스트 코로나 시대, 보리처럼 밟힌 마이너리티가 이끌 것'",《동아일보》, 2022년 1월 4일 자)

05 추운 겨울, 강이 얼어도 그 얼음장 밑으로는 따뜻한 물이 흐르는 법이다.

어린 시절 36권짜리 《세계문학전집》을 읽었다. 일본문학을 읽은 것이 아니라 도스토옙스키, 톨스토이, 발자크, 호메로스를 읽었다. 나는 일본 군국주의의 희생자가 아니었다. 일제 구군신˚에게 세뇌당하지 않았다. 오히려 웃기는 놈들이라고 생각했다. 도스토옙스키가 구군신, 가미카제˚ 특공대처럼 자폭하는 것을 찬성하겠는가? ↪

파 뿌리 하나로 천국에 갈 수 있는 《카라마조프가의 형제들》을 머릿속에 집어넣었고, 그리스 로마 신화를 달달 외웠다. 문학을 통해 서구 교양을 익혔고 전체주의적 군국주의 사상에 전염되지 않았다. 그 교양이 마음속 자유공화국을 세울 수 있었고, 그 '영토'를 지금껏 유지하고 있다.

• 九軍神 | 神風 | ↪ 샛길 〈인간어뢰가 된 9명의 청년들〉

06 여기서 잠깐! 한·중·일 세 나라의 근대화 과정이 어떻게 다를까.

중국은 중체서용˚의 관점에서 서구문물을 받았다. 중국 본래의 유학(儒學)을 중심으로 하되 부국강병하기 위해 문명을 받아들여야 한다는 주장이었다.

근대화 시기의 일본 구호는 화혼양재˚다. 일본이 지닌 전통을 중시하면서(和魂), 서양서 배운 학문·지식·기술을 발전시키자(洋才)는 뜻이다.

한국의 동도서기˚론은 동양의 도덕·윤리를 유지한 채 서양의 기술·문명을 받아들여 부국강병을 이룩한다는 사상이다. 중체서용에선 한국·일본이, 화혼양재에선 한국·중국이 빠져 있지만 동도서기에는 한·중·일이 모두 포함돼 있다. 다시 말해 중국과 일본은 자국 중심으로 서양을 받아들였지만 우리는 동양인으로 문물을 받아들인 것이다. 클래스가 다르고 논리가 다르다.

• 中體西用 | 和魂洋才 | 東道西器

인간어뢰가 된 9명의 청년들

일명 '구군신'. 맨 오른쪽 아래가 사카마키 구즈오 소위다.

태평양전쟁 당시 2인승 특수 잠수정 5척을 타고 진주만을 기습했던 일본 군인들이 있었다. 일본은 출진한 아홉 명이 전원 전사했다며 '특별공격대 구군신'이라고 명명, 2계급 특진 후 국가적 영웅으로 선전했다. 그런데 2인승 잠수함 5척에 전사자는 아홉 명, 하나는 어디로 갔을까? 여기에 얽힌 비밀이 있다.

일본 해군이 갑표적*이라는 2인용 잠수정을 개발한 것은 1940년의 일이었다. 이 소형 잠수정은 배터리로 움직였으며 무장으로 어뢰 두 발을 장착했다. 항구에 잠입시켜 적함을 공격하겠다는 특수작전용 함선이었다.

1941년 12월, 5척의 갑표적이 10명을 태우고 진주만으로 향했다. 사카마키 소위*의 잠수정은 출발 직전에 자이로스코프(방위 측정기)가 고장났고, 육안으로 위치를 파악해야 했다. 잠망경을 수면 위로 올려 주위를 살피던 중 결국 미군 구축함에게 포착되었다. 공격을 피하던 잠수정은 암초에 부딪혀 어뢰 하나를 잃었다. 다른 하나라도 발사하겠다고 다시 진주만 항구 안으로 돌입을 시도하다가 다시 암초에 걸렸고, 빠져나가려던 와중에 다른 어뢰도 못 쓰게 되었다. 사카마키 소위는 자살공격을 시도하려다 생각을 고쳐먹고 돌아가기로 했으나, 다른 방향으로 새고 말았다. 설상가상으로 암초에 걸렸을 때 파손된 축전지에서 유독가스가 누출되기 시작했다. 사카마키 소위는 탈출을 결정했다. 표류하다 미군에게 발견된 잠수정은 이후 미 전역을 일주하며 전시 선전에 이용되었다.

사카마키는 간신히 해안까지 헤엄쳐 살아남았으나, 태평양전쟁의 첫 번째 일본군 포로로 잡혔다. 다른 네 척의 잠수정들은 모두 침몰됐고, 사카마키를 제외한 아홉 명의 승무원들은 모두 사망한 것으로 추정된다. 나머지 한 명이 죽지 않았다는 사실은 일본에서 공공연한 비밀이었다.

사카마키 소위는 전쟁이 끝나고 일본으로 귀환했다. 귀국 당시 주위로부터 심한 냉대를 받았다고도 하지만, 그 이후에는 도요타자동차에서 일하며 브라질 지사장에 오르기도 했다.

• 甲標的 | 酒巻和男(1918~1999)

한국말 고개

금지당할 수 없는 언어에 대한 충동

◆ 첫째 꼬부랑길 ◆

'아이구머니'는 한국말인가, 일본말인가

◆ 둘째 꼬부랑길 ◆

한국어를 쓰지 못하던 교실 풍경

◆ 셋째 꼬부랑길 ◆

식민지 교육이 간과한 것

'아이구머니'는 한국말인가, 일본말인가

01 국민학교 2학년이 되던 해였다. 미나미 지로˚ 조선총독(재임 1936~1942)은 황민화˚ 교육을 강화하라는 훈시를 내렸다. 한반도를 중일전쟁의 병참기지로 만들기 위해서는 '고쿠고조요'의 강력한 정책이 필요했기 때문이다.

일본말로 '고쿠고'는 국어(國語), '조요'는 상용(常用)을 의미하는 말이다. 이때 이미 '국어'는 한국어가 아니라 일본어를 가리키는 말이 된 지 오래였다. 그 무렵 각급 학교의 조선어 과목은 정규과목에서 임의 설치과목으로 바뀌게 되었다. 사립학교는 자진하여 조선어 교육을 하지 못하도록 하여 조선어 교육을 실질적으로 금지시켰다. 대신 일본어, 일본사, 일본지리 과목을 통해 천황숭배사상을 주입시키려 애썼다.

천방지축이던 아이들이 무엇을 알았겠는가. '고쿠고조요'의 바람은 오히려 히노마루 교실에 새바람을 일으켰다. 선생님은 도장이 찍힌 우표 크기만 한 딱지를 열 장씩 나눠 주시며 말했다. "오늘부터 고쿠고조요 운동을 실시한다. '조센고'(한국말)를 쓰면 무조건 '후타'(딱지)˚라고 말하고 표를 빼앗아라. 표를 많이 빼앗은 사람에겐 토요일마다 상을 주고 잃은 애들은 변소 청소를 한다. 그리고 꼴찌는 '노코리벤쿄'(방과 후 수업)*로 집에 보내지 않을 것이다." 선생님 훈화말씀이 끝나자 환성과 비명소리가 엇갈렸다.

* 南次郎(1874~1955) | 皇民化 | ふた(蓋) | 残り勉強

02 처음엔 서로 쉽게 빼앗고 쉽게 빼앗겼지만 시간이 갈수록 '딱지 전쟁'은 힘겨워졌다. 조센고를 쓰는 애들은 차차 줄어들고 일본말이 서툰 애들은 아예 입을 다물었다. 대일본 제국이 코흘리개 애들을 상대로 펼친 상호 감시와 당근, 채찍의 잔꾀는 들어맞는 듯했다. "야!"라고만 해도 후타를 빼앗겼다. 일본말로는 "오이!"*라고 해야 한다. 애들은 똥침을 먹여 "아얏!" 소리를 내게 하고는 후타를 빼앗기도 했다. 혹은 화장실 뒤에 숨어 있다가 소리를 질러 놀란 아이들이 "아이구머니" 소리를 내도록 하는 전략도 썼다. "아이구머니"는 조센고가 아니라고 하면 선생님에게 심판을 받으러 간다.

"센세이, 아이구머니가 니혼고데스카, 조센고데스카?"(선생님, 아이구머니가 일본말입니까, 한국말입니까?)

* おい

03 그러나 아이들은 위급할 때 외치는 소리도 일본말과 한국말이 다르다는 것과 "아이구머니"라는 아무 뜻도 없는 비명이 어머니를 찾는 말이라는 것을 비로소 알게 됐다. '고쿠고조요'의 역풍이 불기 시작한 거다. 아무리 강요해도 비명까지 일본말로 할 수 없다는 것과 세 살 때 배운 배꼽말은 결코 어떤 힘으로도 지울 수 없다는 것을 배운 것이다. 누구도 양호실에 가서 "배가 쌀쌀(살살) 아프다"는 말은 죽었다 깨어도 일

본말로는 할 수 없다는 것도 알았다. 그래서 "쌀쌀"이라는 말을 일본말로 "고메고메"*라고 한다는 조롱 섞인 농담도 유행했다. 일본말로 쌀은 '고메'*니까 "쌀쌀 아프다"를 "고메고메 이타이"라고 할 수밖에 없다는 것이다. 그리고 또 눈이 시뻘개져 후타를 빼앗으러 다니는 아이들의 약을 올려주기도 했다. "난도아이나 푸이푸이푸이토 창고수"라는 아무 의미 없는 해리포터 같은 주문들이 아이들 입을 타고 삽시간에 전국으로 나돌았다. '고쿠고조요'의 '후타'는 일본말도 한국말도 아닌 그 주문 앞에서는 한낱 휴지로 바뀌고 만 것이다.

* こめこめ | こめ(米)

04 후타가 모자라는 아이들은 필통을 열어 연필, 삼각자, 고무 같은 것을 내놓고 상거래를 했다. 표가 남는 아이들은 어느새 고쿠고조요의 상으로 받는 병뚜껑 같은 별 볼 일 없는 배지보다는 몽당연필이 낫다는 실리주의를 터득하게 된 것이다. 약발이 끊어지자 선생들의 탄압도 거세졌다. 매일 교무실에서 호출이 떨어졌고 당시 일본 교장이었던 시오이*는 전교생 앞에서 고쿠고조요 상을 시상하기도 했다.

토요일 방과 후 담임선생은 나와 '구마'라는 별명을 가진 아이를 교실에 남으라고 했다. 담임선생은 파랗게 질려 있던 나에게는 시험지 답안지를 꺼내 주고는 채점을 하라고 했고 구마에게는 또 꼴찌를 했으니 선생님이 돌아올 때까지 무릎 꿇고 손을 들고 있으라고 했다. 그리고 나보고 잘 감시하라고 말하고는 급히 밖으로 나갔다.

* 鹽井

05 원래 구마의 별명은 '곰통이'였지만 고쿠고조요가 실시된 뒤부터 별명도 '구마'*로 바뀐 것이다. 덩치는 우리 반에서 제일 컸

지만 하는 일이 굼뜨고 일본말도 가장 서툴렀다. 아이들은 표를 빼앗으려고 늘 상어 떼처럼 이 아이의 주변을 맴돌았다. "집에는 할아버지 혼자만 있어서 빨리 돌아가야 하니까 제발 표를 뺏지 말라"고 '조센고'로 애걸하다가 다시 또 표를 빼앗기는 아이였다.

한참 동안 빈 교실에서 나는 채점을 하고 있었고, 구마는 선생님이 나가셨는데도 두 손을 든 채 멍하니 천장 쪽을 올려다보고 있었다. 그러다가 내 쪽을 보면서 굳게 다문 입을 달싹거리다가 번번이 다시 천장 쪽으로 고개를 쳐들었다.

"구마야! '후타'라고 말하지 않을 테니 손 내리고 한국말을 해도 돼."

그러자 덩치만큼이나 큰 구마의 눈물방울이 마룻바닥에 뚝뚝 떨어졌다. 아무 말도 못 하고 구마의 얼굴만 쳐다보고 있을 때 갑자기 어느 교실에선가 풍금 소리가 들려왔다.

"황막한 광야에 달리는 인생아…"

집에서는 한국말로 불렀고 학교에서는 일본 가사로 노래했던 바로 〈다뉴브 강의 잔물결〉이라는 왈츠 곡이었다. 이상하게도 한국 가사로 부르면 슬프게 들리고 일본말 가사로 부르면 명랑하게 들리는 노래였다. ↪

· 〈ま. 일본어로 '곰'이란 뜻 | ↪ 샛길〈현해탄에 몸을 던진 '사의 찬미'〉

06　풍금 소리는 마치 구마의 저 심장 가까운 곳에서 울려오는 것처럼 아득하게 들려왔다. 우리는 풍금을 '오르강'이라고 불렀다. 그것은 일본말도 한국말도 아니라는 것을 알고 있었다. 그리고 풍금 소리는 가사가 없이도 혼자 울릴 수 있으니까 일본말이든 한국말이든 상

관할 게 없었다.

풍금 소리는 바람 소리처럼 자유롭게 히노마루 교실의 창문 틈으로 새어 나가 긴 복도를 지나 국기 게양대의 긴 그림자가 드리운 텅 빈 교정을 가로질러 5월의 들판으로 날아간다. 그때 처음으로 나는 구마가 아무리 조센고를 써도 절대로 절대로 '후타'란 말을 하지 않겠다고 속으로 맹세했다. 표만 빼앗기지 않는다면 '곰'은 다시 우리 학급에서 제일 기운이 센 아이로 돌아올 수 있을 것이었다.

07 당시 총독부 발표에 의하면 '고쿠고조요'의 실시로 일반 수강자 수는 21만 374명. 그 성과로 간단한 회화 가능자 9만 2564명(44%), 가타카나 해득자 15만 3572명(73%), 히라가나 해득자 5만 8875명이라고 보고되었다. 하지만 제79회 제국의회(1942년 12월)에서 조선총독부 경무국이 실시한 청문회의 기록은 이렇다. "고쿠고조요 실시 후 일부 민족적 편견을 지닌 자들은 조선어는 머지않아 이 지상에서 말살될 것이고 4000년의 역사를 지닌 조선민족의 문화는 멸망하게 될 것이라는 언사를 농하면서 저항하고 있다." ➦

일본의 제국주의자들은 큰 착각을 한 셈이 되었다. 우리가 식민지 교실에서 배운 것은 히노마루(일장기)가 아니었다. 누구도 빼앗을 수 없는 '흙으로 된 국토'와 '언어로 된 국어'의 두 '국'(國) 자 안에서 살고 있다는, 살아야 한다는 것을 배우고 깨닫게 된 것이다.

➦ 샛길 〈히라가나와 가타카나〉

샛길

현해탄에 몸을 던진 '사의 찬미'

〈사의 찬미〉 가사지

〈사(死)의 찬미〉는 한국 최초의 대중가요로 여겨진다. 루마니아 작곡가인 이오시프 이바노비치의 〈다뉴브강의 잔물결〉을 편곡한 것으로, 경쾌한 왈츠풍의 원곡을 천천히, 처연한 느낌이 들도록 연주했고 무겁고 비극적인 가사를 붙였다. 삶의 허무함, 그리고 죽음에 대한 지향, 제목으로 말하는 그대로다.

곡을 편곡하고 직접 노래를 부른 윤심덕 *은 당시의 엘리트 신여성으로 도쿄 유학파이자 한국 최초의 소프라노이기도 했다. 윤심덕은 1921년 순회공연에서 와세다 대학의 학생이었던 김우진을 만났다. 김우진 *은 문학 애호가였고 부잣집 자제였으나 이미 부인과 아이가 있었다. 1924년 귀국한 윤심덕은 성악가로 이름을 날렸으나 생계는 해결하지 못했고, 대중의 지나친 관심에 더해 사생활에 대한 소문까지 돌아

개인적으로 무척 어려운 시기를 보냈다. 급전을 벌기 위해 고심하던 중 일본에서 레코드 녹음 제의가 왔고, 그녀는 1926년 오사카에 갔다.

그곳에서 윤심덕은 김우진과 재회했고, 〈사의 찬미〉 녹음을 마치고 조선으로 돌아오는 길에 함께 시모노세키에서 부산행 연락선을 탔다. 둘은 8월 4일 새벽 쓰시마 섬 앞바다에서 투신했다. 그다음 날《동아일보》에 다음과 같은 기사가 실렸다.

> "지난 3일 오후 11시에 시모노세키를 떠나 부산으로 향한 관부연락선 덕수환* 이 4일 오전 네 시경에 쓰시마 섬 옆을 지날 즈음에 양장을 한 여자 한 명과 중년 신사 한 명이 서로 껴안고 갑판으로 돌연히 바다에 몸을 던져 자살을 하였는데 즉시 배를 멈추고 수색하였으나 그 종적을 찾지 못하였으며 그 선객 명부에는 남자는 전남 목포시 북교동 김우진이요, 여자는 윤심덕이며, 유류품으로는 윤심덕의 돈지갑에 현금 일백사십 원과 장식품이 있었고 김우진의 것으로는 현금 이십 원과 금시계가 들어 있었는데 연락선에서 조선 사람이 정사(情死: 연인끼리의 동반 자살)를 한 것은 이번이 처음이더라."

• 尹心悳(1897~1926) | 金祐鎭(1897~1926) | 시모노세키와 부산을 왕래하던 도쿠주마루(德壽丸)호

히라가나와 가타카나

あ	か	さ	た	な	は	ま	や	ら	わ	ん
安 あ	加 か	左 さ	太 た	奈 な	波 は	末 ま	也 や	良 ら	和 わ	无 ん
以 い	幾 き	之 し	知 ち	仁 に	比 ひ	美 み		利 り	爲 ゐ	
宇 う	久 く	寸 す	川 つ	奴 ぬ	不 ふ	武 む	由 ゆ	留 る		
衣 え	計 け	世 せ	天 て	祢 ね	部 へ	女 め		礼 れ	恵 ゑ	
於 お	己 こ	曽 そ	止 と	乃 の	保 ほ	毛 も	与 よ	呂 ろ	遠 を	

히라가나의 제자 방식 (제작 Pmx)

히라가나는 오늘날 외래어를 제외한 일본어를 표기할 때 쓰이는 문자로, 흘려 쓴 한자의 초서를 약간 변형시켜 만든 것이다. 가타카나 역시 한자 자획을 축약해 만들어진 문자다. 740년경 통일신라에서 일본으로 건너간 불경인 '대방광불화엄경'에서 한자 옆에 나무나 상아 등 단단하고 뾰족한 물체로 종이를 눌러 작은 글자 자국을 새긴 것이 발견되었는데, 이를 각필문자라 한다. 각필문자와 가타카나는 서로 제자 원리가 같아 각필문자를 가타카나의 기원으로 추정한다. 가타카나는 오늘날 외래어나 의성어 표기에 주로 사용된다.

일본의 문자에서도 일본인들의 축소지향성을 읽을 수 있다.

'한글'은 한자와 전혀 관계없이 자음과 모음을 조립해서 만든 독자적인 고유 체계의 표음 문자이다. 그러나 일본은 한자를 본보기로 하여 그것을 간소화하여 가나 문자를 만들어냈다. 말하자면 한자의 수족을 떼어내서 단순화하여 만들어낸 것이 アイウエオ(아이우에오)란 글자인 것이다. 즉 '阿'(아) 자에서 '可'를 떼어내어 'ア' 자를 만들고, '伊'(이) 자에서 '尹'을 삭제해서 'イ' 자를 만든 것이 일본 글자이다. 히라가나 역시 마찬가지다. '安'(안) 자를 풀어 단순화한 것이 'あ'(아)이다. 그러므로 일본의 문자들은 한글처럼 독창적인 글자가 아니라 한자를 생략해서 변형한 축소 지향의 산물이다. *

• 이어령,《축소지향의 일본인》, 문학사상사, 2008

한국어를 쓰지 못하던 교실 풍경

01   일제는 어떻게 어린이들을 교육시키고자 했을까.

국민학교에는 '국민과'가 있었다. 여러 과목 중 국어, 지리, 역사, 수신 다섯 과목을 일본 국가 이데올로기를 주입하기 위한 교과목으로 뽑아냈다. 이 '국민과' 교과서에 '신국 일본'의 관념이나 '대동아공영권의 맹주'로서의 의식, 천황을 위해 목숨을 버려야 한다는 왜곡된 신념이 노골적으로 담겨 있었다.

조선인에게는 보통교육과 실업교육이 중심이었다. 대학교육은 허용되지 않았고 전문적인 기예를 가르치는 전문교육만 허용되었다. 보통교육을 통해 일본어 교육이 한층 강화되었다. 그 일환이 '고쿠고조요'였다. 하급기술인 혹은 직업인 양성을 위한 실업교육 역시 강조되었다.

보통학교의 경우 조선어와 한문시간이 1주에 5~6시간이었지만, 일본어는 배가 많은 10시간이었다. 고등보통학교 역시 조선어와 한문은 3시간, 일본어는 7시간이었다. 일본어 교육의 심화는 '선량한 황국신민'과 연결돼 있었다. 각급 학교에 수신을 강조하여 일본의 '황실과 국가에 대한 관념' 등을 가르쳐서 식민지배에 순응토록 만들었다.

심지어 1941년 민족교육금지령으로 조선어를 배우는 것이 전면 금지했다. 학교에서 배우는 것뿐만 아니라 모든 미디어에서 조선어 사용을 금지했다. 일본과의 '동화', 이른바 내선일체를 적극적으로 추진했다.⤷

⤷ 내선일체, 2 학교 고개 5-04 | 3 한국말 고개 2-05 | 10 아버지 고개 4-03 | 10 아버지 고개 5-02, 05

02 한국어를 쓰지 못하던 교실 풍경은 어땠을까.
우리 반에는 말 없는 아이가 있었다.
'가네실'이라는 산골에서 살던 아이였는데, 원래 말이 없던 아이가 아니었다. 일본말이 서툴렀기에 날로 말하는 습관을 잃어가게 된 게다. 애들은 운동장에서 뛰어놀고 있는데, 그는 혼자서 교사 담에 기대어 그들을 멍하니 쳐다만 보고 있었다. 때로 자기 차례도 아닌데 자진해서 교실 당번을 바꾸어주었다. 그래서 노는 시간에도 텅 빈 교실에 혼자 우두커니 앉아 있는 일이 많았다. '후타'(딱지)가 있고부터는 그 애는 더 말을 하지 않으려고 했다. 아이들이 그 애를 죽 따라다녔다. 언제나 주말이 되면 선생님한테 벌을 섰다.

03 사실 고통을 받은 건 아이들만이 아니었다. 이 '후타' 전쟁은 시시각각 신전법과 신무기를 개발했다. 애들은 집에 돌아가면 그의 부모하고는 으레 '조센고'(조선말)를 썼다. 이것을 노렸던 거다. 마을 친구들이 집 담 밑에 숨어 있다가 일본말을 모르는 그 부모들과 '조센고'를 쓰는 학생을 덮치면 표를 빼앗을 확률이 거의 100%였다. 이 게릴라 전술 때문에 아이들은 집에 가도 마음을 놓지 못했다. 한 애는 어머니가 묻는 말에도 끝내 대답하지 않다가 굉장히 매를 맞기도 했다. 담 너머로 표를 노리는 적들이 넘겨다보고 있었기 때문이었다. 일본말을 모르는 그의 어

머니는 표를 빼앗기지 않으려고 조바심을 태운 불쌍한 식민지의 아이들을 몰랐던 것이다. 그 아이의 어머니만이 아니었다. 식민지 아이들도 자신들이 겪어야 했던 비극과 고통을 이해하지 못했다.

04 일제가 말과 글까지 빼앗으려고 한 저의는 분명하다. 한국을 대륙에 붙은, 일제를 향해 뻗은 팔뚝으로 보아 위협을 느꼈던 것이다. 한편 그들은 한반도를 대륙으로 가기 위한 발판으로 삼고자 했다. 초기에는 외교권, 영토 통과권 정도를 원했다는 게 그 증거다. 영토에 대한 욕심보다는 위협 요소를 제거하고 대륙 침략에 용이한 통로로 삼고자 했던 것이다. 그들이 제일 먼저 전신과 철로를 끌어들인 것도 그 때문이었다. 하나 전쟁이 발발하자 그들은 조선 땅을 넘보기 시작했다. 조선인 전체를 일본인으로 만들기 위해서는 말과 글을 지배할 필요가 있었다. 동맥뿐만 아니라 미세혈관 가닥마다 일본의 정책이 전해지기 위해서는 의사소통이 원활하게 이루어져야 했다. 언어는 생각의 집이다. 그러니 언어를 지배함으로써 사고방식까지 조작할 수 있다는 속셈이었던 게다.

05 이즈음 교육열이 고조되었다. 1910년대 보통학교 취학률은 5% 미만이었으나 1930년대 비약적으로 증가해 1942년에는 남자취학률이 66.1%, 여자 취학률은 29.1%에 이르렀다. 보통학교 입학 경쟁의 내면은 내선일체와 황민화 교육, 무엇보다 징병 혹은 징용 동원에 있었음을 알 수 있다⤷
실제로 징병, 혹은 징용을 용이하게 하려고 일본어를 강제로 배우게 했다는 주장도 있다. 1944년 조선의 징병 대상 인원은 약 22만 명, 그중 반수인 11만 명이 전혀 소학교 교육을 받지 못한 문맹 상태였다. 입영 후 교육을 쉽게 하기 위하여 기본적인 '국민교육' 즉 '의무교육의 실현과 생활양식의 내지화(內地化)'를 이룰 필요성을 절감했다는 것이다.

그래서 일제는 1942년 조선인들에게도 보통학교 교육을 의무적으로 시행하는 계획을 수립한다. 또한 보통학교 졸업생을 식민통치에 필요한 직업인으로, 당시 조선의 농민층이 몰락하는 상황에서 농촌진흥운동을 이끌 중견인물로 양성하기 위해서도 교육이 필요했다. 하지만 당장이 급했던 일제는 '조선청년특별연성령'(朝鮮靑年特別鍊成令)을 시달하여 미취학자들을 모아 속성으로 교육시키는 연성소들을 만들기도 했다. 군사력을 높이기 위한 일종의 의무교육이 실시된 셈인데, 징병제 실시를 위해 일본어의 해득이 무엇보다 중요했기 때문이었다.

↪ 내선일체, 2 학교 고개 5-04 | 3 한국말 고개 2-01 | 10 아버지 고개 4-03 | 10 아버지 고개 5-02, 05

셋째 꼬부랑길

식민지 교육이 간과한 것

01 '주형'(鑄型)이란 거푸집을 뜻한다. 석회나 진흙을 일정한 틀에 부어 어떤 모양을 만들어낸다. 교육을 '주형'으로 보는 시각이 근대 일본 교육사상을 지배했다. 아이들은 석회나 진흙과 같은 재료로 본 것이다. 교사는 그 재료를 사용하여 의도하고 있는 모습의 인간(식민지형 직업인)으로 만들어 내는 제작자라고 여긴 것이다.

교육을 '주형'으로 본다는 것은 학생을 석회나 진흙과 같은 재료로 보고 환경, 즉 교육에 의해서 얼마든지 변형시킬 수 있는 존재로 여긴다는 것을 의미한다. 일종의 교육만능론적 사고다. 교사 중심의 교육으로 아동의 흥미는 중요하지 않고 그 사회가 요구하는 지식, 혹은 기능을 체계화해 놓은 것이 교과다. 학생이나 어린이를 그저 미숙하고 텅 빈 존재로 여긴다. 항아리에 물이나 곡식을 부어 넣듯이 사람의 머릿속에 지식이나 규범을 집어넣어 주는 것을 교육으로 본다.

02 이러한 교육방식은 민주주의 교육과도 거리가 멀었다.
서구 근대교육에 적지 않은 영향을 미친 루소˚가 강조한 '성장

(成長)으로서의 교육'˙과도 배치된다. 루소는 성장의 잠재력이 아이의 내부에 자연적으로 주어져 있다고 보았다. 그래서 교육은 아동의 내부에 잠재해 있는 여러 가능성들이 자연스럽게 커갈 수 있도록 도와주는 것 이상이 되어서는 안 된다고 주장했다. 루소의 교육론은 민주주의 교육의 바탕이 된 존 듀이의 교육관과 연결이 된다.

듀이˙는 사회적 환경에 능동적으로 참여하는 동안에 환경과 접촉을 하면서 갖게 되는 '반성적 사고'˙˙의 결과로 지식을 얻게 된다고 말한다. 반성적 사고가 바로 공부다. 이렇게 형성된 지식이 다시 새로운 경험과 결합하여 끊임없이 개조되어 가는 과정이 '성장'이다. 일제가 강조하는 '거푸집으로의 교육'과 큰 괴리가 있음을 알 수 있다.

일제의 황민화 교육은 일제 강점기 말기에 더욱 노골적이었다. 1938년 제3차 조선교육령을 개정해 3대 강령을 세웠는데, 첫째, 조선인의 황국신민화를 철저하게 하기 위한 '국체명징'(國體明徵), 둘째, 조선인의 민족성을 말살하기 위한 '내선일체', 셋째, 침략전쟁 아래서의 인내를 강요한 '인고단련'(忍苦鍛鍊) 등이 제정되었다. 각급 학교는 '황국신민 서사'(皇國臣民の誓い)를 암송 제창하게 하였다. ↪

• Jean-Jacques Rousseau(1712~1778) | 자연주의 교육(Naturalistic Education)이라고도 한다. |
John Dewey(1859~1952) | Reflective Thinking | ↪ 조선교육령, 2 학교 고개 6-03

03

황민화 교육을 아무리 강화해도 학생들은 그들이 원하는 대로 좌지우지되는 존재가 아니었다. 마치 교사가 학생들을 가르쳐도 학생 성적이 저마다 다르듯이 말이다. 아무리 '거푸집 교육'을 해도 학생들이 받아들이기를 거부하면 어쩔 수 없다. 학생들은 수동적인 존재가 아닌 것이다.

미국의 교육사회학자인 마이클 애플*과 헨리 지루*는 "학습자는 교육내용을 그대로 받아들이는 수동적인 존재가 아니라 일상적인 삶의 경험 속에서 스스로 체득한 세계관을 통해 지배 이데올로기를 거부하고 극복할 수 있는 능동적이고 주체적인 잠재력을 지니고 있다"고 바라봤다.

애플과 지루의 주장은 '마르크스주의' 철학자 중 한 사람인 안토니오 그람시*의 시각과 다르다. 그람시는 "사람들은 자기가 속한 사회정치 세계의 이데올로기 구조를 '자연스러운 것'으로 여기게 된다"며 인간을 수동적인 존재로 보았다.

애플과 지루는 그람시의 주장을 거부하며 "피지배집단의 사람들은 사회구조에 의해 일방적으로 결정되는 수동적인 존재가 아니라 사회의 변화를 주도할 수 있는 자율성을 지니고 있다"는 주장을 펼쳤다. ↪

지루는 '비판적 인간'이란 개념을 교육학에 도입했는데, 비판적 인간이란 '정의와 해방을 추구하는 능력을 갖춘 사람'을 뜻한다. 세상을 비판적이고 반성적인 시각으로 읽어내는 눈, 나아가 세상을 실제로 변화시키는 능력을 갖춘 사람이 비판적 인간이다.

일제가 징용과 징병, 식민지배를 용이하게 하는 교육을 강화했지만 학생들은, 시키는 대로만 하는 수동적인 존재가 아니었다. 내면에서는 불합리한 식민지 교육을 거부하고 분노할 수 있는 존재가 학생들이었다.

• Michael Apple(1942~) | Henry Giroux(1943~) | Antonio Gramsci(1891~1937) | ↪ 샛길 〈학생은 자율성을 가진 존재〉

샛길

국체명징

미노베 다쓰키치의 사직원

국체명징은 '천손강림, 만세일계[*]인 일본 천황의 통치가 일본의 국체라는 사실을 명징하게 밝히기 위해 국민정신 개조가 필요하다'는 반지성적 선언을 말한다.[*] 메이지 시대 초기에는 국가의 주권이 천황에게 있고 천황의 권력은 무제한이라는, 일명 천황주권론이 지배적이었다. 하지만 다이쇼 시기 서양 입헌군주제의 영향으로 천황기관설이 등장했고, 이것을 미노베 다쓰키치(美濃部達吉)가 정리했다. 이 학설에 따르면 일본의 주권은 천황이 아닌 국가에 있고, 천황은 국가에 속한 기관으로서 의회와 내각의 보좌를 받아 헌법에 따라 국가를 통치하게 된다.

미노베의 천황기관설은 1930년대 초까지 공식 학설로 인정받는 수준이었으나, 일본에서 군국주의가 거세지면서 공격의 대상이 되었다. 이 가운데 나온 것이 1935년 의회의 국체명징 선언으로, 이 이후 일본에서 천황에 대한 비판은 금기시되기에 이른다. 미노베 다쓰키치는 1936년 우익의 테러로 중상을 입기도 했다.

• 万世一系. 일본 황실의 혈통이 단 한 번도 단절된 적이 없다는 주장 | 신상목, "국체명징운동과 파시즘",《조선일보》2020년 12월 4일 자.

학생은 자율성을 가진 존재

《교사는 지성인이다》

"전통주의자들의 세계관에서 학교란 그저 지식을 가르치고 배우는 과정만 이뤄지는 공간이다. 따라서 학교가 힘의 세기가 다른 문화적, 경제적 집단들 간의 합의와 논쟁의 장이라는 생각이 무시되어왔듯, 학교가 문화적 정치적 장소라는 사실도 외면했다. 비판교육이론의 관점에서 보면, 전통주의자들은 지식, 권력, 지배 간의 관계에 관한 중요한 문제를 은폐하고 있다. 그러나 학교는 학생들이 참된 민주주의 속에서 살아가는데 갖추어야 할 지식과 기술을 배우는 공적 영역이다. 학교를 자기 권력과 사회적 권력 갖기를 도와주는 민주적 장소로 봐야 한다." *

• 헨리 지루, 《교사는 지성인이다》, 이경숙 옮김, 아침이슬, 2001 중에서 발췌

히노마루 고개

해와 땅을 핏빛으로 물들이는 붉은 기

◆ 첫째 꼬부랑길 ◆

깃발 속으로 들어온 해는 암흑이었다

◆ 둘째 꼬부랑길 ◆

국기를 보면서 눈물을 흘리는 까닭

깃발 속으로 들어온 해는 암흑이었다

01   말은 무섭다. 문자는 더욱 무섭다. 귀신이 어둠 속에서 통곡할 정도로 무섭다. 같은 사람인데도 '한국인'이라고 할 때와 '한국사람'이라고 할 때 그 느낌은 달라진다.

'한국인 이야기'를 '한국 국민 이야기'라고 했다면 국민교육헌장과 같은 느낌이 될 것이다. '국민'이란 말 대신 '시민'이나 '민중'이라고 했다면 어땠을까. '인민'이란 말처럼 혁명의 과격한 이야기처럼 들릴지 모른다. 왜냐하면 시민혁명, 민중혁명이란 말은 있어도 국민해방, 국민혁명이라는 말은 들어본 적이 없으니 말이다.

제목 이야기는 이쯤 해 두자. 다음은 말과 문자가 얼마나 힘이 셌는가를 생생히 증언하는 내 어린 시절 기억이다.

02   내 바로 앞 세대만 해도 《천자문》으로부터 일생을 시작했다. 서당에 들어가는 첫날 배우는 것이 '하늘 천 따 지'다. '서당 개 삼 년에 풍월을 읊는다'고 《춘향전》에 나오는 방자도 '천지현황'의 천자문 첫 구절쯤은 외울 줄 안다.

그런데 국민학교에서 내가 배운 글자는 '가나'였다.

アカイ　アカイ　ヒノマルノ　ハタ
(아카이　아카이　히노마루노　하타)

'아카이'는 붉은색이고 '히노마루'는 해의 동그란 모양을 이르는 말이라고
했다. 여기까지는《천자문》과 별로 다를 게 없다. 하늘 대신 해가 있고, 검
고 노란색이 붉은색으로 바뀐 정도다. 그런데 마지막 '하타'에서 모든 것
이 뒤집힌다. '하타'(旗)는 '깃발'이란 뜻으로, 붉은 해는 하늘이 아니라 일
장기 위에 그려진 태양이었던 것이다.
붉은 해는 천황가의 원조인 '아마테라스 오미카미' * 다. 이 땅에서 제일 높
은 것이 황제인데, 일본의 천황은 하늘까지 다스리는 존재라 하여 '하늘
천'(天) 자가 붙어 있다. "손바닥으로 하늘을 가리랴"라는 말이 있지만 실
제로 그들은 일장기로 하늘을 가려 자기 것으로 만들었다. 단순한 식민지
교육이 아니었던 것이다.

• 天照大神

03　　아마테라스 오미카미는 일본의 태양과 하늘의 여신이다. 신들
　　　　중 최고신이다. 천황 일가는 이 태양 여신의 자손으로 일컬어
진다. 메이지유신 이전에 천황은 잊힌 존재였다. 권력도 없었고, 사람들도
천황이라는 존재에 관심이 없었다. 하지만 막부를 타도하고 나선 메이지
정부 측에서는 천황을 정치적으로 이용할 필요가 있었다. 그냥 내세우기
는 뭣하니까, 천황을 아마테라스와 연결시켜 신성시하기 시작했다. 천황
을 신성시하는 가르침을 국민에게 널리 전파하기 위해 포교사를 전국으

로 파견했고, 1872년에는 교부성˙이란 관청을 설치하여 전국의 신주와 승려의 임명권을 장악한 후 그들을 동원하여 천황 숭배 사상을 널리 퍼뜨렸다. 천황을 태양의 여신의 자손으로 선전하고, 이를 통해 국가 이념을 종교화해 권력을 강화하여 민중을 지배하고자 한 것이다.

'닛쇼키'˙˙ 또는 '히노마루노 하타'˙˙, '히노마루'라 불리는 일장기도 고대 일본인의 태양신 신앙과 연관된다. 동그라미는 태양, 즉 천황을 뜻한다. 쇼토쿠 태자가 중국 황제에게 보낸 편지에서 "日出ずる処の天子, 書を日没する処の天子に致す."(해 뜨는 곳의 천자가 해 지는 곳의 천자에 보낸다)라고 쓴 것에서 유래한다.

• 教部省 | 日章旗 | 日の丸の旗

04

'히노마루노 하타'를 배운 아이들에게 내일 뜨는 아침 해는 천황의 것, '아마테라스 오미카미'가 뜨는 것이다. 일본(日本)이란 나라 이름부터가 해(日)의 근본(本)에서 온 말이다. 말은 무섭다. 문자는 더 무섭다는 말이 무엇인지를 알겠다.

다이쇼 8년에 일본 문부성˙에서 발행된 소학교 국어책 일 권 첫 장에 딱 두 글자 "ハナ"(꽃)이 나온다. 인류보다 먼저 지구에서 살았던 네안데르탈인들도 죽은 자에게 제물로 바쳤다는 그 꽃이다. 그런데 삽화는 그냥 꽃이 아니라 벚꽃이다. 일본말의 '하나'(꽃)는 그냥 꽃이 아니라 벚꽃을 뜻하는 경우가 많다.

부시(무사)˙가 아니면 사람이 아니요, 사쿠라(벚꽃)가 아니면 꽃이 아니라는 에도 시대의 관념을 강화해 '하나'(花)를 '하타'(旗)로 바꿔 놓은 것이 내가 처음 배운 글자요, 그 일장기였던 것이다.

• 文部省 | 武士

05   "천지현황"을 외우는 서당 아이들이 중화(中華)의 이념을 일평
생 몸에 달고 다니는 것처럼 '히노마루노 하타'를 외우는 '국민
학교' 아이들은 야마토*의 천황주의에 못 박혀 세상을 살아가야 하는 것
이다. 그래서《천자문》을 배운 아이들은 파란 하늘을 보고도 하늘을 검다
(玄)고 하고, 초록색 초원을 보면서도 땅을 노랗다(黃)고 한다. 그리고 '아
카이 히노마루'(붉은 일장기)를 배운 아이들은 해를 그리라고 하면 동그라
미에 빨간 칠을 한다. 그걸 보면 서양 아이들은 기절을 한다. 예외 없이 주
황색을 칠해 오던 아이들이니까.

일장기의 '붉은 해'와 청천백일기(靑天白日旗)의 '하얀 해'가 혈전을 벌인
것이 중일전쟁이다. 천지든, 태양이든 제 눈으로 보고도 그것이 딴 색으로
보이는 것은 그게 자연색이 아니라 이념의 색이었기 때문이다. 천지현황
의 검은색과 노란색은 음양오행의 이념에서 나온 색이고, 일장기의 붉은
색과 청천백일기의 흰색은 근대의 국가 이데올로기가 낳은 빛이었다. 여
간 주의(注意)하지 않으면 주의(主義)의 이념 색에 가려 자연색을 볼 수
없는 눈뜬장님이 된다.

• 大和. 야마토는 한자로 '왜'(倭) 자로 쓰고 '야마토'(やまと)라 읽는다. 이후 독음이 '왜' 자에서 '화'
(和) 자로까지 확장되었다. 나라 시대 이후에는 야마토를 '일본' 또는 '대화'라고 표기했다.

06   금붕어의 선조는 붉은 붕어이며 고향은 중국이다. 금붕어의 원
산지는 중국 양쯔강 하류의 저장성 항저우다. 금붕어는 잉어의
돌연변이라고 할 수 있는데, 중국인들은 이 돌연변이 잉어를 이래저래 변
종시켜 금붕어를 만들어냈다.

금붕어는 사실 노랗지 않은데도 귀한 물고기라는 뜻에서 황금(金) 자를
붙였다. 그래서 빨간 붕어를 보고서도 우리는 금붕어라고 말한다.

3학년 때였던가. 유리 조각에 그을음을 묻히고 개기 일식을 보면서 나는 처음으로 이념의 해가 아닌 물리적인 해를 볼 수 있었다. 조금씩 까맣게 침식되어 가며 죽어가는 태양⋯. 해가 이데올로기의 깃발 속으로 들어오면 일식처럼 암흑이 되어 죽는다는 슬픈 진리를 보았다. 물론 무의식 속에서 말이다.

둘째 꼬부랑길

국기를 보면서 눈물을 흘리는 까닭

01 히노마루(일장기)가 걸린 어두운 교실보다는 역시 환한 운동
장이 좋았다. 햇빛이 쏟아지는 눈부신 마당에는 철봉대가 늘
어서 있고 한구석에는 씨름할 수 있는 모래밭도 있었다. 몇백 년 묵었다
는 팽나무에는 아침저녁으로 새들이 모여와서 우짖는다. 하지만 운동장
에 나가도 히노마루의 깃발은 그림자처럼 따라다닌다. 교정에서 제일
높은 것이 국기 게양대의 황금빛 깃봉이었으니까.

담쟁이 너머로 보이는 설화산(雪華山) 봉우리도 일본의 후지산(富士山)
을 닮았다 했고, 참새들도 학교 마당에 들어오면 '스즈메'˙라고 한다. 스
즈메는 일본말로 참새를 뜻하는 말이었지만 탁음 하나만 빼면 군대가 행
진하는 '스스메'˙˙와 음이 같아진다. 그래서 '히노마루노 하타'를 배우고
나면 '반자이'(만세)라는 말과 "헤이타이상(병정님) 스스메 스스메 치테치
테 타 토타 테테 타테 타"˙˙라는 주문 같은 말을 읊게 된다.

---

* スズメ | 進め | "ヘイタイサン ススメ ススメチテ チテ タ トタ テテ タテ タ". 당시 국민
학교 1학년 교과서에 수록된 문장. '치테치테 타 토타 테테 타테 타'는 나팔소리를 흉내낸 것이다.

02　병정들이 나팔을 불며 행진하는 것이 머리에 그려진다. 학교 운동회도 정말 군대의 행진곡 소리가 운동장에 울려 퍼지면서 시작된다. 뭐니 뭐니 해도 가슴을 울렁이게 하는 것은 역시 수백, 수천의 그 만국기였다. 빛깔과 모양이 제각기 다른 만국기는 어떤 하나의 깃발보다도 아름답게 휘날린다. 히노마루도 그 깃발의 물결 속에 파묻히고 만다.

교실에서는 세계에서 첫째가는 국기가 '히노마루'라고 가르쳤다. 서양 사람들이 탐내어 많은 돈을 주고 사가려 했지만 실패했다고도 했다. 학교괴담이 아니라 이모토 순지의 《국기 히노마루》* 란 책에도 수록된, 국가급 괴담이다. '1874년(메이지 7년) 봄 영국이 당시 500만 엔을 주고 데라시마 무네노리* 외무대신에게 교섭을 해왔다'고 역사적 사건인 것처럼 기록하고 있다. 국기는 배추장수처럼 사고파는 게 아니다. 못생겨도 자기 자식처럼 끌어안고 사는 것이 국기니까.

• 伊本俊二,《国旗 日の丸》, 1999. | 寺島宗則(1832~1893)

03　일본이 한국을 강점했던 식민지 시절, 아이들이 초등학교에 들어가자마자 맨 처음 배운 것은 '아카이 아카이 히노마루노 하타'였다. 어린아이들에게 국기는 우러러보는 것이고 높은 곳에서 압도하는 것이었다. 그것은 두려움이었으며 만져서는 안 될 어떤 신성한 힘, 초월적인 힘, 국가라고 하는 존엄성을, 그리고 그 지배의 힘을 나타내는 상징물이었다. 한낱 천이 아니라 주재소* 나 헌병대의 사이드카에서 나부끼는, 힘 그 이상의 무서운 마법의 보자기였다.

그러나 일장기와는 달리 운동회 날 운동장에서 나부끼는 만국기는 달랐다. 일장기가 군국주의, 국가주의, 전체주의와 같은 정치적 지배 코드로서의 메시지를 지니고 있다면 운동회 날의 그 만국기는 비록 국기라 하더라도 그것들이 지시하는 것은 국가 메시지가 아니라 축제의 환희와 감동이었던 것이다.

• 駐在所

04 운동회를 열띠게 하는 홍기와 백기를 보면 안다. 아무 무늬도 그림도 없는 단지 붉은색과 흰색으로 구분된 것인데도 아이들은 그 깃발을 위해 목숨이라도 바칠 듯이 줄다리기를 하고, 달음박질을 하고, 기마싸움과 봉 쓰러뜨리기를 했다. 무엇보다 대표선수들이 나와 400m 릴레이 경주를 할 때는 자기 편 응원을 하느라 목이 터진다↩
자기편이라고 하지만 갑자기, 그리고 우연히 홍군, 백군으로 나뉜 집단일 뿐이다. 그렇지만 일단 홍군이 되거나 백군이 되면 저마다 머리에 그 색깔에 맞는 하지마키(머리띠)* 를 두르고 무한질주를 시작한다. 운동장은 미치고, 관전하는 학부모까지도 깃발 속으로 휘말린다. "홍군 이겨라! 백군 이겨라!", 그것을 일본말로는 "아카 가테, 시로 가테"* 라고 한다.

• はちまき | 赤勝て, 白勝て | ↩ 샛길 〈청백전 vs 홍백전〉

05 형이 홍군이고 아우가 백군이면 형제인데도 결사적으로 싸운다. 조금 전까지 어깨동무를 하던 단짝이라도 기의 색깔이 다르면 적이 된다. 반대로 낯선 얼굴이라도 색깔이 같으면 손에 손잡고 힘을 합친다.
아주 오랜 옛날부터 그랬다. 마을이 동서로 나뉘어 석전을 벌이고 있을 때 아들은 반대 마을의 아버지를 향해 돌을 던졌다. 노인이 그 광경을 보고 패륜이라고 꾸짖자 청년은 대답한다. "나는 아버지에게 돌을 던진 것이 아니라 반대편 사람, 싸워 이겨야 하는 상대에게 돌을 던진 것뿐"
이라고.

06   축제 공간에서 벌어지는 홍군, 백군의 놀이 원리를 정치적 이
데올로기나 국가의 이익으로 이용한 것이 바로 일본의 히노마
루며, 소비에트의 붉은 깃발이다.

"전체주의 국가 소비에트는 신문 보도나 교육이나 정치선전의 관리를 통해 개인
의 신념과 가치관을 바꾸려 했다. 소비에트인을 만들어내기 위해서였다. 그래서
스탈린 경찰에 자기 부모를 고발한 소년 파블릭 모로조프는 오랫동안 정부로부
터 위대한 영웅으로 칭송받게 됐다."

이 인용문을 그대로 일장기가 걸린 교실에 가져와도 크게 어색하지 않을
것이다. 히노마루가 걸려 있는 교실에서, 그리고 만국기가 걸려 있는 운동
회 마당에서 나는 베네딕트 앤더슨이 '상상의 공동체'˙라고 불렀던 내셔
널리즘의 꼬리를 밟고 있었던 것 같다.
그러던 어느 날, 운동회가 열리던 운동장은 결국 뒤집어 엎였다. 아주까리
를 솔뿌리처럼 기름으로 쓴다고 운동장을 아예 아주까리밭으로 만든 것이
었다. 아이들은 철봉도 그네도, 모래밭에서 공기놀이도 못하게 됐다. 국
가의 운명이 달렸다는 전쟁 앞에서 아이들의 추억을 만들 공간 따위는 무
의미한 것이었다.
그래서인가. 애국가가 연주되고 태극기가 게양될 때 시상대 위에서 눈물
을 흘리는 우리 자랑스러운 금메달리스트를 보면서 함께 눈물을 짓다가
도 섬뜩한 생각이 스친다. 히노마루 교실의 트라우마가 덴 살을 건드리는

것처럼 되살아나기 때문이다.

- Imagined Communities. 베네딕트 앤더슨(Benedict Anderson, 1936~2015)은 민족을 왕조 국가
가 쇠퇴하고 자본주의가 발달하는 시기에 나타나는 특정한 '문화적 조형물'로 보았다. 그래서 민족을
'상상의 공동체'라고 불렀다.

청백전 vs 홍백전

겐지와 헤이지의 전투를 묘사한 그림. 가노 모토노부, 16세기경.

해방 후 운동회 날에는 늘 청군과 백군이 나뉘어 승부를 겨루곤 했다. 1970년대와 80년대를 풍미했던 〈유쾌한 청백전〉, 〈명랑운동회〉 같은 예능 프로그램에서도 연예인들이 두 편으로 나뉘어 노래자랑이나 운동경기를 통해 승부를 겨뤘는데, 여기서도 청군과 백군의 대결이었다. 왜 우리는 일본의 방식인 파랑과 빨강으로 나뉘지 않고, 파랑과 흰색으로 나뉘었을까. 어느 일본 기자는 "일본에서는 연말에 노래자랑을 하면 홍백전이라고 하고, 한국에서는 청백전이라고 하는데 이것은 한국인의 마음속에 뿌리 깊게 자리 잡은 붉은색에 대한 기피증 때문이다"라고 풀이하기도 했다. 하지만 이것은 사실이 아니다.

동북아시아 세 나라는 같은 색채 코드를 쓰고 있다. 음양오행설의 다섯 색깔, '청, 적, 황, 백, 흑'에서 동쪽과 서쪽을 상징하는 색이 각각 청색과 백색이다. 좌청룡 우백호라는 말에서 보듯, 동양적 색채관에서 청색의 상대는 백색일 수밖에 없는 게다. 일본의 홍백전에는 색채 코드보다 역사적 사건의 영향이 더 컸다. 헤이안 시대 '의 양대 무사 세력이었던 겐지 '와 헤이지 '는 정권을 놓고 다투었고, 결국 겐지가 승

리하여 가마쿠라 막부 시대를 열었다. 이 전쟁에서 동방의 겐지는 붉은색, 서방의
헤이지는 흰색 깃발을 군기로 썼다고 전해진다.

• 平安 | 源氏 | 平氏

아버지를 고발해 영웅이 된 열두 살

파블릭 모로조프[*]는 소비에트 정권에 서 순교자라고 숭배받던 청년 공산주 의자였다. 가난한 농민의 아들로 태어 난 모로조프는 시골학교에서 피오네 르 소년단의 지도자였으며 정부의 농 촌 집산화 정책이 추진되자 열광적인 지지를 보냈다. 1930년 12살의 나이로 지역 소비에트의 의장이었던 아버지를 당국에 고발하였고, 법정에서 자신의 아버지가 문서를 위조해 집산화 정책 에 저항하는 쿨락(부농)들을 도와주었 노라고 고발했다. 뿐만 아니라, 당국에 곡물을 반입하지 않고 몰래 비축했다 며 다른 농민들도 고발했다. 그러나 미

파블릭 모로조프 기념비. 러시아 첼랴빈스크 소재

움을 산 모로조프는 몇몇 지역 쿨락들에 의해 잔인하게 살해되었고, 소비에트 정권 은 그를 순교자로 추켜올렸다. 여러 도시에 기념관이 세워지고, 모조로프는 여러 세 대에 걸쳐 공산주의자의 본보기로서 추앙받았다.

* Pavlik Morozov(1918~1932)

국토 고개

상자 바깥을 향한 탈주

첫째 꼬부랑길

외쳐라 토끼야, 토끼야 달려라

01 일본 사람들은 한국인을 비하할 때 '반도인'*이라고 불렀다. 그럴 때마다 일본인들은 누가 뭐라고 하지 않아도 자신들의 '섬나라 근성'*을 깨닫게 되고 한국인들은 거꾸로 대륙의 중국, 일본의 섬과도 다른 반도인의 자의식을 발견하게 된다. '반도인'이라는 차별어에서 오히려 "금수강산 반도 삼천리"의 국토의식과 민족의식이 싹튼 것이다. 그것이 바로 역사의 아이러니요 패러독스다.

나라를 빼앗겼어도 아름다운 반도의 지형은 뚜렷하게 아주 분명하게 그 어린 멍든 가슴에 찍혔다. 그것이 토

최남선, 〈근역강산맹호기상도〉(槿域江山猛虎氣象圖), 1908.
《소년》 1호는 '대한의 외권형체(外圈形體)' 코너에서 프랑스를 '커피 포트', 일본은 '토끼', 우리나라는 '호랑이'의 모습으로 그렸다.

끼 모양으로 때로는 꽃이 만발한 무궁화나무로, 혹은 육당의 《소년》에서
처럼 대륙을 향해 포효하는 호랑이 모습으로 보이기도 한다. 한반도 지형
은 로르샤흐의 잉크 자국 테스트처럼 관찰자의 성격과 마음에 따라 제가
끔 달리 보인다.👉

• 한토진(半島人) | 시마구니 곤조(島國根性) | 👉 샛길 〈얼룩으로 마음을 읽다〉

02 왕년의 일본 군국주의자들은 한반도의 지형을 주먹을 쥔 팔
뚝으로 보았다. 중국대륙에서 불쑥 튀어나온 한반도가 일본
열도를 공격, 위협하고 있다는 것이다. 그것이 사이고 다카모리 *의 정
한론(征韓論)이요, 러일전쟁 때 참모총장이었던 야마가타 아리토모 *의
'일본의 생명선(生命線)'으로서의 한반도론이었다. 훗날 태평양전쟁 때
는 '생존권(生存圈) 이론'의 바탕이 되었다. 생존권이란 말은 히틀러의
《나의 투쟁》 *에 "독일 국민은 레벤스라움이 필요하며 그것은 동쪽에서
발견해야 한다"에 등장하는 지정학 용어 '레벤스라움' **의 번역어다. 하
지만 최근에는 오히려 그 근원이 일본에도 있었다는 설이 설득력을 얻
는다. 히틀러의 조언자였던 하우스호퍼 *가 주일 독일대사관 주재무관
으로 근무하던 당시, 일본의 팽창주의가 한국을 합병하며 성공을 구가
하는 광경에서 영감을 받았다는 것이다.👉
한 국가가 자급자족하는 데 필요한 자원과 영토는 국가의 인구가 늘어나
고 그 능력이 증대되면 자연히 더 요구될 수밖에 없으니, 생존하기 위해
서는 그에 필요한 생존권이 확장될 수 있어야 하며 동시에 그 확장은 국
가의 권리이기도 하다는 주장이 생존권론이다. 침략주의의 정당성을 내
포하고 있는 무서운 말이다.👉

• 西鄕隆盛(1828~1877) | 山縣有朋(1838~1922) | Mein Kampf | Lebensraum. 영어로는 Living

Space, 즉 민족의 생존 공간을 의미한다. | Karl Ernst Haushofer(1869~1946) | ➦ 샛길 〈유럽―아프리카는 독일이, 아시아는 일본이〉| 샛길 〈제국주의의 알리바이, 정한론과 생명선론〉

03 유럽의 후진국가로 출발한 독일은 외침과 분할 점거된 경험이 있기에 영미세력과 대결 생존권을 확보하겠다고 나선 것이 일종의 지정학적 운명이었다고 변명할 수 있을지 모른다. 하지만 일본은 대륙국가인 독일과는 다르다. 해양국가의 바다 덕분에 늘 그랬던 것처럼 일본은 세계를 제패한 몽골 대군의 침공에서도 비켜날 수 있었다. 생존권 이론을 들고 나와야 할 나라는 한국이면 몰라도 결코 일본은 아니다.

그래서 지각 있는 일본의 지식인들은 한반도의 지형을 주먹이 아니라 대륙의 앞가슴에서 나온 유두*로 보았다. 일본열도는 그 한반도의 젖꼭지에서 흘러나오는 젖을 받아먹기 위해 입을 벌리고 있는 아기의 형상으로 보고, 그 주변의 '이끼'(苔)와 같은 작은 섬들을 그 젖 방울들로 본 것이다.
• 乳頭

04 식민지 아이들은 황국화의 교육만을 받은 것은 아니다. 더러는 '토끼'를 기르는 법도 배웠다. 학교 뒷마당은 늘 조용했고 토끼장의 토끼들도 언제나 소리가 없었다. 토끼 당번이 되면 나는 구호도 군가도 들리지 않는 이 토끼사육장에서 나만의 시간을 명상으로 채웠다. 토끼 똥을 치우는 사육장 청소만 빼고, 토끼풀을 뜯어 오는 것이나 토끼에게 풀을 먹이는 것은 나에게 즐거운 일이었다. 토끼 눈은 언제나 울고 난 것처럼 빨갛고 입은 찢겨 있는데도 아무 소리도 내지 않았다. 달 속에서 떡방아를 찧고 있는 토끼와 조금도 다를 것이 없다고 생각했다. 침략자의 발걸음 소리에 귀를 기울여야만 했기에 두 귀가 커지고 공격자의 이빨에

서 도망쳐야 하는 뒷다리만 발달한 토끼였다. 사람들은 토끼를 모정이 없는 짐승이라 비난한다. 새끼를 낳고서 낮에는 딴 데 있다가 밤이 되어서야 조심스레 다가와 보살피기 때문이다. 그러나 그건 모르는 소리다. 포식자에게 자기 냄새를 맡게 하지 않으려는 고도의 회피 전략이다. 심지어 새끼들에게 해가 갈까 봐 혼자 떨어져 잔다.

05

훨씬 뒤에 안 이론이지만 산업시대를 지배하는 것은 늑대처럼 눈이 정면에 달린 짐승들이라고 했다. 스탈린이나 히틀러 형의 독재자들은 먹이를 쫓아 오직 한 방향으로만 달리는 '파라노이아'* 형 인간이다. 그러나 21세기의 지식 정보시대는 토끼나 사슴처럼 눈이 양옆에 달려 사방을 보면서 도주할 수 있는 '스키조프레니아'* 의 인간형이 주도권을 잡는 세상이 된다는 것이다.

토끼 당번을 하던 심심한 오후, 나는 호기심에서 토끼를 긴 철사로 쿡 찔러 봤다. 무슨 소리를 내는지 듣고 싶었다. 그러나 토끼는 아무 소리도 아무런 울음도 울지 않았다. 나는 답답했다. 무슨 소리라도 질러야 그 아픔이 얼마나 큰지도 알 것이 아닌가.

"외쳐라 토끼야, 토끼야 달려라."

아마 나는 속으로 그때 그렇게 외치고 있었는지도 모른다.

• Paranoia. 편집광, 집중형 인간 | Schizophrenia. 분열증, 멀티 분산형 인간

얼룩으로 마음을 읽다

아래 보이는 얼룩에서 무엇이 떠오르시는지?

로르샤흐 잉크 반점 검사, 일명 로르샤흐 검사는 1921년 스위스의 정신과 의사인 헤르만 로르샤흐 *가 고안한 심리검사로, 오늘날까지 널리 쓰인다. 잉크 얼룩이 좌우대칭형으로 불규칙하게 뿌려진 그림을 이용하며, 그로부터 연상되는 사물이나 감정을 피검사자는 자유롭게 이야기하게 된다. 로르샤흐 검사는 주로 불안, 긴장, 갈등을 포착하여 개인의 성격구조를 밝히는 데 이용된다. 개인의 주관적 반응을 묻는 투사적 검사에 해당하며, 그 특성상 객관성과 신뢰성에 의문이 제기되기도 한다. 반면 피검사자가 의도적으로 답변을 조작하는 것이 불가능하다고 여겨져 개인의 무의식적 성향과 감정 상태를 잘 파악할 수 있다고도 평가받는다.

• Hermann Rorschach(1884~1922)

제국주의의 알리바이, 정한론과 생명선론

일본 군국주의는 한반도 침
략을 위한 명분을 찾고자 했
다. 일찍이 요시다 쇼인*부
터가 그랬다. 쇼인은 막부체
제에 반대하고 천황을 존숭
의 대상으로 삼자는 존왕론
(尊王論)과 천황 아래의 만민
평등론(일명 일군만민론) 등으
로 메이지유신의 사상적 기
반을 제공한 인물이다. 그는
류큐(오키나와)는 물론 대만,
조선, 만주, 심지어 필리핀까
지 일본의 세력을 확장해야
한다고 아울러 주장했는데,

요시다 쇼인의 초상

열강과의 불평등한 교역에서 받은 손해를 조선이나 만주에서 보상받아야 한다는
것을 그 이유로 들었다. 그런 확장정책을 구체적으로 뒷받침하는 논리로 쇼인은 과
거사를 끌어왔다. 실제로는 그 정확성이 불분명한 《일본서기》 등 일본 사서들이 그
전거였다. 천황이 통치하던 고대에 한반도의 삼한으로부터 일본으로 조공이 행해
졌으니, 천황이 다시 집권할 미래의 일본은 마찬가지로 조선을 복속시켜야 한다는
이야기였다.

정한론과 생명선 이론은 모두 이 연장선상에 있으며, 역시 군국주의 침략을 위한
알리바이에 속한다. 정한론은 1870년대 초엽에 일본 조야(朝野)에서 일어난 한국
침략 논의다. 사이고 다카모리 등 강경파들은 조선과 일본의 관계를 '바로잡는' 것
이 '유신의 주된 뜻'이라고 생각했다. 1873년 사이고 다카모리는 조선에 대한 무력

침공을 건의했다. 어느 편지에 따르면, 조선에 그가 직접 사절로 건너간 후 자신이 폭살(爆殺)되도록 획책이라도 하여 전쟁을 일으킬 명분을 만들어내고야 말겠다는 것이었다. 메이지 정부는 사이고 다카모리 등을 조선에 사절로 파견하기로 결정했지만, 같은 해 9월에 귀국한 이와쿠라 사절단* 소속 인사들이 내치에 충실해야 한다는 명분으로 반대하여 파견이 중지되었다. 이에 정한론을 주장하던 인사들은 일제히 하야하였으며, 이후 사이고 다카모리 등은 1874년의 사가의 난부터 1877년의 세이난(西南) 전쟁까지 반정부 운동을 이끌었다.

이후에서 야마가타 아리모토* 등 개화기 일본의 대외 강경파들은 일본을 지키기 위한 '생명선'으로 조선과 요동반도 등을 거론했다. 일본이 팽창하기 위해서가 아니라, 자신들의 생명을 유지하기 위해 조선을 반드시 확보해야 한다는 것이었다. 1890년 제1회 제국의회 시정연설에서 총리였던 야마가타는 "일본의 국방상 안전을 위해서는 이익선의 보호가 필요하다"고 발언했는데, 여기서 이익선(利益線)이란 현실의 국가통치권이 미치는 주권선, 곧 국경을 넘어선다. 자기들 맘대로 한반도를 그들의 영역으로 규정한 거다.

* 吉田松陰(1830~1859) | 岩倉使節団. 1871년 서방으로 견학을 겸해 파견된 사절단. 사이고를 제외한 메이지 정부의 주요 인사들이 대부분 포함되어 있었다. | 山縣有朋(1838~1922)

유럽-아프리카는 독일이, 아시아는 일본이

1908년, 독일의 젊은 장교였던 하우스호퍼가 일본에 파견되었다. 일본군을 관찰 및 연구하는 목적의, 1년 남짓한 기간(1909-1910)에 불과한 체류였지만 그의 인생에 일본이 남긴 영향은 지대했다. 방문 당시 일본은 조선을 완전히 집어삼키는 막바지 작업 중이었고, 하우스호퍼 본인이 조선과 만주에 이르는 정찰 목적의 여행을 한 달가량 수행하기도 했다.

〈대일본〉 등의 논문에서 그는 일본의 자연, 국민성, 군인정신에 대해 아주 호의적으로 평가했다. 다른 한편으로 그는 '지정학적' 상황을 근거로 독일과 일본의 국제정치적 현실이 비슷하다는 주장을 펼쳤다. 두 나라 모두 대륙과 해양의 경계에서 해양세력인 영국, 미국의 압박과 대륙세력인 러시아의 견제를 받고 있다는 것이었다. 여기서 하우스호퍼는 일본의 조선 점령이 자신의 생존적 문제를 해결하는 적합한 실천이라고 보았고, 반면 조선인들은 일본의 지배를 받을 수밖에 없는 존재처럼 묘사했다.

하우스호퍼의 지정학적 관점은 세계를 대륙이 아닌 몇 개의 판(pan) 지역으로 나누었고, 유럽-아프리카는 독일, 극동 지역은 일본, 중앙은 러시아가 지배하여야 아메리카 대륙을 지배하는 미국과 함께 상호 균형을 이룰 수 있다는 논리로 구체화되었다. 하우스호퍼의 이론은 독일에서는 히틀러의 '레벤스라움'에 영향을 미쳤고, 일본에서도 1920년대부터 지정학의 유행을 부른 것은 물론 1932년의 만주 침략, 더 나아가 대동아공영권을 정당화시키는 논리로 이용되었다. 그가 낳은 지정학은 일본과 독일의 동맹, 그리고 일시적으로는 독일과 소련의 불가침조약으로까지 이어졌다.

일본인들이 소리 높여 외치던 '생존권'은 천연자원을 위한 팽창, 특히 만주, 중국으로의 팽창을 의미했다. 남양이라고 불리던 동남아시아를 침공하는 것 역시 생존을 위한 불가피한 활로로 여겨졌다. 2차 세계대전이 끝난 후 연합군은 일본 관료들과 학자들을 제거했는데, 여기에는 지정학자들이 포함되어 있었다.

서양문명 상자 속의 집단기억을 넘어

01 서울에 다녀오신 아버지가 사다 주신 란도셀. 무명천으로 만
든 친구들의 책보는 김칫국물이 줄줄 새는 것이었지만 내게
는 말끔한 란도셀이 있었다. 교실에서의 근대화, 서구화란 무명천으로
만든 책보를 버리고 가죽 냄새 풍기는 란도셀을 메는 것이었다. 그러나
친구들은 부러워했지만 나에겐 큰 짐과 같았다. 그 자랑스럽고 편리한
란도셀이 많은 물건을 빼앗고 나를 구속하고 있었으니까.

책보(혹은 보자기)는 교실에 들어가 교과서와 필통을 꺼내고 나면 한 장의
넓적한 평면으로 변한다. 접으면 흔적을 찾을 수 없고. 그러나 란도셀은
교실 밖이든 안이든, 내용물을 넣건 꺼내건 그 형태와 크기가 변하지 않
았다. 할 수 없이 의자 한쪽에 걸어두면, 친구들이 뛰어다니다 내 란도셀
을 건드리는 것이었다. 행여 다칠까 봐 가슴에 품을 수밖에 없었다. 얼마
나 불편했겠는가? 그 '거치적거리는 물건'을 메고 학교에서 돌아오는 길
에 어쩌다 어른들한테 살구나 옥수수 같은 것을 얻게 되어도 들어갈 곳이
없다. 란도셀이 책과 학용품을 넣어 옮기는 목적 이외에 아무것도 포용할
수 없는 물건이라는 사실도 깨닫게 되었던 게다.

02　내가 어릴 적 메고 다니던 그 란도셀이 일본어도 영어도 아니라는 것을 알게 된 것은 50년이나 지난 뒤의 일이었다. 아직도 그 원적이 불분명하지만 네덜란드 말의 '란셀'(Ransel)이 와전된 것이라고 한다. 그것도 원래는 통학용 책가방이 아니라 일본의 에도 시대 말, 서구의 군사제도와 장비를 들여올 때의 군인 배낭이었다는 것이다. 더 충격을 받은 순간은 내가 자랑스럽게 메고 다녔던 란도셀이 이등박문,* 안중근* 의사에게 저격당한 바로 그 이토 히로부미로부터 비롯되었다는 사실을 알았을 때였다.

다이쇼 천황*이 황태자 시절 학습원 초등과에 입학했을 때 이등박문이 축하선물로 바친 게 그 란도셀이었다는 거다. 그 뒤 학습원에서 학생들이 마차, 인력거로 통학하는 것을 금지하면서 란도셀이 정식으로 통학용 가방이 된 것이라는 이야기다. 그리고 일반에게 보급되어 오늘날 21세기에도 아이들은 그와 똑같은 란도셀을 메고 학교에 다닌다.

* 伊藤博文(1841~1909) | 安重根(1879~1910) | 大正天皇(1879~1926)

03　이러한 사실들을 알게 된 것은 1980년대 초 일본의 월간 종합지 《중앙공론》*에 '보자기 문화론'을 연재하면서였다. 그 글을 쓰게 된 동기는 대부분의 일본 사람들이 보자기를 일본 고유의 생활문화라 믿고 있었으며, 보자기의 영문 표기도 '래핑 클로즈'가 아닌 일본어를 그대로 옮긴 'HUROSHIKI'로 정해 세계 브랜드화하고 있었기 때문이었다.

비행기를 누가 먼저 만들었느냐를 놓고 미국과 프랑스가 실랑이를 벌이는 것처럼 보자기의 원조 다툼을 벌이자는 것은 아니었다. 매화가 '재패니즈 플럼',* 은행이 '긴고',* 그리고 단정학(丹頂鶴)이 '그루스 자포넨시

스'"로 알려진 것처럼 보자기마저 일본의 '후로시키'로 알려지고 있는 현실이 안타까워서였다.↪

아니 그보다도 네모난 천만 있으면 보자기가 되는 것인데도 왜 일본인들은 그것을 일본 고유의 것이라고 믿고 있는지를, 그리고 007 가방밖에 모르는 서양 사람들의 의식 구조를 통해 보자기 문화의 의미를 알고 싶어서였다. 어렸을 적에 나를 매혹시킨 란도셀, 그러나 실제 메고 다녀 보면 거추장스럽고 융통성 없는 딱딱한 가죽 상자에 지나지 않은 란도셀 속에 서구문명의 비밀이 숨어 있을는지 몰랐다.

• 《中央公論》(주오코론) | Japanese Plum | Ginko | Grus Japonensis | ↪ 샛길 〈우리가 원조! 비행기 원조 다툼〉

04

연재 테마가 '보자기 문화론'이라고 하자, 편집부장은 "아니 한국에도 후로시키가 있습니까?"라고 어이없는 질문을 했다.

"물론이지요. 네모난 천이면 다 보자기지 그것도 없는 나라가 있나요. 다만 그것을 어떻게 사용하는가의 소프트웨어에서 문화가 생기는 것이지요."

"하긴 그렇군요."

그는 한참을 볼펜을 돌리더니 이렇게 덧붙였다.

"좋아요. 하드웨어가 아니라 소프트웨어라! 그렇다 쳐도 일본의 후로시키가 한국보다…"

나는 말을 가로채고 말했다.

"일본에도 야키니쿠(불고기)집 많잖아요. 거기에서 쌈 싸먹은 적 없어요. 한국 사람들은 물건만 아니고 음식도 보자기처럼 싸서 먹는답니다."

차마 '야키니쿠'까지 일본 것이라고 우길 용기가 없었던지 그는 피식 웃었다.

"그건 그렇다 쳐도 보자기 하나 가지고 어떻게 일 년 치를 연재하실 수 있어요?"

"서양의 트렁크와 비교하는 것이지요. 태초의 인간들이 무얼 보관하거나 옮길 때 두 가지 방법밖에는 없었겠죠. 나뭇잎으로 싸거나 나뭇둥걸 안에 넣거나. 그렇지요. 싸는 쪽이 아시아형 보자기 문화고, 나뭇둥걸을 파고 넣는 것이 서양형 가방 문화라고 할 수 있지요."

그제야 편집부장의 얼굴이 환해지더니 "트렁크와 보자기를 비교한다?"라고 혼잣말처럼 말하면서 또 볼펜을 돌리려 하기에 나는 마지막 쐐기를 박았다.

05 "영어 사전 열어 봐요. 트렁크는 분명히 나뭇둥걸로 나와 있을 겁니다. 수트케이스란 말이 거기에서 생긴 것이지요. 롤랑 바르트•가 뭐라 했는지 아세요? '노아의 방주'를 바다 위에 뜬 커다란 트렁크라고 했지요. 하하. 동물들을 원형별로 분류해서 칸막이에 집어넣은 거대한 상자, 그것이 서양 사람들이 만들어낸 세계 시스템이라는 것이지요. 그 근대 산업주의에 일본식 군국주의를 가미해서 만든 것이 란도셀 문화고요. 양복을 보세요. 그게 어디 옷입니까. 갑옷이지. 단추와 허리춤에 한 치의 에누리가 없잖아요. 그런데 한국의 바지와 치마, 그리고 옷고름을 보세요. 몸을 갑옷에 넣는 것이 아니라 보자기처럼 쌉니다. 바지 끈이나 옷고름으로 얼마든지 풀었다 조였다 하지요. 서양에서는 도시도 미리 상자처럼 만들어 놓고 사람들이 들어가지만 한국이나 일본은 사람이 살면서 길이 생기고 블록이 만들어지지요. 어느 쪽이 좋고 나쁘다가 아니라 '넣는 문화'와 '싸는 문화'를 비교해 그 특성을 찾아보자는 것이지요."

• Roland Gérard Barthes(1915~1980)

06　연재는 그렇게 시작돼 책으로 출간되었다. 21세기가 되자 아스만 부부*가 쓴《문화적 기억과 초기 문명》,《문화적 기억과 서구 문명》*이라는 책이 화제를 낳았는데 내 말처럼 서구문명을 '상자' 속에 든 집단기억으로 풀어낸 내용이었다. 그리고 2002년 10월 일본 오사카의 국립민족학박물관에서 세계 보자기 대전시회가 열렸다. 한국의 보자기는 그 중앙에 자리하고 있었다. 세계는 서서히 가방에서 보자기로 눈을 돌리기 시작한 것이다. ↪

• Aleida and Jan Assmann,《Cultural Memory and Early Civilization》, 1992;《Cultural Memory and Western Civilization》, 1999. | ↪ 샛길 노아의 방주, 다리우스 왕의 보물 상자, 잃어버린 책 상자

07　우리나라 사람들에게 보자기는 예로부터 다방면으로 쓰였다. 밥상을 덮은 '상보'에서 옷을 싸는 '옷 포', 이불과 요를 싸는 '이불 포'까지 크기도 다양했다. 궁정에서 쓰는 보자기는 색채가 풍부하고 고급스러운 비단 등으로 만들었고, 서민들은 무명이나 삼으로 보자기를 만들었다. 여성들은 규방에서 보자기를 만들어냈다. 단순히 실용적인 목적 외에, 아름다운 것을 만들고 싶다는 생각에 보자기에 꽃과 나비, 나무를 수놓았다. 창조적인 재능을 발휘해, 미학적 감각이 두드러지는 예술품을 만들어낸 거다.

한국인들은 그렇게 보자기를 만들면서 '복'(福)을 비는 마음까지 담는다. 보자기가 한때 '복자기'로 불렸다는 것으로부터 만드는 과정에 기복신앙적인 요소가 스미어 있음을 알 수 있다. 한 땀 한 땀 바느질을 하는 마음에 복을 기원하는 마음, 성의를 바치는 마음까지 함께 담는 것이다. 천 부스러기 하나도 허투루 버리지 않고 모아, 복을 싸안는다는 뜻으로 문화를 만든다.

08   사실 일본인들도 우리만큼 보자기를 많이 쓴다. 보자기 생산
세계 제1위 국가가 일본이다. 규모가 큰 보자기 협회도 있다.
일본 검사들은 법정에 나올 때 반드시 증거물들을 보자기에 싸 가지고 온
다고 한다. 서류도 워낙 많고, 증거물이라는 게 모양이 따로 정해져 있는
게 아니니까. 상자를 쓴다면 긴 칼 같은 게 증거물일 때 아주 큰 것이 필요
하겠지만, 보자기에 싸면 문제가 없다.

일본에서는 오래전부터 보자기가 쓰였지만, 일본 경제가 고도성장기에
접어들면서 보자기를 실생활에서는 거의 쓰지 않게 되었다고 한다. 대신
보자기의 예술성에 주목하게 되었다. 서양의 패치워크˙처럼 보자기에 수
를 놓고 짜깁기하여 예술품을 생산하는 것이다. 바느질을 할 줄 아는 사
람이면 누구나 만들 수 있으니 생활 예술이라고 할 수 있다. 근래 들어 환
경문제가 대두되면서 에코(Eco) 보자기라고 해서 선물을 싸는 보자기도
널리 유행된다고 한다. 디자인이 근사한 보자기에 싸서 보내면, 멋스럽고
포장지 자체도 선물이 된다. 또한 재활용도 되니까 친환경적인 제품이다.

• Patchwork

09   보자기는 싸는 것만이 아니라 깔고 가리고 매고 덮고, 요술보
자기처럼 필요에 따라 변하고 상황에 따라 적응한다. 신축자
재, 원융회통˙하는 것이 보자기의 생리요, 철학이다.

제임스 본드의 초기능 007가방을 만들어 낸 서양 사람이지만 굴뚝으로
들락날락하는 산타 할아버지만은 보따리를 메고 다닐 수밖에 없었다. 우
리는 가방 든 산타클로스를 생각할 수 없듯이 보따리를 들고 다니는 제임
스 본드를 상상할 수 없다. 문화와 문명의 차이 때문이다. ↪

책가방과 책보는 도시와 시골, 부와 빈, 근대와 전통 그리고 아버지와 어

머니의 젠더를 나누는 문명의 대위법이요, 그 기호˚다. 자랑스럽게 메고 다닌 란도셀이 그저 책가방이 아니요, 동서양 100년 근대사의 폭약을 등에 메고 다녔다는 것을 어떻게 코흘리개 아이가 눈치챌 수 있었겠는가. 광활한 육지와 왕양한 바다에서 몰아닥치는 그 이질적인 많은 문화를 가리지 않고 한꺼번에 싸려면, 그리고 그것을 상황에 따라 싸고 풀려면 보자기 이상의 것이 이 세상에 또 어디에 있겠는가.

• 圓融會通 | 記號 | ↪ 샛길 〈도둑의 수호신, 산타클로스〉

10 칼 차고 총 들고 싸우는 남자들에게는 란도셀 같은 배낭이, 갑옷같이 튼튼한 가죽 가방이 필요하지만 쫓기는 아녀자들의 피난 보따리는 천으로 된 보자기 같은 것이어야 한다. 반짇고리 같은 것에 담겨 있는 일상의 자잘한 생활용품들은 란도셀 같은 칸막이가 필요 없다. 서로 어울리고 혼재하면서 쌈을 싸 먹듯이 그렇게 섞어서 지내는 거다. 보따리를 머리에 이고 가는 한국 여인의 뒷모습, 긁어 놓은 것 같은 회색 페인트의 흔적 너머로 어슴푸레 떠오르는 박수근˚ 화백의 그림을 본 적이 있는가. 란도셀이 어떻게 내 등 뒤에까지 오르게 되었는지 그 퀴즈 문제를 풀지 못하면 한국인이 무엇인지, 일본인과 무엇이 같고 무엇이 다른지 그리고 아시아와 서양이 어떤 관계로 존재하는지 알 수 없다.

• 朴壽根(1914~1965)

11 요즘도 시골에서 버스를 타면 보자기 밖으로 고개를 삐죽 내민 닭을 볼 수 있다. 만약 그 닭을 상자에 넣는다면 어땠을까? 숨이 막혀 죽지 말라고 구멍이라도 숭숭 뚫어줘야 할 게다. 보자기는 수로 산 것을 운반할 때 쓴다. 반면 상자는 주로 죽은 것을 운반할 때 많이 쓴

다. 죽은 사람을 담는 관을 떠올려 보라.

상자와 보자기는 자본주의와 연관 지어 볼 수 있다. 금고, 장롱, 창고, 아파트 등은 자본주의가 만든 상자들이다. 아파트도 겹겹이 쌓아올린 상자가 아닌가. 소유한 게 많을수록 상자 크기는 커진다. 게다가 근대화를 상징하는 '기차'도 움직이는 철 상자라고 할 수 있다. 단순히 상자를 소유하려는 데서 그치는 것이 아니라, 상자 속의 물건들을 안으로 끌어들이거나 밖으로 운반하려는 욕망이 움직이는 상자를 만든다.

12 상자와 보자기는 서양인과 동양인의 사고방식을 비교할 수 있는 원형이 될 수 있다. 서양 사람들은 가방을 들고 다니고 한국인(동양인)들은 보자기를 메고 다닌다. 가방의 원형은 상자다. 그러니까 들고 다닐 수 있게 손잡이를 단 상자가 가방인 게다. 상자는 모양이나 크기가 이미 정해져 있다. 물건을 많이 넣는다고 커지지도 않는다. 내용물과 상관없이 가방은 가방일 따름이다. 하지만 보자기는 다르다. 싸는 물건의 크기와 모양새에 따라 달라진다. 싼 물건이 둥글면 보자기 모양새도 둥글어지고 네모난 걸 싸면 보자기 모양도 덩달아 반듯해진다. 가방은 텅 빈 상태에서도 모양이 변하지 않는다. 하지만 보자기는 내용물을 꺼내놓으면 3차원의 형태에서 2차원의 평면으로 돌아간다. 쓰임새도 다양하다. 이를테면 도둑들이 도둑질을 하러 갈 때 얼굴에 쓰고 갔던 보자기에 물건을 싸들고 나온다고 한다. 담 넘다가 다치기라도 하면 상처에 싸매는 붕대가 되기도 한다. 슈퍼맨을 날 수 있는 인간으로 변신시켜주는 건 다름 아닌 '보자기'다. 그때 보자기는 날개가 되는 게다. 만약에 인간의 도구가 보자기와 같이 신축자재로 써먹을 수 있게 변한다면 현대의 문명도 좀 더 융통성 있게 달라진다는 의미가 아닐까. 집을 주머니에 착착 접어 넣을 수

있다면 얼마나 편할까. 차도 펼치면 3차원, 접으면 2차원으로 납작해지면 주차 문제도 자연스레 해결되겠지. 보자기의 유무상통*의 그 철학이 현대문명에 적용된다면 삶이 더 인간적이고 편하게 바뀔 거다.

* 有無相通

우리가 원조! 비행기 원조 다툼

동력으로 움직이는 최초의 비행체를 만
든 사람은 프랑스의 알퐁스 페노[*]다.
그는 고무줄로 프로펠러를 돌리는 자신
의 모형 비행기에 프라노포[*]라는 이름
을 붙여 주었는데, 이것이 근대 비행기
의 표본이 된다. 한편 사람을 태우고 하
늘을 비행하는 항공기를 최초로 발명한
사람은 독일의 오토 릴리엔탈[*]이다. 그
의 작품이 동력 없이 높은 곳에서 활공
하는 방식의 '글라이더'다. 그는 돌풍 사
고로 사망하기 전까지 2000회의 비행
기록을 세웠으며 18종의 글라이더를 개
발했다.

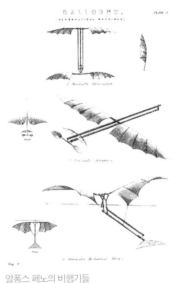

알퐁스 페노의 비행기들

페노와 릴리엔탈의 성과를 바탕으로 당
대 유명 과학자였던 사무엘 랭글리,[*]
그리고 자전거 수리공이었던 라이트 형제[*]가 각각 미국에서 동력으로 사람을 태
우고 나는 비행체를 개발하기 시작했다. 랭글리의 비행기는 1903년 포토맥강에서
두 차례 시험 비행을 한다. 하지만 모두 실패로 끝났고, 언론은 '유인비행이 성공
하려면 1000년은 걸릴 것'이라는 평을 내놓았다. 하지만 랭글리 박사의 두 번째 비
행 실패 후 9일 만인 1903년 12월 17일, 라이트 형제는 자신들의 비행기 '플라이어'
(Flyer)를 세계 최초로 하늘에 띄우는 데 성공한다.

라이트 형제의 성공 요인은 무엇이었을까. 랭글리는 이론적인 측면에 집중하며 비
행체의 엔진 제작에 힘을 쏟았다. 하지만 라이트 형제는 비행체가 공기 속에서 안
정적으로 날게(fly) 하는 데 더 관심을 기울였다. 숱한 시행착오를 거치며 비행기 날

라이트 형제의 '플라이어' 1호기

개의 보완을 거듭한 끝에, 말 그대로 날기에 가장 적절한 비행체, 플라이어를 만드
는 데 성공했던 거다.

- Alphonse Penaud(1850~1880) | Planophore | Otto Lilienthal(1848~1896) | Samual P.
Langley(1834~1906) | Wilbur Wright(1867~1912), Orville Wright(1871~1948) | ⤴ 이어령, 《젊
음의 탄생》, 생각의 나무, 2009.

노아의 방주, 다리우스 왕의 보물 상자, 잃어버린 책 상자

알라이다 아스만은 《기억의 공간》에서 기억을 위한 장소에는 기록물 보관소와 같은 고정적인 장소, '기억의 상자'와 같이 유동적인 공간이 있다고 했다. 아스만은 세 가지 상자를 통해 시대에 따라 문화적 기억이 어떻게 보존되는지를 살폈다. 그 세 가지 상자는 12세기 후고 더 생 빅토르*의 《노아의 방주》, 19세기 하인리히 하이네*의 《다리우스의 보물 상자》, 1900년경 E.M 포스터*의 단편에 나오는 서적 상자이다.

'후고의 방주'는 중세 기독교 기억술을 상징한다. 극도의 헌신과 집중력, 숙련성을 상징한다. '다리우스의 상자'는 지식이 폭발적으로 증가하는 19세기의 것이다. 하이네에게 지식은 보물 상자에 담아둬야 할 만큼 소중한 것이었다. 동시에 그 지식은 자신을 제한시키고 결박시키는 궤짝이기도 했다. 이런 하이네의 문제는 포스터의 소설로 곧잘 연결된다. 소설에서는 전문화되고 삶의 고난을 안겨주는 역사적 기억을 상자 가득 채워 넣는 장면이 등장한다. 등장인물은 이 궤짝을 물에 빠뜨리고 상자는 심연 속으로 가라앉는다. 사람들은 이제 구원이 서적이나 기억을 매개로 해서가 아니라 서적과 기억의 매체로부터 해방됨으로써 가능하다고 생각한 것이다. 포스터의 소설의 핵심은 기억력의 훈련이 아니라 망각의 학습이다. 그러므로 기억상자의 주제는 정반대로 전도된다. 치유력이 있는 결합체로서의 책과 기억에서부터 선별과 제한을 통한 기억의 가치 인정을 지나 문화적 기억의 위기에 이르기까지, 무게로 삶을 짓누르는 이 '끔찍한 상자'에서 극화되고 있다.

* Hugh of Saint Victor(1096~1141) | Heinrich Heine(1797~1856) | E. M. Forster(1879~1970)

도둑의 수호신, 산타클로스

산타클로스의 모델은 4세기경의 기독
교의 성인 성 니콜라스(St. Nicholas)다.
니콜라스는 오늘날 튀르키예의 지중
해 해안 마을에서 태어나, 근처 도시인
미라에서 성직자로 생의 대부분을 보
냈다. 추운 북방에서 순록을 몰고 다니
는 할아버지가 아니라, 까무잡잡한 얼
굴의 남유럽 사람이었다는 것. 니콜라
스는 아버지의 재산을 가난한 사람이
나 어린이에게 나누어주는 선행을 베
풀었고, 한 번은 너무 가난해서 결혼을
하기 어려웠던 세 자매의 집 굴뚝으로
금화가 든 자루를 던져넣은 적도 있다
고 한다. 신학자로도 유명했던 그는 후
에 기독교의 성인으로 인정되었고, 유

성 니콜라스를 그린 이콘. 러시아 노브고로드시 성
리프냐 교회 소장

럽 전역의 기독교권에서 추앙받게 되었다. 성 니콜라스는 특이하게도 도둑이나 강도
의 수호신이기도 했으며, 특히 소매치기들의 존경을 받았다고 한다.

그럼 우리가 알고 있는 산타클로스의 이미지는 어디에서 나왔을까? 스웨덴의 젊은
예술가 해든 선드블롬은 1931년 코카콜라로부터 겨울 판촉용 광고를 요청받았다.
그에 빨간 옷을 입고 불룩한 배에 덥수룩한 흰 수염을 지닌, 아이에게 선물을 나눠
주는 '산타클로스'라는 이름의 할아버지 모델이 만들어진다. 이 이미지가 광고를 타
고 세계적으로 히트하면서 성 니콜라스의 전설은 오늘의 산타클로스로 사람들에게
각인된 거다. *

• 로저 하이필드, 《예수도 몰랐던 크리스마스의 과학》, 해냄, 2000.

셋째 꼬부랑길

바다를 발견한 한국인은 무섭다

01 우리는 열 달 동안 어머니 태내에서 20억~30억 년의 생명 진화과정을 겪고 이 세상에 태어났다. 나는 '한국인 이야기'를 그렇게 시작했다. 그리고 내 또래 닭띠(계유생) 아이들은 6년 동안 '국민학교' 공간에서 36년 동안의 식민지 상황과 그 역사를 치르고 해방된 한국 땅에 태어났다. ➦

태내는 어두웠다. 그러나 알고 보면 폐쇄적인 공간에서도 탯줄을 통해 바깥과 교신하고 태어난 뒤에 홀로 서는 연습도 했다. 식민지 교실도 깜깜했다. 하지만 아무리 학교 담이 높아도 후문이 있고 몰래 드나들 수 있는 개구멍이 있다.

그곳을 통해 세 가지 파랑새들이 아이들의 가슴으로 날아와 둥지를 틀고 알을 낳는다. 일장기가 걸린 교문이 활짝 열리고 우리가 독립 공간으로 향해 날아갈 때 그 파랑새들은 우리의 깃이 되어줄 것이었다. ➦

➦ '한국인 이야기', 《너 어디에서 왔니》 2 배내 고개 | 파랑새, 9 파랑새 고개 2-02~06 | 9 파랑새 고개 3-01~02, 05

02 무엇보다 '틸틸과 미틸'의 파랑새는 수천 년 대륙만 보고 살
아온 한국인에게 바다가 무엇인지를 알려주었다. 사학자들은
그것을 '한국의 근대화'라고 부르고 있지만 겨우 열 살을 넘긴 아이들은
그저 '양'이라고 불렀다. 남자가 쓰메에리(높은 깃 달린 남자 양복) 제복
과 여자가 몸뻬를 입었을 때에도 사람들은 그것을 '왜복'이라고 부르지
않았다. 한복과 대응하는 것은 '양복'이었다. 한식에는 양식이, 한옥에는
양옥이 있었다. '한'(韓) 자에 대응하는 말은 '왜'(倭)가 아니라 '바다 양'
(洋) 자였던 것이다. 모든 물건이 '양품'(洋品)으로 변하면서 바가지까지
양재기가 된다. 신작로의 양버들(포플러), 돼지우리의 양돼지 등 모두
가 바뀌어갔다.

어머니도 이제는 외출할 때 양산을 쓰고 집안에선 인장표 싱어 미싱˙을
돌린다. 아버지는 개화경(안경)˙에 개화장(지팡이)˙이다.

˙ Singer sewing machine. 미국 싱어 사의 재봉틀. 일명 '싱거 미싱'. | 開化鏡 | 開化杖

03 시도 예외가 아니다. 우리 문단은 지난해에 근대시 100년을 맞
이했다. 육당 최남선˙의 '해(海)에게서 소년에게'를 기념하기
위해서다. 그런데 제목 그대로 한국 최초의 신체시는 바다를 예찬하는 노
래였다. "철썩 철썩 우르르쾅" 아직 바다가 '해'(海)로 표기돼 있었지만 분
명 그 시는 파도가 바위와 뭍을 치면서 "네까지게 뭐야"라고 바다의 힘을
과시한다.

육당이 창간한 《소년》의 내용은 더욱 확실하다. 번역 소설들은 《로빈슨
크루소》 같은 표류기이고, 시는 바이런˙의 '오션' 등이다. 그리고 역사는
대한제국의 해양사(海洋史)다. ⤷

˙ 六堂 崔南善(1890~1957) | Baron Byron(1788~1824) |⤷ 샛길 〈낭만파 시인, 바다를 노래하다〉

04   하지만 육당은 아직은 영국 시인 바이런처럼은 아니었다. 바이런의 '대양'은 젊은이가 바다를 향해 말하는 것으로 되어 있는데 육당은 거꾸로 바다가 소년에게 말하는 형식으로 시를 썼기 때문이다. 한국인은 대륙 문화에서 해양 문화로 시선을 돌렸지만 불행하게도 그 바다에는 일본이 있었다. 우리가 방방곡곡(坊坊曲曲)이라고 할 때 그들은 "쓰쓰우라우라"(津津浦浦)라고 한다. 그 '진'은 주문진의 진이요, 목포라고 할 때의 그 '포'다. 나라 전체를 바다와의 접속지로 생각했던 것이다. 그런데 우리는 바다와 면해 있는 지명에도 '진'이나 '포'보다 '산' 자가 붙어 있는 곳이 많다. 부산(釜山) 울산(蔚山) 마산(馬山) 원산(元山) 군산(群山)이 그렇고 서산(瑞山)이 그렇다. '해에게서 소년에게'의 구문처럼 육지에서 바다로 나가는 것이 아니라 바다에서 육지로 들어올 때 보이는 산을 랜드마크로 삼은 거다. 노래도 '떠나는 부산항'이 아니라 '돌아오는 부산항'이다.

수동적이기는 해도 한국인은 영국의 지정학자 해퍼드 매킨더*의 '랜드 파워'와 '시 파워'의 흐름을 알기 시작했다. 한국인이 장보고처럼 이순신 장군처럼 바다를 향해 슬기와 용기의 돛을 올린 것이다. 바다를 알고 양(서양)을 알게 된 한국인은 '은자'로 불린 옛날의 한국인이 아니었다.

* Halford John Mackinder(1861~1947). 19세기 말 영국의 지정학자. 독일의 성장을 위협적인 것으로 보았고, 이에 맞서 영국이 어떤 방향으로 나가야 하는지를 '지정학'과 연관 지어 연구했다. 매킨더는 대륙세력의 지리학과 역사를 설명하면서 유라시아의 핵심부를 "심장 지역"이라 지칭했다. 그는 세계사를 "심장 지역"에서 해양을 통한 침략과정으로 설명하기도 했다. (콜린 플린트,《지정학이란 무엇인가》, 한국지정학회 역, 길, 2006 참조)

05   식민지 교실에서 읽던 마테를링크*의《파랑새》*를 다시 읽는다. 그 무대가 열릴 때

"돌이라는 것은 다 같은 거야. 돌은 전부가 다 보석인 거지. 그런데 인간의 눈에는 그중 몇 개만 귀중한 돌(보석)로 보일 뿐이란다."

라고 말하는 대사의 뜻을 정확하게 알게 될 것이다.
그리고 마지막에 꿈에서 깬 아이가 바로 자기 집 처마 밑 새장 안의 파랑새를 보고 이렇게 외치게 될 것이다.

"우리가 그렇게 먼 데까지 찾아다닌 것이 여기 이 파랑새였단 말이야."

그러나 겨우 찾은 파랑새는 달아나고 그 아이들은 관객을 향해 이렇게 말한다.

"누군가 그 새를 찾으면 우리에게 돌려주세요. 어쨌든 행복해지기 위해서는 우리에게 꼭 파랑새가 있어야 하니까요."

한국인의 파랑새는 한국의 집 안에 있었는데 날아가고 말았다. 그래서 《파랑새》의 동극이 막을 내린 그 자리에서 한국인의 이야기는 시작될 것이다. 파랑새와 바다를 찾은 무서운 아이, 한국인의 이야기가.

• Maurice Polydore Marie Bernard Maeterlink(1862~1949) | 《L'Oiseau bleu》, 1908.

낭만파 시인, 바다를 노래하다

〈그리스 해변의 바이런〉, 자코모 트레코르, 1850년대.

바이런의 〈The Ocean〉은 대양*, 큰 바다를 노래한 6연의 장시*다. 바이런은 "휘
몰아쳐라, 너 아득하고 짙푸른 해양이여, 휘어라!"로 바다를 부르며, 인간의 위업과
병기(兵器)를 능가하는 대양의 강력함을 노래한다. 바다는 영원하지만 아시리아, 그
리스, 로마, 카르타고는 멸망했으며, 바다의 파도는 "아르마다의 영예, 트라팔가의
전리품"을 흔적도 없게 만들었다. 바다를 "영광의 거울"이며 "영원의 형상"으로 찬양
한 그는 낭만주의 시인답게 "네 머릿결에 내 손을 또한 적시기도 했노라, 이처럼"이
라며 노래를 끝맺는다.

• 大洋 | 長詩

자넨 방구석이 안 무섭나?

《소년》 창간호에는 바다(海)에 대한 내용
이 숱하게 많다. 소년들의 해양에 대한
호기심과 모험심을 자극하려는 의도가
잘 전해진다. 권두는 최남선의 시 〈해(海)
에게서 소년에게로〉가 장식하고, 〈바다
란 것은 이러한 것이오〉에는 바다에 대
한 명언을 수록했다. "대양을 지휘(指揮)
하는 자는 무역을 지휘하고 세계의 무역
을 지휘하는 자는 세계의 재화를 지휘하
고 세계의 재화를 지휘함은 곧 세계의 총
체를 지휘함이오."(월터 롤리), "《로빈슨 크
루소》는 해사(海事)에 관한 한 소설기(小
說奇)라 그러나 세계의 해왕(海王)이라는
영국의 해군은 차(此, 이것)로 인하야 성취

《소년》 창간호

하였다 하니 오인(吾人, 우리)은 차(此)에 관감(觀感, 보고 느낌)하야 흥기(興起)치 아니치
못하리라."(편집인)

특별기획 〈해상 대한사〉는 〈우리는 왜 해상 모험심을 감추어 두었나〉, 〈해(海)의 미
관은 어떠한가〉로 구성되어 있다. 〈우리는 왜 해상 모험심을 감추어 두었나〉는 우
리나라가 삼면이 바다임을 망각하고 있었음을 아쉬워하며, 앞으로 바다를 통한 외
국과의 무역으로 나라를 부강하게 만들자는 내용이다. 〈해(海)의 미관은 어떠한가〉
는 바다의 웅장함을 묘사하고 있다.

창간호 외에도 《소년》에는 바다에 대한 글이 유독 많이 실렸다. 다음은 1910년 4월
호 〈소천소지〉(笑天小地) 코너에 실린 〈바다와 방안〉이라는 글이다.

모군(募軍, 어떤 군인)이 선원(船員)을 붙잡고, "자네 아범은 어디서 죽었나?"라고
물었다. 선원은 "아버지, 할아버지, 증조할아버지, 말끔 다 바다에서 죽었네" 했
다. "그럼 자네는 바다에 나가기 싫을 게 아닌가, 또 풍덩 짠물 맛을 볼 생각을
하면?"이라고 모군이 묻자 선원은 "무어 그럴 리 있나. 그래서 자네 할아범, 아
범, 증조 할아범은 어떻게 죽었나?"라고 되물었다. 모군이 "방 안에서"라고 대답
했다. 그러자 선인이 한다는 말이, "그런데 내가 왜 바다에 가는 게 무섭겠나. 자
넨 방 안에 들어가는 게 안 무섭나?"

식민지 고개

멜로디에 맞춰 행진하는 아이들

약장수는 다시 돌아오지 않는다

01 내 유년 시절의 장돌뱅이는 소금장수와 약장수였다. 수상쩍기는 했어도 만병통치약을 가지고 산골 장터까지 나타나는 약장수들은 옛날 소금장수와 다를 게 없었다. 더구나 낡은 바이올린이라 해도 신식 악기를 가지고 다녔기에 약장수 몸에서는 장꾼들과 다른 도회지 냄새가 났다.

그러던 어느 날 황혼녘에 장꾼들에 섞여 마을로 흘러 들어온 한 약장수가 우리 집 바깥채에서 머물게 됐다. 다른 약장수와는 달리 그가 들고 다니는 악기는 바이올린이 아니라 양철북이었다.

"아저씨는 빠이롱 없어요?"

시골아이들은 '바이올린'을 그렇게 불렀다. 그러자 그는 "왜 이 북이 어때서"라고 드럼을 두어 번 치고는 멋쩍게 웃었다. 약장수는 못 보던 상표의 껌을 주기도 하고 임꺽정 같은 이야기도 들려줬지만, 나는 집채만 한 전차가 길 위로 다닌다는 서울을 생각했다. 그러던 어느 날 아저씨는 툇마루에 북을 남겨둔 채 모습을 나타내지 않았다.

02 어른들은 시국 이야기를 할 때마다 입에 손을 대고 쉬쉬했지만 어느새 약장수 소문은 마을 전체로 퍼져나갔다. 그는 약장수가 아니라 '이인'이라고 했다. 시골에서는 독립지사나 혁명가를 그렇게 불렀다.

나는 지금도 그것이 '이인'(異人)인지 '위인'(偉人)의 사투리인지 풀지 못하고 있다. 읍내에서 순사에게 잡혀가는 것을 직접 보았다는 사람도 있었고, 군자금을 구하러 온 독립군이라고 귀띔해 주는 사람도 있었다. 동경 유학을 한 사상가라고 말하는 사람은 그가 안경을 썼기 때문에 그렇게 말했을 것이며, 어느 갑부의 친척이라고 말한 사람은 아마 그의 금이빨을 보고 한 소리였을 것이다.

어쨌든 이런 이야기들로 잠자던 동네는 갑자기 소낙비를 만난 푸성귀 밭처럼 생기가 돌기 시작했고, 거기에 흥분까지 하게 된 것은 누군가 밀고자가 있었다는 소문 때문이었다. 처음엔 면서기와 노름빚을 진 사람들이 입에 오르내렸지만, 그 무렵 부쩍 싸움이 많아졌던 것을 보면 평소 눈을 흘기며 지내던 사람들을 입방아에 올렸던 것 같다.

03 그러다 감꽃이 지던 초여름 어느 날 갑자기 울리는 양철북 소리를 듣고 나는 "아저씨다!"라고 외치며 밖으로 뛰어나갔다. 하지만 약장수 북을 치고 있는 것은 동네 개구쟁이들이었다. 그 애들은 약장수가 다시는 돌아오지 못할 것이라는 걸 알고 있었던 게다. 신나게 치는 양철북 소리가 울릴 때마다 감꽃이 하나둘씩 떨어지고 있었고, 그 너머로 "왜 이 북이 어때서"라고 북을 몇 번 두드리다 멋쩍게 웃던 아저씨

얼굴을 떠올렸다. 그는 어쩌면 가짜 약을 팔러 다니는 사기꾼이었는지 모른다. 하지만 식민지에서 살아가는 사람들에게는 그런 이인들의 이야기가 소금처럼 필요했던 게다.

04 "눈을 뜨면 그때는 대낮이리라"고 한 시구가 떠오른다. 내가 눈을 떴을 때 이미 그 아이는 식민지의 대낮 속에 있었다. 신문이나 라디오에서 흘러나오는 정보가 채마밭에서 가꾼 무, 배추라면, 약장수와 소금장수 이야기는 야생의 잡초 사이에서 캐낸 나물과도 같은 것이었다. 읍내에는 이미 일본 집과 가게가 있었고 누나와 형은 학교에서 일본말을 배우고 있었으니 애라도 그걸 모를 리 없다. 그런데도 남의 양철북을 치고 다니던 애들에 대한 미움 이상의 분노가, 약장수 아저씨에 대한 연민이나 슬픔 이상의 외로움이 어디에서 오고 있는지를 그때야 비로소 느낄 수 있었다.

05 옛이야기의 소금장수는 늘 밤길을 헤매다가 여우에게 속는다. '불빛이 반짝거려도 절대 오두막집 문을 두드리지 마라', '아무리 울음소리가 처량해도 색시(青孀)의 손을 잡아서는 안 된다…' 늘 내 마음을 졸이고 나서야 소금장수는 번번이 죽을 고비를 넘기고 도망친다. 그 이야기를 입 밖에 내면 약장수 아저씨가 정말 구미호에게 간을 파먹힐지도 모른다는 생각 때문이었을까.
30년이 지난 뒤에야 나는 자전적 에세이 《하나의 나뭇잎이 흔들릴 때》*에 그때 이야기를 글로 쓸 수 있었다. 분명한 것은 그날부터 김삿갓과 소금장수와 장돌뱅이와 그리고 약장수들은 우리 곁을 떠나고 있었고, 내 이야기의 공간도 점점 좁아 들고 있었다는 사실이다.

• 현암사, 1966.

동요가 아니다, 군가를 불러라

01   자장가를 들으며 자란 아이들은 문자와 말을 알기 전에 벌써 노랫소리에 익숙해져 있다. 그래서 말더듬이도 노래를 부를 때만은 신기하게도 말을 더듬지 않는다. 앞에서도 잠깐 언급했지만 베네딕트 앤더슨은 근대의 내셔널리즘이 '출판자본주의'에 의한 것이라고 했지만 말을 문자로 옮긴 것과 그것을 노래에 담은 것이 어떻게 다른지는 잘 몰랐을 것이다. 그는 세상에 보기 드물게 군가를 대량생산해 그것으로 지배의 도구를 삼은 일본 군국주의 밑에서 식민지인(植民地人)이 되지 못했기 때문이다.

근대에 들어서 입에서 입으로 전해지는 구비문학은 쇠퇴하고 글자로 기록되는 문학작품이 그 자리를 차지하게 되었다. 구비문학의 구술성˙에서 인쇄문화가 보편화되면서 문자문학의 문자성˙으로 넘어가고, 거기서 새로운 문화가 시작된 것이다.

• orality | literacy | 📑 샛길 〈신문과 소설, 민족을 상상케 하다〉

02 그런데 군가는 구비문학의 '음악성'과 밀접한 연관을 맺고 있
다. 이성적이고 논리적인 문자와 달리, 음악은 감정적이고 직
접적인 것이다. 책은 읽다가 멈춰서 자기를 되돌아보고, 쓰인 텍스트를
되새김질할 수 있다. 하지만 음악은 즉시 귀로 흘러들어와 마음을 자극
한다. 군가는 이런 음악의 성질을 이용한 게다. 이성적 비판이나 문자의
지연성을 막아 버린다. 이성적 사고보다는 감상적 사고로 빠져들게 한
다. 국가를 부르고 있으면 자연히 마취가 되는 게다.

〈아! 가미카제 특별공격대〉에서 〈젊은 독수리의 노래〉˙까지 《그리운 군
가집》˙에 200곡이 넘는 군가를 출판할 수 있는 나라가 이 지상에 일본 말
고 또 어디에 있겠는가. 글자대로 읽으면 군가는 행진곡처럼 군인들이 부
르는 노래지만 실제로는 그렇지 않았다. 그들이 말하는 '제2국민'과 '소국
민'들에게 전투 의욕을 불러일으키고 천황에 대한 충성심을 고취하기 위
해 만들어진 내셔널리즘의 '소리 텍스트'가 군가다. "빵을 달라는 아이에
게 누가 돌을 주며 생선을 달라는 아이에게 누가 뱀을 줄 것이냐"˙는 성
경의 말씀이 무색하게도, 그들은 꽃을 달라는 아이에게 총을 주고, 사랑의
동요를 들려달라는 아이에게 죽음의 군가를 가르친 것이다.

˙ 〈若鷲の歌〉. 소년 항공 예비훈련병을 의미 | 《懷しの軍歌集》| 《마태복음》 7:9~7:10

03 군가의 어느 한 대목치고 '죽음'을 노래하지 않은 것이 없다. 그
리고 그 모든 군가를 대표하는 것이 바로 국가(國歌) 〈기미가
요〉˙보다 더 많이 부른 〈우미유카바〉˙였다.

"바다에 가면 물먹은 시체가 되고 산에 가면 잡초에 덮인 시체가 되리라. 님˙ 곁
에서 죽으니 무슨 아쉬움이 있으랴…"

바다와 산은 전쟁터의 주검(屍)이요, 묘지라는 이야기다. 천황은 우리를 황국신민으로 낳아주신 아버지요, 우리는 그 생명을 주신 천황의 '아카고'(赤子, 갓난아이)다. 그러니 천황을 위해 아낌없이 목숨을 바치는 것이 곧 효의 길이요, 충의 길이다. 이것이 열 살배기 아이들이 죽어야 하는 논리다. 놀라운 일이 아닌가. 2000년 가까이 우리는 충효의 사상 속에서 살아왔다. 그 대상을 일본의 천황으로 바꾸려 한 것이 식민지 아이들이 아침저녁으로 부른 동요 아닌 군가였다.

• 〈君が代〉 | 〈海ゆかば〉(바다에 가면) | 大君, 천황을 의미

04

신나는 행진곡이 아니라 '죽음'을 찬미하는 슬픈 군가로 전쟁에 내몬다는 것이 언뜻 이해가 안 될 수도 있다. 일본 군가는 철저히 죽음의 세계를 찬미한다. 자꾸 듣다 보면, 죽음이 아무렇지도 않게 느껴지게 마련이다. 죽음이 비극처럼 비장미를 갖게 되고, 마침내 유혹적인 것으로 탈바꿈한다. 죽음을 마다하지 않는 사람만이 전쟁 무기로서 가치가 있다는 식이다. 군가로 그렇게 세뇌를 시킨다.

같은 군국주의라 해도 일본 군가와 히틀러와의 방법론은 차이가 있다. 이념을 도구화하는 방법의 차이다. 히틀러는 군가보다는 슬로건을 내세우곤 했다. '하나의 국가, 하나의 민족, 하나의 총통'과 같이 노골적인 방식으로 선전했다. 히틀러는 원래 술집을 돌아다니며 연설을 했던 선동가였다. 하지만 음악은 그런 이념을 전면적으로 내세우지 않기 때문에 더 무서운 게다. 군국주의를 음악이라는 아름다운 포장지로 싸서 내미니, 그 본질을 파악하기가 더욱 힘들어진다.

음악을 전쟁 도구로 사용하면, 저항 의지가 그만큼 약화된다. 군가라는 게 가사도 단순하고 리듬도 반복된다. 자꾸 들으면 세뇌를 당하게 마련이다.

그런 음악을 자꾸 듣다 보면 국민은 '죽음'을 당연시하고, 전쟁터로 끌려가는 것을 아름다운 의무 정도로 생각할 수밖에 없게 된다. 소리 텍스트가 그만큼 무서운 힘을 지닌다.

그리스 신화에 나오는 세이렌˙은 아름다우나 치명적인 마력을 지닌 바다의 요정이다. 세이렌은 총칼을 들고 배를 침몰시키지 않았다. 노래의 힘, 도저히 거부할 수 없는 유혹적인 노래의 힘만으로 멀쩡한 선원들을 암초로 내몰았던 게다.

• Siren

05 천황제 국민국가가 생긴 지는 불과 100년도 채 안 되었는데도 마치 그러한 천황 숭배와 황국 사상은 태곳적부터 있어 온 것처럼 허구를 만들어냈다. 그래서 '우미유카바'의 가사 역시 1300년 전으로 올라가 《만엽집》˙에서 따온 게다. 그런데 《만엽집》이란 이름부터가 그렇듯 글자는 백제 왕인(王仁) 박사가 갖다 준 이두식 한자요, 말은 소위 도래인˙들이 주류를 이룬, 한국말과 깊은 연관을 지닌 혼합체들이다. 거기에 가사 내용은 임을 떠나보낸 한 여인이 "아침 바닷가에 피어오르는 안개를 보시거든 님이여 그대 그리워 한숨짓는 내 입김으로 아옵소서"와 같은 아름다운 사랑의 노래가 대부분이다.

그런데 임을 천황으로, 바다 위의 안개를 물먹은 시체로 그 이미지를 바꿔놓은 것이 〈우미유카바〉다. 작곡자인 노부토키 기요시˙는 기독교의 찬송가를 듣고 자란 독일 고전음악의 애호가다. 학도병 출정 때 자신의 곡이 불리는 것을 가슴 아프게 생각했던 사람이었다.

•《萬葉集》| 渡来人 . 한반도나 중국으로부터 일본으로 이주한 사람들. | 信時潔(1807 ·1965)

06　어느 나라에서나 자장가는 어머니가 부르고, 군가는 아버지가 부른다. 어머니는 평화로운 잠 속에서 생명을 노래 부르고, 아버지는 전쟁터에서 죽음을 노래한다. 그런데 그 노래가 진짜 우리 아버지들의 노래가 아니다.

'근대화는 부권의 상실과 함께 시작했다'고 말하는 정치사회학자들의 지적대로 우리의 아버지들은 거세되고 추방됐다.

그리고 실체 아닌 허구의 '아버지'가 부권을 부활시키려 우리에게 군가를 가르치고 있었던 게다. 그 아버지는 깃발을 나부끼고 군가를 부르며 어린 가슴으로 다가오는 '무서운 아버지'다. 역사학자들은 문서에 기록된 문자에만 의지하는 버릇이 있어서 히노마루, 일장기보다 더 무서운 것이 군가였다는 것을 잘 모른다. 식민지 아이들이 불렀던 '소리의 텍스트'에 대해서는 한낱 문맹자에 지나지 않았으니까. 깃발은 눈으로 보고 노래는 귀로 듣는다. 눈은 앞에 있는 것을 보지만 소리는 앞에서도 오고 뒤에서도 온다. 전 방향에서 우리를 에워싼다.

07　그러나 식민지 아이들은 천황을 아버지라고 부르며 그냥 군가만 불렀는가. 아니다. 가사를 바꿔 부르거나, 일본 군대의 나팔 소리에 이상한 가사를 붙여 노래 부르기도 했다.

"야마네코가 보쿠노 긴타마 돗테이타. 이쓰고로가 반노 쥬니지고로다요."

이 가사의 뜻이 무엇인지 80대 중반의 할아버지들에게 물어보라. 할아버지는 멋쩍게, 그러나 조금은 통쾌한 웃음을 지으시면서 선뜻 대답하려 하지 않을 것이다.

"너만 알거라. '야마네코'는 살쾡이고, '보쿠'는 나, 그리고 '긴타마'는 남자의 소중한 그 불의 상징물이지. 그래, 그것을 밤 열두 시에 살쾡이 녀석들이 떼어갔다는구나. 생각해 보라. 야마네코의 살쾡이가 누구였겠니?"

샛길

신문과 소설, 민족을 상상케 하다

베네딕트 앤더슨*은 자신의 대표작《상상의 공동체》
*에서, 언어를 집단의식의 형성에 가장 중요한 요소
라고 보았다. 중세, 종교가 지배하던 사회에서는 종교
언어인 라틴어나 고전 아랍어가 지식인들 사이에서
보편언어의 지위에 있었다. 그런 언어들로 중세에는
시간성을 초월하는 세계가 구축되어 있었다. 이를테면
그리스도의 수난과 부활을 대부분의 중세 유럽인들은
자신들과 아주 가까운, 바로 얼마 전의 과거와 얼마 후
의 미래에 일어나는 일로 여겼다.

근대에 이르러 중세의 언어는 민족의 언어로 대체되
었다. 이에는 인쇄물의 대량 보급을 가능하게 한 인쇄

《상상의 공동체》

자본주의*의 역할이 결정적이었다. 각국의 언어로 인쇄된 성경은 '최초의 대중문
학'이었고, 이후 각 지방의 언어로 쓰인 소설이 대량 보급되었다. 이것으로 개인은
그가 살면서 한 번도 만나 본 적 없는, 같은(유사한) 언어권의 사람들을 최초로 '상상'
하게 된 것이다. 그렇게 사람들은 새로 '상상된' 집단 안에서 근대의 고독과 공포를
위로하기 시작했고, 이로 인해 국어가, 국민이, 이어 그들의 상상적 공동체인 민족
국가가 탄생했다는 것이 베네딕트 앤더슨의 해설이다.

• Benedict Anderson(1936~2015) | 윤형숙 역, 나남, 2004. 원제《Imagined Communities》, 1983. |
  Print-Capitalism

만엽집

일본어로는《만요슈》, 만세까지 살기를 기원하는 노래를 묶은 책이란 뜻이다. 현존하는 일본의 가장 오래된 와카(和歌. 일본 노래)집으로, 전 20권에 천황에서 서민에 이르기까지 480명에 가까운 가인(歌人)들의 노래 4530수가 실려 있다. 7세기 후반에서 8세기 후반에 이르는 시기에 복수의 편자들에 의해 구성되었으며, 일본의 초기 고전 문학의 대표작으로 평가받고 있다.

만엽집의 표기는 일본어의 음과 뜻을 한자로 표기했는데, 이두나 향찰과 방식이 유사하다. 이 표기법을 만요가나라고 하며, 헤이안 시대 만요가나의 간략화가 점점 진행되어 가타카나와 히라가나로 발전하게 되었다고 추정한다.

셋째 꼬부랑길

매화는 어느 골짜기에 피었는가

01 내 기억 속의 서당은 기왓골과 허물어진 돌담 틈 사이에 잡초들이 많이 자라 있던 김 학사의 고택이었다. 기와집이래야 반은 허물어져 있고 당집처럼 조금 외진 곳에 있어서 늘 인적이 뜸했다. 서당 문을 닫은 뒤부터는 더욱 그랬던 것 같다.

옷은 남루했지만 언제나 단정한 의관을 한 김 학사는 뿔테 안경을 쓰고 있었으며 김홍도의 풍속도에 나오는 서당 선생 그대로였지만 몸만은 대추씨처럼 작고 야무져 보였다. 무엇보다 이 서당 선생은 내가 아는 한 유성기와 라디오에서 나는 소리를 죽을 때까지 믿지 않았던 이 세상의 유일한 사람이었다. 전화도 마찬가지였을 것이다. 동네 사람들은 소리 나는 그 상자를 잘 모르면서도 김 학사의 고집에 대해 수군거렸고 그 어리석음을 비웃었다. 그러나 내 눈에는 유성기나 라디오 앞에 이상*의 표현대로 '고개를 갸웃거리는 북극 펭귄'처럼 모여 앉은 동네 사람들보다는 김 학사의 모습이 훨씬 당당하고 숭고하고 장엄해 보이기까지 했다. ➦

* 李箱(1910~1937) | ➦ 이상, 10 아버지 고개 5-01 | 11 장독대 고개 1-03

02 교실 뒷벽의 '대동아' 지도에는 매일 황군*의 점령지에 빨간
색이 칠해지고 히노마루의 일장기 표시가 찍혀 가고 있었다.
그리고 김 학사가 그렇게 믿으려 하지 않았던 라디오에서는 싱거포루
(싱가포르) 함락, 랑군(양곤) 진격 등 연일 낯선 아시아의 나라와 도시
이름들이 다이홍에이* 발표로 시끄럽게 울려 나오고 있을 때였다. 그
런 전쟁 속에서도 봄은 왔다. 그리고 그것이 내가 마지막 본 서당 풍경
이었다. 먼 친척이 와서 혼자 남은 김 학사를 데려간 것인지 아니면 병
환으로 세상을 떠난 것인지 기억이 헷갈리기는 하지만 그 빈 집은 점점
허물어진 채 동네 사람들의 기억 속에 잊히고 있었다. 언젠가 그 집을
지나며 흘낏 들여다본 마당에 피어 있던 것은 민들레꽃이 아니었다. 그
것은 분명 백매화* 꽃이었다.

• 皇軍. 일본 천황의 군대라는 뜻 | 大本營, 대본영 | 白梅花

03 뒷날 세한삼우*의 '한중일 비교문화사전'*을 편찬할 생각을
하게 된 것도, 그리고 그중에서도 '매화'부터 발간하게 된 것도
아마 그때의 내 기억 속에 잠재되어 있던 매화꽃 때문이리라. 아무도 살
지 않는 빈 뜰에 아이들이 천자문을 외우는 소리가 들리고, 매화의 고목
그늘 아래 김 학사의 기침 소리가 들리는 듯했다. 생각해 보면 생전의 김
학사도 매화처럼 추워 보이는 한사(寒士)였다. 그리고 다른 선비들이 그
러했던 것처럼 김 학사도 '구구소한도'*를 그리며 추운 겨울을 나려 했을
것이다. ⤷
동지가 되면 바람이 들어오는 영창을 백지로 봉하고 그 위에 여든한 송이
의 흰 매화꽃을 그린다. 그리고 하루에 한 송이씩 붉은 칠을 해 가면, 그러
다 마지막 백매가 홍매로 바뀌면 소한도로 봉했던 영창문이 열리고 아직

눈이 녹지 않은 마당에는 정말 매화가 피어나 '암향부동'한다. ↪

• 歲寒三友 |《매화》,《소나무》,《대나무》,《국화》,《난초》총 5권으로 구성(종이나라, 2005~2006) |
九九消寒圖 | ↪ 샛길 〈그림으로 추위를 이기다, 구구소한도〉| 암향부동, 1 천자문 고개 3-01

04 화려한 신문명 앞에 주눅 들지 않고 죽을 때까지 자신의 신념
을 굽히지 않았던 김 학사가 꿈꾼 것이 저 몇 송이 매화꽃 같은
것이었을까. 남들이 다 떠나가고 잡초가 가득한 기왓골 앞에서, 나는 가
난과 외로움이 눈 속에서 피어난다는 매화의 전설을 떠올렸다. 김 학사는
눈 속에 핀 설중매를 찾으러 방금 집을 비운 것은 아닐까. 곧 허물리게 될
그 쓸쓸한 서당 마당에 핀 매화와 내가 마지막 본 선비 김 학사의 얼굴이
겹쳤던 것이다.

아마 지금의 나라면 대동아 지도에 꽂혀 가는 일장기가 아니라 매화가 핀
김 학사의 빈집 뜰에서 아시아의 대륙을 보았을 것이다. 그리고 그때는
알지 못했지만 '구구소한도'의 매화 한 송이에서 아시아의 작은 뜰을 찾
아냈을지도 모른다. 매화를 아내로 삼고 학을 아들로 삼아 평생을 산림에
은거했던 북송 때의 시인 임포, 도산서당의 마당 절우사 에 매화를 심
고 그 제재로 시첩을 만든 퇴계 선생 그리고 스가와라노 미치자네 를 따
라 천 리를 날아온 일본의 비매(飛梅) 설화.《만엽집》에서 벗꽃보다 더
많이 읊어진 노래 매화. 이렇게 중국의 대륙과 한국의 반도와 일본의 섬
을 하나로 묶은 동북아시아의 신화를 만든 것은 그 서당 마당에 핀 매
화였다. ↪

• 林逋 | 節友社 | 菅原道眞(845~903) | ↪ 샛길 〈미치자네의 '비매전설'〉

05　매화에서는 "천지현황"의 천자문 외우는 소리가 들리고 새로
　　　만난 벚꽃에서는 "이로하니호헤토"*를 암송하는 일본 가나의
소리가 들린다. 그런데 "가갸거겨"가 들리는 꽃은 어디에 피었는가. 매화
가 피어 있는 골짜기를 찾다가 민들레에서 그 소리를 찾아낸 것은 아니었
을까. 아스팔트의 틈 사이에서도 피는 민들레꽃이다. 굳이 심지 않아도 글
방 마당에 저절로 피었을 꽃이다. 그런데도 사람들은 서당에 아니 글방에
앉은뱅이 민들레꽃을 심었다고 했고, 그 훈장을 포공 선생이라고 불렀다
고 했다.

중국, 일본의 인터넷 검색에서도, 한, 중, 일 그 어느 사전에서도 민들레의
구덕*이란 단어는 존재하지 않는다. 그리고 나는 지금껏 이규태의 칼
럼집 이외의 어떤 전거에서도 그런 민들레 이야기를 아직 발견하지 못
했다. ⬈

오직 한국의 인터넷 블로그에서만 민들레의 아홉 가지 덕을 찬미하는 여
러 가지 버전의 글을 찾을 수 있다. 분명 우리 민초들의 애환이 스며든, 밟
혀도 끈질기게 살아가는 집단지*의 산물인 게다. "가갸거겨" 소리를 내는
한국 내셔널리즘의 꽃이 얼마나 아쉬웠으면 한꺼번에 그 아홉 개나 되는
꽃말을 날아다니는 민들레 씨앗 속에 담으려 했겠는가.

• 〈いろは歌〉(이로하 노래)의 첫 소절. 천자문처럼 가나의 문자를 한 번씩 사용해서 만든 노래로 문자연
　습용으로 이용되었다. | 九德 | 集團智 | ⬈ 2 학교 고개 3 샛길 〈아홉 가지의 덕을 가진 꽃, 민들레〉

샛길

그림으로 추위를 이기다, 구구소한도

동양 사람들은 추위를 이겨내기 위
해 〈소한도〉* 또는 〈구구소한도〉를
그리며 놀았다. 동지에서 초봄까지
아홉 날 곱하기 아홉, 모두 81일이
다. 동짓날에 매화 가지 하나를 종
이에 그리고, 81개의 하얀 매화 꽃
송이*를 만든다. 겨울 동안 사람들
은 매일 흰 매화 한 떨기에 붉은색
을 입혀 나갔다. 81일이 지나 종이
속 매화도 붉게 활짝 피면,* 창밖
에는 봄볕이 환하다. 드디어 무르녹
은 봄날이 찾아온다.

• 消寒圖 | 白梅 | 紅梅

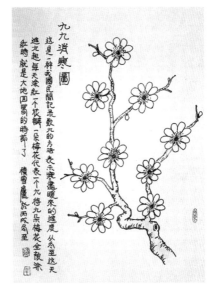

〈구구소한도〉

미치자네의 '비매전설'

미치자네를 찾아왔다는 매화나무. 다자이후의 덴만구

스가와라노 미치자네는 학문의 신으로 모셔졌던 고대 일본의 대학자다. 미치자네
는 845년 교토의 저명한 학자 가문에서 태어났다. 그의 가문은 대대로 시문과 역사
를 강의하는 문장박사(文章博士)를 배출했는데, 미치자네 역시 33세 때 이 직위에
올랐다. 당시 문장박사는 간관의 역할도 하여 왕의 측근 세력이었는데, 미치자네는
우다 천황˚의 신임으로 조정의 여러 요직에 올랐다. 하지만 말년에는 반대 당파의
모함을 받아 901년, 규슈의 다자이후˚로 좌천되었고 그곳에서 생을 마감했다. 교
토 집 뜰의 매화와 이별할 때, 미치자네는 다음과 같은 이별시를 지었다.

東風吹かば にほひをこせよ 梅の花
主なしとて 春を忘るな
동풍이 불면 매화의 향을 바람에 실어 보내다오, 매화여

주인이 없다고 봄을 잊지 말거라. *

전해지는 이야기에 따르면, 하룻밤 사이 교토 정원의 매화가 다자이후로 날아와 꽃을 피웠다고 한다. 이 비매(飛梅) 전설은 미치자네의 사후 신격화(천신신앙), 그리고 학문을 담당하는 신사인 기타노텐만구*의 매화 상징과도 연결된다.

* 宇多天皇(867~931) | 太宰府 | 《拾遺和歌集》(고유와카집) 수록 | 北野天満宮. 입시에 효험이 있다고 여겨져 수험생들과 학부모들이 많이 찾는다.

한, 중, 일 매화를 노래하다

이황의 매화시

시냇가에 아리땁게 두 가지 서 있더니
앞 숲에 향기 뿜고 꽃 빛은 다리를 비추며
얼기 쉽다 생각하여 바람 일으킴을 두려워 말라.
햇빛을 맞아 옥설이 사라질까 근심스러울 뿐이다.
–〈매화〉, 《퇴계집》

매화 꽃받침 봄을 맞아 매운 추위를 띠었고
한 가지 꺾어와 옥창 사이에 마주 대하니
천 산 밖 고인, 오래도록 생각하며
천향이 사그라짐을 차마 보지 못하겠구나.
– 〈매화를 꺾어 책상 위에 꽂아 두다〉, 《퇴계집》

중국, 〈동산의 작은 매화〉

뭇 꽃 다 져도 홀로 어여삐 피어
작은 동산의 풍정을 독점하였군.
성근 그림자는 맑고 얕은 개울에 비끼고
그윽한 향기는 황혼녘 달 아래 감도누나.
서리 하늘의 새(백학)는 내려앉으려고 시선을 주고
호랑나비는 알아본 듯 애간장이 끊어질 지경
조용히 시 읊으며 가까이 즐길 게지
박 판과 술동이로 떠들썩할 게 무어 있나.
– 임포(967~1028, 중국의 시인)

《만엽집》의 매화

매화 가지에 떨어지는 꽃잎
바람에 휘날리는 눈송이같이
흘러내린다.
- 이무베노 쿠로마로, 8권, 1647번

매화 향기 맡으면
멀리 떨어져 있어도
마음은 언제나
그대 곁에 머문다.
- 이치하라노 오호키미, 20권, 4500번

넷째 꼬부랑길

소나무 뿌리를 캐내라

01 　동방의 아시아 사람들을 하나로 이어준 것은 총칼의 힘도 물
　　　 질의 풍요도 아니었다. 눈서리 차가운 추위를 이기는 미학이
요, 그 우정이다. 세한삼우의 하나인 소나무가 바로 그러한 일을 했다.
추위 속에서 따뜻한 정을 만들어 내는 것이 소나무지만 그 추위의 특성
이나 차이에 따라 중국의 송,˚ 한국의 솔, 그리고 일본의 마쓰˚가 제각
기 다르다.

무엇보다 소나무와 한국인의 관계가 그렇다. 소나무를 보면 울음이 나온
다고 쓴 적이 있지만, 소나무만큼 한국인을 닮은 나무도 이 세상에 없다.
태어날 때는 솔잎을 매단 금줄을 띄우고 죽을 때에는 소나무의 칠성판에
눕는 것이 한국인의 일생이다. 하지만 그 쓰임새보다도 소나무의 생태와
형상 그 자체가 한국인에 더욱 가깝다. 풍상에 시달릴수록 그 수형은 아
름다워지고 척박한 땅일수록 그 높고 푸른 기상을 보여준다.

기암창송(奇巖蒼松)이니 백사청송(白沙靑松)이니 하는 말 그대로 다른
식물들이 살지 못하는 바위와 모래땅에서 소나무는 자란다. 삭풍 속에서
모든 나무가 떨고 있을 때 소나무만은 거문고 같은 소리를 낸다고 하여

옛 시인들은 '송뢰'(松籟)요, '송운'(松韻)이라 불렀다.

• 松 | まつ

02 그러나 불행하게도 내 기억 속의 소나무는 거문고 소리가 아니라 아이들의 비명과 비행기의 폭음 소리를 냈다. 비행기 연료가 되는 쇼콩유˚를 채취하기 위해 소나무 뿌리를 캐 오라는 동원령이 내려졌기 때문이다. "200그루 소나무면 비행기는 한 시간 난다"는 구호 속에서 아이들은 책을 덮고 송진을 따러, 소나무 뿌리를 캐러 산으로 갔다. ↪

바위를 굴려 산꼭대기에 오르는 시시포스의 노동보다 더 무익하고 힘든 노동이었다. 그래도 시시포스의 노동은 산정에서 아래로 내려갈 때에는 빈손이 아니었는가. 그때가 더 괴로운 시간이라고 말한 소설가 카뮈는 솔뿌리를 캐는 노동을 해본 적이 없어서 그런 소리를 한 게다. 소나무 뿌리는 시시포스의 바위만큼 무겁다. 그것을 캐내는 어려운 작업이 끝난 다음에는 휴식이 아니라 그 무거운 바위 솔뿌리를 안고 내려가는 가혹한 노동이 기다렸다.

• 松根油, 송근유. 소나무 뿌리에서 추출한 기름 | ↪ 샛길 〈소나무 기름으로 비행기가 날까?〉

03 소나무 밑에서 바둑을 두고 시를 읊던 풍류객들을 위해 술 심부름을 하던 동자(童子)들이 '대동아공영의 전쟁'을 승리로 이끌기 위해 그 노송의 밑뿌리를 캐낸다. 이러한 작업을 멀리서 라디오로 청취하던 미 제20항공대는 카이사르˚의 승첩문처럼 이렇게 보고했다.

"Dig and Steam and Send."(캐내라, 쪄내라, 보내라.)

그리고 '일본에서 솔뿌리는 석유의 귀중한 대체 연료로 여겨지지만, 솔뿌리를 캐고 가공해 기름으로 만들겠다는 계획은 그 불행한 나라의 대중을 더욱 다그치려는 속셈일 따름'이라는 평을 덧붙였다.

한마디로 황당무계한 에너지 수급 기획이라는 것이었다. 당시 일본이 목표량만큼 기름을 얻으려면 하루에 약 2,000킬로리터의 조유*가 생산되어야 했다. 여기에 필요한 솔뿌리는 1만 톤으로, 당시 일본의 솔뿌리 매장량은 770만 톤에 지나지 않았다. 만약 쇼콩유 수급이 계획대로 진행되었다면 일본 전국에서 소나무는 한 그루도 남지 않고 전멸했을 것이다. 그리고 당시의 증류 가마로는 300킬로그램 정도의 솔뿌리를 처리하는 데 하루가 소요됐다. 증류 가마도 37,000개가 필요하다는 이야기다. 전후에 미군이 계산한 것을 보면 솔뿌리 기름 1.5리터를 생산하려면 한 사람이 온종일 일하지 않으면 안 되었다. 하루에 필요한 노동력만 125만 명이었다.

그 결과는 어땠는가. 《일본해군연료사》*에는 "20만 킬로리터"라고 적혀 있지만 실제로 완전히 정제된 솔뿌리 기름의 양은 1945년 5월 14일에 도쿠야마*에서 처음 생산한 500킬로리터가 고작이었다. 그리고 어떤 공식 기록에도 '쇼콩유'를 사용한 비행기는 나오지 않는다. 미군이 진주하여 그 기름을 지프에 넣고 시험운전을 한 결과 며칠 뒤에 엔진이 망가져 못 쓰게 되었다는 것이다.

• Caesar. 영어로는 '시저'로, 고대 로마의 정치가이자 군인. "왔다, 보았다, 이겼다"라는 말을 남겼다. | 粗油 | 《日本海軍燃料史》, 1972. | 德山

04 어떻게 이런 만화 같은 계획이 일본인과 한국인 모두의 힘을 빼고 바보로 만들어 놓았을까. 그 이유는 간단하다. 닫힌 사회

에서는 언제나 머리 나쁜 사람들이 세상을 지배하기 마련이다. 또 사람을 마구 들볶는 걸 일하는 것인 양 착각하는 이들이 윗사람으로 앉아 있다. 그 전형이 일본 군국주의자들이었다고 생각하면 된다. 일본 육군이 생각한 병사의 값은 1전 5리로, 당시 소총이나 군마를 구입하는 데는 약 500엔이 들었다. ➤

이런 계산법에서 눈을 돌린 것이 돈 한 푼 안 들이고 동원할 수 있는 후방의 노동력이었으며, 잠자리 잡으러 다니는 아이들의 젖 먹던 힘까지 짜냈던 것이다.

동북아시아를 하나로 만든 것이 세한삼우의 '소나무'였다면 그 아시아를 산산조각 낸 것은 소나무 뿌리를 캐낸 대동아전쟁이었다. 우리는 우리 땅을 지키지 못했기에 이 땅에 뿌리박은 소나무도 지킬 수 없었다.

소나무야, 세한삼우야, 미안하다. 정말 미안하구나.

➤ 샛길 〈병사의 가격〉

샛길

소나무 기름으로 비행기가 날까?

솔뿌리 기름 추출 계획을 소개한 신문 기사

1944년(쇼와 19년) 7월, 독일에서 소나무에서 얻은 항공 가솔린을 전투기의 비행 연료로 쓴다는 단편적인 정보가 일본 해군에 전해졌다. 연료 사정이 극도로 악화된 마당에 들은 희소식이었다. 일본 군내에서는 이 유사 연료를 제조하는 계획이 검토되었다. 1944년 10월 20일 최고 전쟁지도 회의에서 송근유 이용이 결정되고, 1945년(쇼와 20년) 3월 16일에는 송근유 확충 증산 대책 조치 요강이 국무회의에서 결정되었다. 소나무를 벌채하는 데는 상당한 노력이 필요하기 때문에 국민들이 무료 노동 봉사해야 했다. 《일본해군연료사》 45쪽에는 "20만 킬로리터를 추출했다"는 기록이 나와 있다.

병사의 가격

태평양전쟁 당시 회자되었던 표현이 '1전 5리' *다. 일본의 엽서 우편요금이 1전 5
리로, 일본군 소집 영장이나 사망 통지서를 보내는 발송 비용도 따라서 1전 5리인
셈이다. 이등병 목숨을 영장 보내는 1전 5리 값 빼고는 신경 쓰지 않는다는 이야기
로, 병사를 소모품처럼 여겼던 일본군의 현실을 풍자하는 비유어 또는 속어였다. *

* 一錢五厘, 잇센고린 | "나절로 漫筆〈56〉8.15의 左右혼돈",《동아일보》1975년 1월 4일 자 5면

짚신과 고무신을 죽인 것은 군화다

01 　보자기의 '싸는(包) 문화'와 가방의 '넣는 문화'는 신발에서도 뚜렷이 나타난다. 구두는 좌우가 다르고 치수에도 한 치의 에 누리가 없다. 자기 것이 아니면 들어가질 않는다. 그래서 원래는 다람쥐 가죽이었던 것이 유리 구두로 바뀌게 된 신데렐라의 이야기는 단순한 오역 때문이라고는 볼 수 없다. 유리 구두이기에 이 세상에서 오직 꼭 들어맞는 한 사람의 신발 주인을 찾아낼 수 있다. 그것이 왼쪽·오른쪽 구분도 없고 발에 따라서 늘었다 줄었다 하는 짚신이었다면 이야기 자 체가 성립되지 않는다.

나와 우리의 구분이 확실치 않아서 때로는 '우리 마누라'라고 말하는 한 국인에게는 꼭 맞는 유리 구두가 아니라 오른발이든 왼발이든, 큰 발이든 작은 발이든 웬만하면 넉넉하게 포용하는 짚신이 편하다. 그것도 성에 안 차서 알에서 벌레들이 나오는 철에는 밟혀도 죽지 않게 느슨하게 만든 오 합혜*를 신고 다닌 한국인들이다.

　• 五合鞋

한국의 짚신(국립민속박물관 소장)　　　　　일본의 게타

02 　그리고 '유리 구두의 나라' 서양 문명이 몰아닥쳤을 때에도 한
　　　국인이 창안한 것은 군화가 아니라 독창적인 고무신이었다. 짚
신보다 훨씬 더 신축자재의 신발로 역주행한 것이다. 동이든 서든 신발처
럼 자신의 정체성과 문화적 동질성을 상징하는 물건도 없다. 방금 나는
'신발'이라고 했지만 정확하게 말하자면 '신'이라고 했어야 옳다. 신발은
맨발과 반대되는 것으로 "신을 신은 발"이라는 뜻이다. 그런데도 사람들
은 '신'을 벗는다고 하지 않고 '신발'을 벗는다고 한다.
맨발이 자연이라면 신발은 문명이요 문화다. 흙과 인간을 분리하면서 동
시에 연결해 놓는 아슬아슬한 그 경계선에서 우리는 자신의 정체성을 확
보하고 그 문화의 동질성을 확인한다.

03 　한국인을 비하할 때 일본인들이 "반도인"이라고 하는 것이나
　　　한국인이 일본을 "쪽발이"라고 하는 것은 말 자체를 놓고 보
면 욕이 아니다. 단순히 지리적 특성과 신발을 신는 문화적 특성의 차이
를 지적한 데 지나지 않는다. 다만 "지정학의 정의 제4조 — 인접하는 나

라는 적국이다"라는 낡은 개념의 틀로 바라보기에 대립이 생기는 거다.
그러나 지정학*적 관점을 요즘 조금씩 유행하기 시작한 지리문화*적 소
통 원리의 입장에서 바꿔 보면 "반도인" "쪽발이"를 새로운 창조적 관계로
발전시킬 수 있다.

이 지상에서 '보자기 문화'를 가장 많이 공유하고 그것을 발전시켜온 나
라는 한국과 일본이다. 도토리를 따먹고 살던 조몬인*들이 채집시대를
열었다. 그러나 유라시아 대륙, 한반도에서 야요이*들이 들어와 쌀농사*
를 짓는 농경시대를 연다. 그래서 헤이안(平安朝) 때의 황실이나 귀족들
이 신던 '구쓰**'는 그들도 인정하고 있듯이 한국의 '구두'란 말에서 비롯
된 것처럼 발을 통째로 싸는 형태였다. ↪

• Geopolitics | Geoculture | 繩文人 | やよい | 稻作 | くつ(쌈) | ↪ 샛길〈구두의 어원〉

04 육식 생활을 하는 서구
사람들이 고기를 먹고
난 뒤 그 동물 가죽으로 '구두'**를
만들어 신었던 것처럼 벼농사를 짓
는 사람들은 벼를 털고 남은 짚으
로 신을 만들어 신었다. 그러나 짚
으로 만드는 신은 한국과 같았지만
고온다습의 기후에 맞도록 일본 사
람들은 엄지발에 끈을 끼고(하나오)
발을 전부 노출시키는 쪽발이 모양

일본의 지카타비

의 '조리'**와 '게타'**를 신게 된 것이다. 그러나 서양문물이 들어오기 시
작하면서 우리가 고무신을 만들 때 그들은 다비(일본식 버선)*의 천을 고

무로 개량한 '지카타비'*를 만들었다. 엄지발가락과 다른 발가락이 갈라진 모양으로 발 전체를 감싸기 때문에 발의 치수가 조금만 틀려도 들어가지 않는 신발이 되었다. 개화기에 와서 고무신과 정반대의 신발이 태어나게 된 것이다. 이것이 운명을 갈라놓았다.

• 靴 | 草鞋 | 下駄. 일명 '게다' | 足袋 | 地下足袋(じかたび)

05 개화기 때 서양 사람들이 지카타비를 보고 공장에 투자를 했다는 이야기가 나온 것도 그런 이유에서다. 쪽발의 신발을 만들다 보니 어느새 한국과 공유하고 있던 보자기의 '싸기' 문화가 서구적인 '넣기' 문화로 변질되어 간 것이다. 신발만이 아닐 모든 사고체계도.

게타를 보라. 고온다습한 동남아 지방에도 일본과 똑같은 나막신이 있다. 하지만 엄지발을 꿰는 구멍이 왼쪽과 오른쪽으로 각기 치우쳐 있다. 좌우가 다르게 디자인되어 있었던 것이다. 하지만 일본 게타는 한국의 짚신처럼 오른발·왼발을 가리지 않고 어느 발에나 신을 수 있도록 한가운데 구멍을 뚫어 좌우 개념을 하나로 어우른 것이다.

바로 이것이다. 서양의 구두와 달리 한국인들은 좌우가 없는 융통성과 신축성이 있는 신발을 만들어냈다. 이것이 반도적 특성이다. 이 정신은 일본 문화의 구석구석에 배어 있다. 이웃 나라인 한국과 일본은 지정학적으로 보면 이해가 충돌하는 적국이지만 지리문화적 소통관계를 통해서 보면 이 지상에서 가장 가까운 '보자기형 짚신문화'를 공유하고 있는 사제(師弟)요 친구다. 그리고 보면 한국과 일본의 보자기 문화, 짚신 문화를 죽인 것은 다름 아닌 일본의 군국주의 군화였다.

06   신발로 각국의 문화 차이가 드러난다. 우리 짚신은 금세 망가지지만 그만큼 부드럽다. 밀짚은 쌀농사를 하고 남은 부산물이다. 쌀은 먹는 것이고 짚신은 쌀을 먹고 남은 것이다. 그 지푸라기를 어떻게 이용하느냐에 따라 생활방식도 달라졌다. 지금까지는 문화가 무언가를 '획득하는 방법'에서 나오는 것으로만 알았다. 수렵이나 채집이냐 등 음식물의 획득방법 차이가 문화의 중요한 요소라고 생각했던 거다. 동물이나 식물은 먹이를 획득하는 방법에 따라 생김새가 달라진다. 조개를 먹는 놈은 부리가 길고, 물고기를 먹는 놈들은 발이 길어지고 헤엄쳐야 하니까 갈퀴도 생겼다. 이제까지는 이런 먹이 획득 방법이 문화의 차이를 낳는다는 주장이 대세였으나, 최근 먹이를 얻는 방법보다는 먹이를 먹고 나서 그 잉여물을 어떻게 다루느냐에 따라 문화가 만들어진다는 주장이 나왔다.

07   잉여 문화. 찌꺼기들이 문화를 만드는 것이고, 그것이 문화의 본질이라는 게다. 조개를 먹으면 껍데기만 남는다. 그런데 그냥 버리지 않고 그 조개껍데기로 나전칠기를 만들고 돈과 장신구를 만들었다. 인디언들도 짐승들을 잡아놓고 살을 먹기만 한 게 아니라 깃털을 뽑아서 장신구를 만들었다. 실용품만 보고 문화를 따지는 건 한계가 있다. 필요가 전부는 아니다. 수요와 공급 사이에는 차이가 생기기 마련이다. 필요한 만큼 쓰고 남은 소금을 어떻게 할까. 그럴 때 사치품이 필요하게 된다. 사치품은 필요가 아니라 원츠(욕망)에 호소한다. 욕망이란 끝이 없다. 그런 욕망이 조개껍데기로 목걸이를 만들게 하고, 새 깃으로 모자를 장식하게 만들었다. 3000 켤레의 구두로 유명한 이멜다*가 구두를 몇 켤레 가졌으면 만족했을까?

• Imelda Romuáldez Marcos. 필리핀 제10대 대통령 페르디난드 마르코스의 배우자

08 일본인의 지카타비와 한국의 고무신에서 두 나라의 운명이 갈렸다.

일본의 조리나 게타는 플렉시블했다. 게타를 만들어도 좌우가 없었다. 일본 버선인 다비도 대충 그냥 둘둘 발을 싸는 벙어리장갑처럼 생긴 버선이었다. 그런데 고무가 들어오니까, 고무로 버선을 만들었다. 이걸 노동자용 작업화 지카타비로 만들면서 치수를 정확히 잴 필요가 있었다. 엄지발가락 부분이 갈라져 있으니 허투루 만들면 발이 아예 안 들어가니까. 서양인들은 지카타비를 보고 일본이 다른 나라보다 치수 개념이 분명하니 근대화될 가능성이 있다고 판단했다는 거다.

동양인들은 치수 개념이 없었다. 이를테면 굴을 팔 때도 엄밀히 재서 파는 게 아니라, 무작정 양끝에서 파들어 갔다. 그렇게 양쪽에서 파다 만나면 다행이고, 못 만나도 굴이 두 개 생기니 좋다는 식이다. 반면 근대화라는 것은 재고 따지는 것이다. 이건 상인 문화와도 연관되는데, 사농공상*가운데 상을 업신여기는 문화에서는 자본주의, 근대화가 싹틀 가능성이 낮다고 할 수 있다.

* 士農工商

09 우리는 고무로 고무신을 만들었다. 버선처럼 코를 살려 만들었지만 왼쪽 오른쪽이 차이가 없었다, 플렉시블하고 편했다. 근대 소재인 고무로 짚신을 만들었다고 할 수 있다. 다시 말해 전근대적인 생각을 근대의 소재 속에 담아냈다고 할 수 있다.

반면 일본은 서양의 문물을 그대로 들여왔다. 데드카피인 셈이다. 이를테면 서양의 공장을 그대로 본떠 공장을 세우는 식이었다. 서양 공장의 의자까지 똑같이 만들었는데, 키가 작은 일본인들이 서양 사람에게 맞춘 의

자에 앉으면 발이 땅에 닿지 않아 고생했다고 한다. 우리는 우리식대로 우리 것으로 만들었다면, 일본은 남의 것을 잘 받아들이되 그대로 따온 것이다. 우리가 선 고지식 후 융통성이라면, 일본은 선 융통성 후 고지식 이라 할 수도 있겠다.

10   일본의 군국주의가 보자기 문화, 짚신 문화를 죽였다. 군화가 들어오면서 한국의 짚신과 고무신, 일본의 조리와 게타가 사라졌다. 생각해 보라. 짚신이나 게타만큼 전쟁 치르는 데 부적합한 신발도 없었다. 전쟁하려면 뛰어야 하는데, 짚신은 자꾸 벗겨진다. 차라리 맨발 벗고 뛰는 게 낫다. 일본의 조리도 마찬가지다. 일본인들이 임진왜란 때 조리를 신고 전쟁을 치르다가 숱하게 동상에 걸렸다고 한다.

신데렐라의 구두들

신데렐라 이야기는 세
계의 여러 나라에 존재
하는데, 그 수는 300가
지 이상이라고 한다. 가
장 오래된 신데렐라는
이집트의 로도피스°다.
아름다운 샌들을 독수
리가 채어가 왕에게 건
네주며 펼쳐지는 이야
기다. 9세기 중국의 신
데렐라는 아주 작은 황
금 슬리퍼를, 베트남의
신데렐라는 수놓은 신
을 신었다. 우리에게 친
숙한 유리 구두는 1679
년 샤를 페로°가 자신
의 동화책에서 처음으

《신데렐라》의 삽화. 귀스타브 도레, 1862.

로 등장시켰다. 페로가 독일 이야기를 프랑스어로 옮기면서 단어 'vair'(흰색 담비 가
죽)를 'verre'(유리)와 착각했다는 이야기가 전한다. 어쨌거나 깨지기 쉽고 늘어나지
않는 유리 구두 쪽이 훨씬 매력적이었다.

• Rhodopis | Charles Perrault(1628 ~ 1703)

구두의 어원

1768년(영조 44)의 《몽어유해》(蒙語類解)에서 '피화'(皮靴, 가죽신)는 '사린구툴'로 표기되어 있다. 사린구툴은 '살'이란 뜻의 사린과 구툴의 합성어였다. 구툴의 말음이 탈락한 구두가 일본으로 건너가 구두를 뜻하는 구쓰가 되었다. 한국어 갗(革)의 고어 '귿'이 일본어 귿(革) → 군 → kutsu(靴)로 음운 변이되었다는 설도 있다.

놀이 고개

망각되지 않는 유년의 놀이 체험

첫째 꼬부랑길

〈오징어 게임〉에 숨어 있는 인류의 미래

01 넷플릭스의 한국 드라마 〈오징어 게임〉이 엄청난 인기를 끈다. 40대 이상의 중장년층에게 오징어 게임은 어린 시절의 추억이 서린 이야기다. 이 게임은 지역마다 오징어가이상, 오징어다방구, 오징어가생이란 이름으로 불렸는데 일본 기원설이 오르내렸다. 오징어 포를 연상하는 가이산,[*] 바깥 선을 뜻하는 가이센[*], 양쪽이 어울려 싸운다는 가이센[*]에서 나왔다는 주장[*]이 있다.

일본의 놀이 문화가 한반도로 유입됐다는 설이 다양하지만, 기원이 중요한 게 아니다. 사실 집단 놀이는 근대 문화의 산물이다. 일본 봉건시대인 에도 시대(1603~1867) 때에도 놀이 문화라는 것은 별다르게 없었다. 실제로 선을 긋고 몸싸움을 벌이는 형태의 놀이는 세계 곳곳에 존재하지만, 오징어 게임과 정확하게 대응된다고 할 만한 놀이는 어디에도 없다는 것이 정설이다.

오징어 게임이 일본에서 왔다는 주장이 왜 문제가 될까? 오히려 〈오징어 게임〉 같은 TV 시리즈를 일본이 못 만든 게 문제인 게다. 일본의 개화기를 꽃피운 문물은 모두 서구에서 가져오지 않았나? 일본이 자랑하는 구로사와 아키라의 영화도 모두 서구에서 들여온 장르다.

- かいさん(海産) | がいせん(外線) | かいせん(会戦) | "오징어 게임 속 놀이들이 모두 일본에서 온 것이라고?", 《한국경제》 온라인판, 2021년 9월 25일 자.

02 "무궁화꽃이 피었습니다." 혹은 오징어 게임 같은 놀이를 한 기억은 없다. 내 어린 시절엔 그런 놀이가 없었다. 그것도 해방 이후 생겨나지 않았을까.

어른이 되면 알게 된다. 아침부터 저녁까지 즐거운 것은 어린 시절 놀이 경험밖에 없다는 것을…. 그때는 어머니가 "밥 먹으러 오라"는 소리가 싫고 원망스러웠으니까. 이겨도 즐겁고 져도 즐거웠다. 비록 몸은 이미 어른이지만 기억을 되돌려 어린 시절로 돌아가 놀고 싶다.

하지만 어른의 현실은 그렇지 않다. 살아남기 위해 기꺼이 남을 해치고 죽여야 한다. 그런 비정한 어른들의 세계를 〈오징어 게임〉이 보여주었다. 조폭이 나오고 빚쟁이, 목사, 은행 지점장, 장기밀매 의사, 외국인 노동자, 유리 기능공 등 다양한 인간 군상*이 캐릭터로 나온다. 완력으로 누르고 배신하며 별의별 꾀를 써서 속아 넘겨도 마지막까지 살아남는 이는 '착한 사람'이다. 지성을 상징하는 조상우(박해수 분)가 휴머니티를 상징하는 성기훈(이정재 분)을 이길 수가 없다.

기훈은 상우를 죽여야만 게임에서 이길 수 있었다. 하지만 막상 죽음과 맞닥뜨리니 죽일 수 없었다. 상우는 그런 기훈에게 자기 어머니를 부탁하며 자결하면서 게임은 끝이 난다.

- 群像

03 사람들은 살기 위해 어쩔 수 없이 남을 죽여도 된다고 여기지만, 그게 인간 본성이라 여기지만, 아니다. 본성에는 착함이 있다. 인간은 인간을 믿을 수밖에 없다. 그렇기에 인류가 여기까지 온 것이다.

구슬치기에서 극 중 지영(이유미 분)이 강새벽(정호연 분)을 위해 일부러 져준다. 남을 위한 희생은 약육강식이 난무하고 살기 위해 배신하는 리얼리즘적 세계를 간단히 뛰어넘는다. 인간은 여전히 믿을 만하고 아직 사랑이 있다는 것을 보여준 것이다. 드라마는 이 난폭한 현실의 오징어 게임에서 승리하는 유일한 방식은 사랑과 희생에 있다고 말한다. 극중 성기훈의 '성'이 세인트(聖)를 뜻하는 것은 아닐까.

팽이치기 추억과 겨울 털모자

01 우리는 저마다 유년의 놀이 체험을 가지고 살아간다. 왜 놀이
가 재미있을까? 놀이는 절대 실력만으로 안 된다. 운이 있어
야 한다. 가위바위보처럼 백 번 지다가도 한 번은 반드시 이기는 경우가
있다. 덩치 큰 놈과 싸우면 절대 이길 수 없지만 아무리 약골이라도 가
위바위보로는 이길 수 있다. 게임에서 운은 승자에게 기쁨을 주기보다
패자에게 구실을 만들어준다는 점에서 우리 인생과 같다. 아무리 약한
놈도, 강한 놈도 운에 따라 이기고 질 수 있으니까.

02 추운 겨울이면 팽이치기 놀이를 하였다. 그때의 추운 겨울 풍
경이 떠오른다. 긴 정적처럼 산도 들도 강도 꽁꽁 어는데 딱
하나, 팽이만 팽팽 돌아간다. 팽이만이 날개 달린 곤충처럼 얼음판 위를
미끄러진다. 팽이는 장난감 가게에서 사지 않고 나무를 깎아 만들었다.
팔뚝만 한 박달나무 가지를 잘라서 배추 밑동 깎듯이 낫으로 깎아 원추
형으로 만든다. 뾰족한 팽이의 끝은 자전거에서 빼낸 쇠구슬을 박았다.
그것을 구할 수 없으면 못을 박기도 하였다.

이렇게 해서 만든 팽이가 아이들의 손때가 묻으며 점점 길이 들면 무슨 신경을 가진 곤충처럼 부드러운 날개 소리를 내며 돌아간다. 가장 오래 돌고 가장 힘이 세며 또 가장 윤이 잘 나는 팽이를 가진 아이는 마을 아이들의 영웅이 된다.

03 친척에게 양자로 간 형이 있었다. 형은 아버지에게 값비싼 털모자를 선물받았다. 그 모자가 에스키모인들이 쓰는 것 같은 수달피 가죽의 털모자였는지, 하얀 방울 술이 달린 스키 모자였는지, 또 그렇지 않으면 셀룰로이드 안경이 달린 파일럿 모자였는지는 확실치 않다. 분명한 사실은 서울의 백화점에서 산 겨울 털모자였다. 그리고 형은 어느 겨울, 이 모자를 자랑하려고 바깥에 나갔다가 일생을 지배하는 그 사건을 저지르고 말았다. 털모자를 쓴 형은 그 마을에서 제일 잘 도는 팽이를 갖고 싶었다. 형은 그 귀한 털모자와 팽이를 맞바꾸고 말았다. 형이 생각하기에 털모자가 아무리 값비싸도 팽이만큼 겨울의 추위를 잊게 할 수는 없었다. 그 모자 값으로 팽이 수백 개를 사고도 남았겠지만, 겨울 햇살에 번쩍거리는 빙판 위를 돌아가는 팽이만이 즐겁고 소중하고 자랑스럽게 여겨졌던 것이다.

04 그 밖에 자치기와 구슬치기, 딱지치기 등이 생각난다.
자치기는 길고 짧은 두 개의 막대로 치며 노는 아이들 놀이를 말한다. 20~30cm 되는 긴 막대로 10cm 안 되는 작은 막대를 친다. 그것이 공중에 튀어 오르면 다시 때려, 요즘의 야구 식으로 멀리 날아가게 만든다. 긴 막대는 작대기이자 부지깽이, 부젓가락 같은 것이다. 고백건대 어린 시절 내 양 호주머니에 나무토막이 가득했다.

구슬치기는 구슬을 땅에 놓고 떨어진 곳에서 다른 구슬을 맞혀서 구슬을 빼앗는 놀이다. 그땐 유리구슬을 소구(小球)라고 불렀는데 동그랗고 매끄러웠다. 수정처럼 투명하게 속까지 다 비치는 장난감은 유리구슬밖에 없었다. 작은 우주와 같았다. 마법처럼 가지고 있는 것만으로 행복했다.

이런 이야기가 있다. 한 아이가 장난치다가 문지방과 미닫이 문틈으로 소구를 빠뜨리고 말았다. 늘 잃어버린 구슬이 마음에 걸렸지만 찾을 수 없었다. 아주 오랜 세월이 흘러 아이는 어른이 되었다. 도시를 떠돌다 낙향하면서 그 소구를 찾기로 마음을 먹었다. 문을 뜯어 결국 찾았다. 그러나 큰 충격을 받았다. 보잘것없는 싸구려 구슬이었으니까. 하지만 기억 속의 구슬은 아무리 세월이 흘러도 영롱한 수정처럼 반짝이고 있었던 게다.

딱지 한 장을 땅바닥에 놓고 다른 딱지로 쳐서 뒤집는 딱지치기도 신나는 놀이였다. 보통 문방구에서 파는 딱지는 일제 군국주의의 산물인 군대 계급장이 인쇄돼 있었다. 그래서 책이나 공책의 두꺼운 겉표지, 혹은 신문을 접어 딱지로 만들었다.

셋째 꼬부랑길

겨울 난로의 추억, 도시락 이야기

01 놀이와 함께 떠오르는 기억이 있다. 40대 이상 기성세대들에게 도시락 하면 조개탄을 넣은 겨울 난로가 먼저 떠오를 거다. 그 난로에 간단한 구조물을 만들어 그 위에 도시락을 올려놓아 데워먹었다. 부모 세대의 도시락 추억이다.

등교하면 난로에 층층이 도시락을 쌓는다. 난로 가까이 먼저 데워진 도시락은 시간이 지날수록 뒤로 옮겨진다. 점심시간이 다가오면 맨 위에 있던 차갑던 도시락이 난로와 가장 가까이 있게 된다. 이렇게 해서 모든 도시락이 다 훈훈하게 데워지는 게다. 문제는 밥과 함께 반찬을 난로 위에 올려놓아 가끔 김치 끓는 냄새가 진동을 했다.

02 어느 부잣집 엄마가 아이의 학교로 찾아갔다. 아이 도시락이 매번 바뀌어서 온다며 담임 선생님께 항의를 했다. 아이의 선생님은 잠자코 이야기를 들었다. 그 엄마는 '맛있는 반찬을 담아 도시락을 싸주었는데 하교한 아이가 건넨 도시락에는 먹다 만 무짠지가 가득하더라'는 게다. 누군가 자기 아이의 도시락을 빼앗아 먹었다고 확신한

것이었다.

이튿날 담임 선생님은 교실로 돌아가 탐문을 했고 결국 도시락 도둑을 찾아냈다. 사연은 이랬다. 부잣집 아이는 난로 위에 층층이 쌓은 도시락 중에서 가난한 친구의 도시락을 가져갔던 것이다. 가난한 친구는 마지막에 하나 남은 도시락을 택할 수밖에 없었다. 그 도시락에는 맛있는 반찬이 가득했다. '아름다운 도둑은 바로 당신 아이'라는 선생님 말씀에 부잣집 엄마는 큰 감동을 받았다.

03   도시락에 관한 다른 이야기˙다.

도시락 싸가는 학년이 되자 아이의 가슴은 부풀었다. 도시락을 싼 언니네들이 그렇게나 부러웠다. 기다리던 점심시간, 의젓하게 어머니가 싸주신 도시락 뚜껑을 열었다. 새까만 꽁보리밥. 흰쌀밥 도시락들 사이의 깜깜한 밥이었다. 부끄러운 아이는 교실을 빠져나와 뒷마당으로 갔다. 집으로 돌아와 어머니께 건넨 도시락. 어머니는 "왜 도시락 먹지 않았느냐"고 물으셨지만 아이는 그저 "배가 아파서"라고 말을 했다.

아이는 저녁 내내 혼자서 다짐했다. '이제는 꽁보리밥이라도 창피할 것 없다'고. 다음날 점심시간, 아이는 도시락 뚜껑을 열었다.

그런데 이번에는 보리밥이 아니라 진주알처럼 하얀 쌀밥이었다. 작은 소리로 '엄마!'라고 부르며 도시락 뚜껑을 덮었다. 자꾸 눈물이 나 도시락을 먹을 수 없었다.

어머니는 그날도 물었다. "왜 도시락 먹지 않고 그냥 왔냐"고. 아이는 또 배가 아프다고 거짓말하려다가 엄마 가슴에 얼굴을 묻고 울음을 터뜨렸다.

어머니도 입 다물고 눈물을 흘렸다. 비가 와야 무지개가 뜬다고 하더니만,

눈물이 무지개가 된다고 말하더니만, 정말 먹지 못한 도시락을 사이에 두고 슬프고, 슬픈데도 행복했다.

• 이어령, 〈눈물이 무지개 된다고 하더니만〉, 《어느 무신론자의 기도》, 문학세계, 2008.

8

단추 고개

제복이 드러내는 것과 감추는 것

첫째 꼬부랑길

단추와 옷맵시

01 일제 때 근위보병들이 입던 제복에는 금단추가 달려 있었다. 제복과 단추, 금테를 두른 제모는 대단히 위압적으로 느껴졌다. 손에는 장총을 들고 왼쪽 허리에는 대검이, 탄띠에는 실탄꾸러미와 전투 장비가 매달려 있었다.

1930년대 당시 철도원(공식 명칭은 '철도 종업원')의 제복에도 금단추가 달려 있었다. 금단추를 단 철도원 수는 3만 2000여 명. 금단추를 달았으니 그만큼 권위가 컸을 거다. 무시무시한 속력의 '철마'(鐵馬)야말로 근대가 낳은 최고의 문명이 아닌가.

02 단추는 실용품인 동시에 장식품이다. 장식적 화려함의 극치를 단추로 보여주기도 한다. 그러다 보니 이른바 단추 수집가들도 존재한다. 의복을 수집해 보관하기 어렵고 힘들기에 옷의 상징이랄 수 있는 단추를 모은 것이다. 희귀 단추들은 매우 비싼 가격에 거래된다.

유럽의 명문 귀족들 역시 백 개도 넘는 단추를 옷에 달아 가문의 영광을 드러내려 했다. 게오르규[•]의 소설《25시》에는 이런 문장이 나온다. 주인공 요한 모리츠의 독백이다.

'지금 내가 들고 있는 이 상자 속의 단추는 어느 장군의 군복에 달릴 거야. 그리고 장군들의 외투와 군복은 공교롭게도 모두 이 상자 속에 든 단추로 장식될는지도 몰라. 장군 한 사람에게 한 상자 모두가 필요할지도 모르지.'

그러나 그렇게 많은 단추가 달린 제복을 입고 실제 전투에 나간다면 어떻게 될까. 거추장스럽고 불편해 포탄이 쏟아지는 야전에서 제대로 싸우지 못할 게다. 게다가 햇볕에 반짝이는 금단추나 금속단추…. 상대 저격수의 과녁이 될 게 뻔하다.

• Constantin Virgil Gheorghiu(1916~1992) |《Vingt-cinquieme heure》, 1949.

03 단추에 해당하는 물건은 오래 전부터 있었다. 고대인들도 짐승의 뿔이나 동물 뼈, 혹은 조개껍데기, 식물의 가시로 옷을 여몄다. 하지만 본격적인 단추의 역사는 13세기 독일에서 단추 구멍이 있는 버튼이 처음 등장하면서부터다. 복식의 변화와 때맞춰 십자군 원정 실패로 교회의 권위가 약화되면서, 이 조그만 단추를 보는 새로운 시각이 열리기 시작했다.

16세기에 들어와, 단추 문화 역시 그 이전의 종교적 분위기에서 벗어났다. 르네상스인들이 단추에 비단을 씌우거나 금은 세공을 하는 광경을 봤으면 중세인들은 깜짝 놀랐을 게다. 다이아몬드 같은 보석으로 장식된 단추는 왕이나 귀족들의 특권을 과시하는 수단으로 이용됐다.

바로크 시대라 불리는 17세기에 들어와 단추는 널리 일반에 보급되었다.

이 시대는 절대군주의 시대이기도 했고, 의상 역시 궁정의 시대상을 반영해 과장되고 화려했다. 정교한 리본, 레이스 등이 옷의 장식품으로 쓰였고, 화려한 단추 역시 여기에 빠질 수 없었다.

단추의 유행을 선도한 곳은 프랑스였다. 루이 13세 시대(1601~1643)에 단추는 남녀 모두의 장식품이 되었다. 루이 14세(1638~1715)가 6살 때 입은 옷에는 31개의 루비 단추가 달려 있었다고 전한다. 보석으로 장식한 남성 단추의 값이 60만 달러였다는 기록도 있다.

나폴레옹(1769~1821)의 단추 사랑은 정평이 나 있다. 당시로선 최첨단 소재인 알루미늄 단추를 달았다고 한다. 나폴레옹이 알루미늄 단추가 달린 옷을 입고 궁중 회의에 참석, 순금 단추를 단 대신들 앞에서 뽐냈다는 얘기도 전한다.

04 18세기 말 프랑스혁명으로 귀족과 시민 간의 구별이 사라지면서 복식문화에 기능성과 개성이 중시되었고, 단추도 변신을 거듭했다. 특히 근대적 기관* 의 상징이자 권위의 표시로 부각되었던 것이 단추다. 관공서, 군대, 경찰, 학교를 상징하는 권력 기관들은 제복에 달린 단추에 열광했다. "유럽의 합스부르크가, 프랑스 황제 나폴레옹, 독일 황제 빌헬름 2세 등은 그들의 영광의 전성기에 장교들의 옷에 백 개도 넘는 단추를 달아 주었다"(게오르규)고 한다.

* 구애리나, 이순홍, 〈단추와 단춧구멍의 변천에 관한 연구〉, 1992.

05 단추는 집단을 결합시키는 상징물이기도 했다. 만약 같은 제복이어도 파벌마다 단추 색깔이 저마다 다르면 하나가 될 수 없다. 같은 제복에 같은 색, 같은 모양의 단추여야만 한 몸, 한 덩어리로 일

체＇되는 효과를 누릴 수 있다는 거다.

일제 황민화 교육정책기인 1939년 조선총독부 학무국장은 각 전문학교 신입생의 교복(특히 하복) 색깔을 국방색으로 택했다. 조선인을 전쟁으로 몰고, 강제 동원의 근거로 삼으려 학생들에게 국방색 교복을 입혔던 것이다. 국방색 교복의 단추는 무슨 색일까. 물어보나마나 국방색이었다.

단추가 결합을 상징할지, 그 여부는 '첫 단추' '첫 단춧구멍'에서 결판이 나는 법. 만약 첫 단추를 잘못 잠그면 나머지 단추들까지 제자리를 찾지 못한다. 그렇게 단추가 제자리에 없으면 아무리 훌륭한 제복이어도 흉하다. 아무리 실전 경험이 풍부한 장수라도 오합지졸의 장수처럼 멍청해 보인다. 제복과 단추는 동격이라 할 수 있다.

제복의 복장이 단정한가를 따질 때 단추의 빛깔 혹은 때깔도 중시된다. 19세기와 20세기 유럽인들의 국민성을 풍자하는 이야기 속에 단추가 등장한다. 프랑스 군인들은 기차가 역에 도착하면 누가 먼저 역에 왔느냐를 따지고, 누가 먼저 타야 할 것이냐를 입씨름하다가 기차를 놓친다. 영국 군인들은 장교가 먼저 타고 사병은 나중에 타는 등 위계와 계급, 출신 등을 챙기느라 기차를 놓친다. 그런데 독일 군인들은 역 광장에 대오를 짓고 복장이 단정한가, 제복의 단추가 반짝반짝한가 등을 따지다가 기차를 놓친다는 것이다.

• 一體

06　제복의 단추를 떼는 것은 그 제복이 상징하는 단체나 조직의 권위를 훼손하는 것과 같았다. 남자의 훈장, 남자의 액세서리가 바로 단추였다. 적장＇을 모욕할 때 단추부터 뗐다고 한다.

일제 강점기 시절, 조선의 지식인들은 제복에 달린 단추를 떼는 것으로 나라 잃은 설움을 달랬다.

풍류*를 즐겼고 풍류객의 리더였던 빙허 현진건*은 기개도 대단해서, 술을 핑계 삼아 파출소를 두들겨 부수고 순사들의 제복이나 모표의 단추를 떼어 짓밟거나 해서 유치장 살이가 잦았다는 기록이 있다.

1960년 4·19 혁명 때도 대학생들이 순경의 제복에 달린 단추를 떼면서 항거했다. 또 당시 데모 현장에서 죽은 학생들의 신원을 조사할 때 모표, 명찰, 교복의 단추부터 살폈다고 한다.

• 敵將 | 風流 | 憑虛 玄鎭鍵(1900~1943)

07 게오르규의 소설《25시》에서, 주인공 요한 모리츠는 단추 공장에서 일한다. 소설에서 단추는 통제된 기계 사회를 반영한다. 모리츠는 유대인으로 오인되어 13여 년간 헝가리, 독일, 미국 등을 거치며 고문을 당하고 수용소에 갇히는 비극적인 삶을 사는 인물이다.

군인들이 "유대인처럼 할례받지 않았다는 것을 증명하라"는 명령에 모리츠는 기꺼이 '바지 단추'를 끌러 발가벗어야 했다. 또 고문실에서 취조당하면서 모리츠는 '손가락이 퉁퉁 부어 조그만 셔츠 단추조차 빨리 풀 수 없다'고 했다. 여기서 모리츠의 극심한 육체적, 정신적 고통은 단추를 푸는 행위와 결부된다.

08 일제는 태평양전쟁을 준비하면서 물자 부족에 시달리게 되었다. 전시체제에 동원할 목적으로 남자는 국민복, 여자는 '몸뻬'와 간단복(허리에 벨트가 있고 포켓이 있는 원피스)과 같이 간편하되 활동성이 있는 의복을 입도록 규제했다.

국민복은 유사시 군복으로도 사용할 수 있는 복장으로 국방색의 재킷과

바지를 기본으로 5~6개의 앞 단추가 있었다. 국민복은 공무원, 교원, 학생, 사회단체 구성원 등에게 반드시 입도록 강요됐다.

여성에게는 몸뻬를 입게 했는데 전쟁 막바지인 1944년 8월부터 몸뻬는 '부인결정 복장', '부인 국민복'으로 불리며 '몸뻬 필착* 운동'이 전개되었다. 1944년 8월 5일과 11일, 19일 자 《매일신보》에 따르면 몸뻬를 입지 않은 여성은 관공서, 극장, 영화관, 식당 등의 출입이 금지되었으며 버스나 전차조차 탈 수 없었다.*

단추도 이런 통제의 영향을 받았다. 조선총독부는 교복(당시 제복이라 불렀다)의 단추와 휘장 등 금속제품과 그리고 모자끈 등 피혁제품도 될 수 있는 대로 대용품을 사용할 것을 지시했다. 전쟁 물자에 필요한 금속을 단추로 만들지 말라는 것이었다.

* 必着 | 서울역사편찬원, 《근현대 서울의 복식》, 2016

단추의 재료

인어가 조각된 단추. 18세기 영국

단추가 유럽을 중심으로 널리 보급되기 시작한 것은 17세기, 산업화가 본격화되고 단추 산업이 번영한 것은 18세기부터다. 그즈음부터 조잡한 헝겊단추를 대신해 금속이나 상아 단추가 등장했다. 단추에 주로 쓰인 금속은 아연, 주석, 신주 등이었다. 놋쇠 단추는 당시만 해도 가격이 비쌌지만, 시민들이나 귀족 모두에게 인기가 있었다. 제복이나 군복의 단추들은 화려함을 우선으로 두었기에 금속 소재가 대부분이었고, 공예적인 기술이 많이 사용되었다. 요즘에는 단추 소재가 대개 플라스틱이다. 하지만 크리스털, 우단, 자개, 사파이어 혹은 다이아몬드 광택을 내는 모조 보석 단추, 가죽 등도 다양하게 쓰인다. 최근에는 7~8개 금속을 섞어서 색다른 분위기를 내는 합금술도 개발되고 있다. 지름 5cm가 넘는 커다란 브로치용 단추에서 콩알만 한 크기의 장식용 블라우스 단추까지, 크기 역시 다양하게 제작된다.

단추에 관한 속담

우리 속담에 단추와 관련된 이런 말이 있다. '촌년이 아전 서방을 하면 중의 고리에 단추를 붙인다.'

중의(中衣)는 남자의 여름 홑바지를 말한다. 변변치 못한 사람이 조그만 권력이라도 잡으면 세상이 어떻게 돌아가는지도 모르고 잘난 체하며 몹시 아니꼽게 군다는 뜻이다. 홑바지에 단추를 주렁주렁 달아 본들 아무도 보는 이가 없다. 이처럼 우리나라에서도 단추는 부 혹은 권력의 상징으로 쓰였음을 알 수 있다.

이런 속담도 있다. '촌년이 늦바람나면 속곳 밑에 단추 단다.'

장식성이 강한 단추를 굳이 속곳에다 달 필요가 없다. 그런 곳에 단추를 단다는 것은 정도에서 벗어났다는 의미다. 이 속담은 '어리숙한 이가 한번 혹하기 시작하면 더 심하게 빠져든다'는 뜻이 된다.

둘째 꼬부랑길

검은 교복과 단추놀이

01 그 시절, 시골 아이들은 한복에 옷고름을 맸지만, 학교에 다니면서 교복이라는 것을 입어야 했다. 형편이 어려우면 무명을 검게 물들여 제복(교복)으로 입었다. 교복에는 5개 단추를 달아야 했다. 단추가 대개 볼록 나와 있었다.

친구들 사이에 단추놀이라는 게 있었다. 교복 단추를 엄지손가락으로 힘껏 눌러 찌그러지면 지는 것이다. 교복 단추 5개 중 어떤 단추는 찌그러져 있고 어떤 단추는 그대로 있었다. 안 찌그러진 단추는 자랑스런 훈장과 같았지만 찌그러진 단추는 부끄러운 패배의 기록이었다.

02 왜 일본의 제복(교복) 단추가 5개였을까? 실상은 동양의 오행사상이 담겨 있다. 5음절로 된 '궁상각치우', '인의예지신', 또는 '도개걸윷모'처럼 말이다. 아무리 제복, 교복이 서구의 산물이라지만 그 실상은 동양사상에서 벗어나지 못한 거다.

오행(五行)이란 세상의 5개 원소, 즉 금목수화토(金木水火土)를 이르는 말이다. 동양 사상의 출발점이 이곳 아니었는가. 동양철학에서는 우주 만

물의 변화 양상을 이 5가지로 압축해서 설명한다. ↪

오행설을 더듬어 올라가 보면 춘하추동 사시설*이 연결되고 다시 천지음양 이원론,* 다시 더 들어가면 태극 일원론* 사상으로 귀납된다.

• 春夏秋冬 四時說 | 天地陰陽 二元論 | 太極 一元論 | ↪ 부록 〈왜 천자문에서는 하늘이 검다고 했을까〉

03 우리나라의 제복도 단추 5개가 많았다.《한국민족문화대백과사전》*에 따르면, 1895년(고종 32년) 4월 9일 칙령의 반포에 의하여 조선시대의 융복, 구군복 등 재래식 군복이 서구식으로 개혁되었다. 당시 제정된 군복 상의에 무늬 없는 단추 5개를 달았다. 1907년 10월 1일 이후 제정된 상복(常服) 군복의 경우 도금제 원형 단추 5개를 달았다. 가슴 및 허리 좌우에는 뚜껑 있는 주머니가 있고, 그 뚜껑 위에는 또한 도금제 소형단추를 각 1개씩 달았다.

광복군의 전투복 차림은 카키*색 선직*으로 된 전투모와 스탠 칼라* 앞 중심에 단추 5개로 여미었다. 1945년 2월에 정식으로 군복이 제정되어 정장과 전투장으로 구분하여 착용하게 되었다. 역시 단추가 5개였다.

대한민국 정부수립 이후 1953~66년까지 판사와 검사, 변호사의 법복에 한 줄 단추 5개를 달도록 했다. 그러나 66년부터 앞 단추 수를 3개로 줄였다. 2000년 이후에는 검사의 법복에 관한 규칙이 시행되면서 앞여밈은 플래킷을 달고 5개의 숨김 단추를 두도록 했다. 5개 단추로 되돌아간 것이다.

• 한국정신문화연구원, 1991. | Khaki | 線織 | Stain Collar

교복을 입은 일본 학생들. 오른쪽에서 두 번째가 아쿠타가와 류노스케다. 1916년.

04 일본의 남학생 교복을 '가쿠란'* 이라 불렀다. 가쿠란은 정식 명칭은 아니고 속어였던 것이 널리 알려져 정착되었다. 일설에 따르면 '란'은 화란타(네덜란드)* 의 '란'을 가리키며, 에도 시대에 양복을 '난복'이라고 부르던 것에서 유래했다고 한다. 교복의 검은색은 독일 군복을 패러디한 것이라는 이야기도 있다. 우리나라도 1895년부터 일제 강점 기를 거쳐 1983년 교복자율화 직전까지 이 일본식 교복을 입었다.
중국식 스타일의 깃(일명 '차이나 칼라')에다 5개의 단추가 일반적이었다. 단추는 보통 금색이 많았지만, 학교에 따라 은색, 흑색, 혹은 학교 엠블럼 등을 독자적으로 장식했다. 다만 일부 공립학교의 경우 벚꽃 모양의 단추를 사용했다. 5개의 단추와 후크를 잠그면 와이셔츠나 넥타이가 필요 없었다. 또 단추를 고쳐 달기에 편했다는 장점도 있었다. 가쿠란 교복의 규격이나 색상이 거의 전국 공통이라서 어디로 전학 가든 명찰만 바꾸면 교복을 그대로 활용할 수 있었다. 그러나 조끼나 카디건을 따로 입을 수 없었고, 칼라가 뻣뻣해 목이 굵은 학생은 상당히 불편했다. 그렇다고 목에 붙은 호크를 잠그지 않으면 불량 학생 취급을 받기 일쑤였다.

일본에서는 졸업할 때 가쿠란 교복의 두 번째 단추를 떼서 소중한 사람한테 준다. 그 까닭은 그 단추가 심장에서 제일 가까워서라고 한다.

• 学ラン | 和蘭陀

현대의 단추

현대에 들어선 단추 2~3개짜리 남성 양복이 일반화되었다. 유행에 따라 단추 4~5개짜리도 생겨났다가 사라지기도 하지만 아무래도 3개가 대세다. 단추 2개짜리 양복은 아무래도 복고풍이다. 단추가 많은 옷은 비즈니스 슈트보다는 캐주얼 정장에 가까운데, 상대적으로 깃이 좁고 짧은 것이 특징이다.

양복이 권위를 내려놓으면 단추도 변화될 수밖에 없다. 이미지가 생명인 정치인들, 대선 후보들은 전담 코디네이터를 둘 정도로 외모에 신경을 쓰지만 '노타이' 차림으로 유세하는 경우도 자주 눈에 띈다. "국회 권위가 양복으로 세워지지 않는다"(류호정 국회의원)는 말까지 나왔다.

요새는 맞춤정장을 찾아보기 어렵고, 대개 중저가 기성복이 대세다. 미국의 브룩스브러더스 같은 정장 기업도 문을 닫았다. 또한 코로나19도 정장 수요를 줄이는 데한몫했다. 국내 남성복 시장 규모도 반토막이 났다. 코로나19가 "10년간 이뤄질 변화를 1년 만에 가져다주는" 상황이니 단추의 상징성 역시 그 힘을 잃고 있다.

반면 단추의 기능성과 개성은 중시되는 추세다. 색깔이 짙은 양복의 경우 단추 역시 같은 빛깔의 단추를 사용하되 약간 진한 것이라야 좋다고 한다. 또 빨간 옷에 흰단추, 베이지빛 블라우스에 하트모양 금색 단추, 실키한 투피스에 무지갯빛 광채가나는 보석 단추, 빛깔 고운 마직 블라우스에는 투명한 단추를 달면 어울린다고들한다. 단추의 변신은 무죄다.

파랑새 고개

어둠의 기억을 거름 삼아

첫째 꼬부랑길

세 가지 파랑새를 찾아서

01 사람들은 한평생 같은 동화를 세 번 읽는다고 한다. 한 번은 어려서 어머니가 읽어주는 동화고 두 번째는 자기가 아이들에게 들려주려고 읽는 동화다. 그런데 마지막 세 번째는 늙어서 자기 자신의 추억을 위해서 다시 읽는 동화다. 첫 번째는 배우는 동화, 두 번째는 가르치는 동화, 세 번째에 와서 비로소 그 동화는 생각하는 동화가 되는 것이다. 어디 동화뿐인가. 모든 삶의 이야기는 이와 같은 세 가지 단계로 끝이 나는 법이다.

02 문제는 일생 동안 세 번씩이나 듣고 읽을 만한 동화가 있느냐는 것이다. 그런 동화를 발견한 사람은 행복하다.
내게 그것은 '파랑새' 이야기다. 나는 맨 먼저 그 유명한 민요, 〈새야 새야 파랑새야〉를 들었다. 그다음 파랑새는 총독부 교과서에 실린 기타하라 하쿠슈˚의 동시 〈아카이 도리 고토리〉˚ 속에 등장했다. 그리고 그다음은 내가 스스로 찾아 읽은 벨기에 극작가 마테를링크의 아동극 《파랑새》다. 국적도 다 다르고, 양식도 전형적인 동화가 아닌 민요, 창작 동요, 동극(童

劇)이었지만 이 세 파랑새는 어느 동화보다도 내 머릿속에 강렬하게 찍혀 있다. 일제 식민지 학교의 유산이라고나 할까. 제아무리 크고 강한 나라에 태어난 아이라도, 나처럼 한(韓), 일(日), 그리고 서양의 세 파랑새 이야기를 글로벌하게 간직하며 자란 경우란 없을 거다. ➦

• 北原白秋(1885~1942). 일본의 시인. 잡지 《빨간새》에 동요를 발표한 뒤 뛰어난 동요 작품을 여럿 작곡했다. 대표적인 동요집으로는 《잠자리의 눈》(トンボの眼玉), 《참새의 생활》(雀の生活)이 있다. | 〈赤い鳥小鳥〉| ➦ 파랑새, 5 국토 고개 3-01, 02, 05 | 9 파랑새 고개 3-01, 02, 05

03   내가 맨 처음 만난 파랑새는 말했듯

새야 새야 파랑새야 녹두밭에 앉지 마라
녹두꽃이 떨어지면 청포장수 울고 간다

라는 전래 민요다. 자장가로도 불렀다 하니 어쩌면 내가 강보에 싸여 있을 때부터 들어왔을지 모른다. 동네 아이들은 서러울 때나 즐거울 때나 그 민요를 자주 불렀지만, 나에게는 '울고 가는 청포 장수'나 4 · 4조*의 느린 가락이나 모두가 구슬프게 들렸다. 콩밭은 알아도 녹두밭은 모르고 도토리묵은 알아도 청포묵은 몰랐던 아이. 더구나 녹두를 갈아 청포묵을 쑨다는 것을 알지 못해 왜 녹두밭에 파랑새가 앉으면 청포장수가 울고 가는지 이해할 수 없었던 아이. 그리고 또 파랑새가 어떻게 생겼는지 한 번도 본 적이 없었던 아이는 그냥 논에 앉는 참새들처럼 상상 속의 파랑새를 쫓아내야만 한다는 강박관념을 지니고 있었다.

• 四四調

04 알게 모르게 그 노래는 내 머리에 그런 못을 박았다. 혼자만의
착각은 아니었다. 더 큰 못이 박혔었더라면 그 파랑새를 죽여
야 한다고 생각했을지 모른다. 그 파랑새는 치루치루와 미치루(일본어로
번역된 책에는 '틸틸과 미틸'이 그렇게 표기되어 있었다)가 찾아다닌 행복의 '파
랑새'와는 정반대였다. 하나는 우리가 행복해지기 위해서 끝없이 쫓아다
녀야 할 파랑새이고 또 하나는 우리의 불행을 막기 위해서 우리에게 다가
와 앉지 못하도록 쫓아내야만 하는 파랑새였다.

어른들은 녹두밭은 그냥 녹두밭이 아니라 동학군을 뜻하는 것이라고 했
다. 전봉준*은 어릴 때 몸집이 작아 녹두라는 별명이 붙어서 녹두장군이
라고도 했다는 것이다. 그리고 청포장수는 동학군에 의지하고 살아가는
민중이라고 했다. 물론 녹두꽃을 떨어뜨리는 파랑새는 동학군을 멸하는
푸른 제복의 일본군이었다. 녹두꽃이 지고 청포장수가 울고 가는 불행한
풍경.

• 全琫準(1855~1895)

05 비록 시작은 그것이었지만, '파랑새' 민요 텍스트 읽기는 내 안
에서 변화를 겪는다. 어디에서 들었는지, 어떤 아이들은 전봉
준의 성 전(全) 자에는 팔(八)과 왕(王) 자가 들어 있어서 팔왕이라고 읽
힌다며, 그래서 파랑새는 팔왕 곧 전봉준이라고 말했다.

새야 새야 파랑새야 너는 어이 널라왔니
솔잎댓잎 푸릇푸릇 봄철인가 널라왔지

라는 가사는 시대를 잘못 알고 거사를 했다 실패한 전봉준을 한탄하는 내

용이라는 얘기다.

실제로 전래 민요 〈새야 새야 파랑새야〉는 그 외에도 다양한 버전이 존재한다. 어떤 버전의 파랑새에서는 '고부군의 전봉준'이 노골적으로 등장하기도 한다. 파랑새는 전봉준이기도 하고, 일본군이 되기도 한다. 정반대다. 어제는 악역이고 오늘은 주역이 된다. 가해자가 피해자가 된다. 파랑새가 전봉준도 되었다가 일본군도 된다니, 선한 역할을 하던 파랑새가 악역으로도 변신할 수 있나? ➦

➦ 샛길 〈파랑새의 여러 버전〉

06 파랑새 동요는 해석 방향이 딱 굳어 있는 것이 아니며, 해석에 당황스러운 융통성이 있었다. 오른쪽과 왼쪽이 딱히 구분되지 않는 짚신과도 같이, 이쪽저쪽 구분 없이 전봉준과 일본군, 선과 악 그 무엇을 대입해도 성립됐다.

그래서 전봉준이라고 생각하는 쪽은 그런 의견을 고집하고, 반대로 일본군이라는 쪽은 그게 맞다고 뜻을 꺾지 않았다. 짚신이 오른쪽, 왼쪽 구분이 없어서 좋다고 하지만, 반대로 똑같은 짚신을 두고 왼쪽이냐 오른쪽이냐를 두고 다투기 시작하면 그 싸움에는 끝이 없다. 한국인의 시각은 융통성이 강한 만큼, 한 번 마음을 굳히면 좀처럼 의견을 굽히지 못한다. 좌우논쟁이나 이념 대립도 거기에서 왔던 게다. 왼쪽 오른쪽 갈라져서 극과 극으로, 상대편이 백기를 들 때까지 싸웠다. 그렇게 자기 생각이 굳어져 버리면 다른 의견과의 거리를 좁힐 가능성이 아예 사라져버린다.

하지만 동요의 파랑새는 그 양측 사이에서 자유롭게 난다. 세계에 여러 민요가 있지만, 한 가지 단어가 이렇게 정반대의 뜻으로 해석되는 경우는 드물다. 그야말로 극과 극 사이를 넘나든다. 일본군이 되었다가 일순간에 녹두장군이 되는 파랑새. 이 현기증에 또 하나의 일본 텍스트 기타하라 하쿠슈의 동시 '파랑새'를 읽지 않으면 안 된다.

샛길

파랑새의 여러 버전

민요는 전문적인 소리꾼이 아니라 일반인에 의해 가꾸어졌다. 일반 민중이 스스로의 실용적, 미적 욕구를 충족시키려고 부른 노래다. 곡이 자생적인 것이 아니라 외부에서 들어온 경우도 있었으나, 이럴 경우에도 그대로 불리기보다는 상황에 맞게 내용이 바뀌곤 했다. 민요는 자생적으로 창출되었건 전파된 것이 변화하였건, 일반 민중의 삶의 경험과 정서를 반영하게 마련이다. 〈새야새야 파랑새야〉도 이런 민요의 성격에 맞게 다양하게 변용된다. 파랑새는 때론 아버지와 어머니의 죽은 넋으로 나타나거나,

> 새야새야 파랑새야 녹두밭에 앉지 마라
> 녹두꽃이 떨어지면 청포장수 울고 간다
> 새야새야 파랑새야 녹두밭에 앉은새야
> 녹두꽃이 떨어지면 부지깽이 매맞는다
> 새야새야 파랑새야 녹두밭에 앉은새야
> 아버지의 넋새보오 엄마죽은 넋이외다
> 새야새야 파랑새야 너는어이 널라왔니
> 솔잎댓잎 푸릇푸릇 봄철인가 널라왔지

시대적 상황에 맞게 전봉준을 전면에 내세운,

> 새야새야 녹두새야 웃녘새야 아래녘 새야
> 전주고부 녹두새야 함박쪽박 열나무 딱딱 후여

와 같은 가사가 삽입되기도 했다.

파랑새 작은 새 어째어째 파랗지

01

赤い鳥、小鳥、	빨간새 작은새
なぜなぜ赤い。	어째어째 빨개
赤い實をたべた。	빨간 열매 따먹었지

白い鳥、小鳥、	하얀새 작은 새
なぜなぜ白い。	어째어째 하얘
白い實をたべた。	하얀 열매 따먹었지

青い鳥、小鳥、	파란새 작은 새
なぜなぜ、青い。	어째어째 파란가
青い實をたべた。	파란열매 따먹었지

- 다이쇼(大正) 9년 9월 1일(1920년)

내가 만약 식민지 교실에서 자라지 않았더라면 아마도 요즘 아이들처럼 영원히 기타하라 하쿠슈의 이 동요*를 모르고 자랐을지 모른다. 그리고 한두 살만 더 나이가 많아 서당에서 천자문을 배우는 아이였더라면 하쿠슈의 '파랑새'는 물론이고 녹두밭에 앉는 '파랑새', 틸틸과 미틸의 '파랑새'도 몰랐을 것이다. 그래도 중국 신화에 등장하는 서왕모*를 모시는 푸른 새*는 알았을지 모른다.

• 동요집《빨간새(赤い鳥)》제3집 수록 | 西王母 | 靑鳥

02 신화시대부터 새는 언제나 인간의 영혼(관념)이나 마음을 담은 상징물로 노래되어 왔다. 그런데 이 동요의 파랑새에는 어떤 의미도 느낌도 담겨 있지 않다. 파란 새는 파랗고 빨간 새는 빨갛고 하얀 새는 그저 하얗다. 어느 것이 더 아름답고 어느 것이 더 선하고 어느 것이 더 옳은 것인지 색깔만 다를 뿐 모두가 그냥 '작은 새'일 뿐이다. 이런 동요 속에서 색깔 논쟁은 무의미하다.

파랑새가 파란 열매를 따 먹어 파랗다는 것은 전연 과학적인 인과관계를 무시한 것이다. 단지 이미지의 현상적 연관성이 있을 뿐, "파랑새가 녹두밭에 앉으면 청포장수가 울고 간다"와 같은 어떤 논리적 인과의 사슬도 발견할 수 없다. 일본말의 '나제'(なぜ)는 원인을 캐고 결과를 따질 때 쓰는 '왜' '어째서'라는 말이다. 그런데 그것이 두 번이나 겹친 'なぜなぜ'라는 말이 등장하고 있으면서도 그에 답하는 말은 너무나 싱겁고 엉뚱한 선문답으로 되어 있다. "새야 새야 파랑새야"를 듣고 자란 나에게는, 군가를 부르며 학교에 다닌 나에게는 참으로 난해하기 짝이 없는 동요일 수밖에 없었다.

03 이 동요는 1918년 아동문학지 《빨간새》*의 창간호에 게재된
것이다. 작자인 하쿠슈는 "이 작품이야말로 내 동요의 근원"이
라고 말했다. 그 근원이란 바로 일본의 전통적 동요인 '와라베 우타'**를
살려 당시의 독자에 대응하는 새로운 작품을 창조하려는 정신이다. 실제
로 그는 홋카이도(北海道) 오비히로 지방의 자장가에서 이 동요의 힌트
를 얻었다고 한다. "떡을 쪄 빨간 산에 올라가면 빨간 새가 쪼아 먹고/ 파
란 산에 올라가면 파란 새가 쪼아먹고 하얀 산에 올라가면 하얀 새가 쪼
아 먹는다"는 내용이다.

• 《赤い鳥》| わらべ歌(童歌)

04 아동문학지를 직접 창간한 작가 스즈키 미에키치*의 말을 들
어보면 그 뜻이 더욱 명확해진다. 그는 "저급하고 어리석은 정
부가 주도하는 창가나 설화에 맞서 아이들의 순수성을 기르기 위한 이야
기와 노래를 창작해 세상에 전파하는 운동을 벌이기" 위해 아동잡지 《빨
간새》를 창간하게 되었다는 것이다. 마치 태평양전쟁이 일어나 동요를 압
살하고 군가 일색으로 아이들을 세뇌하게 될 날이 올 것을 예감이라도 한
듯이 말이다. 일본의 영웅인 모모타로를 남의 나라의 보물을 빼앗아온 침
략자로 그린 아쿠타가와가 이 운동에 가담해 있었던 것을 보면 더욱 그런
생각이 든다.

• 鈴木三重吉(1882~1936). 일본의 소설가, 아동문학자. 중학교 교사 생활을 하며 소설을 쓰던 중 자
  신의 작품이 당대의 자연주의적 작풍과 마찰을 빚자, 낭만주의를 본질로 삼는 아동문학 작품을 창작
  하였다. 1918년 7월, 아동 잡지 《빨간새》를 창간하여 일본 근대 아동문학의 초석을 다졌다. 외국 동
  화나 소설을 아이들이 읽기 좋게 고쳐 쓴 작품과 아동용 글짓기 교본도 펴냈다.

05 일본을 군국화한 천황 원리주의자들이 군가를 낳았다면, 에도 때의 와라베 우타(동요)를 되살려 '사물을 나타나 있는 그대로 그리는' 사생파* 문인들은 하쿠슈 같은 탈이데올로기와 탈원리주의 창가 (동요)를 창조해 낸 것이다. 36년 동안 식민체제 밑에서 시달린 한국인들 은 군국주의 일본 천황 원리주의에 가린 일본의 또 다른 얼굴을 보지 못 했다. 그래서 프랑스의 인상파 화가들에게 영향을 준 일본의 판화 우키요 에, 에즈라 파운드* 같은 20세기 초 이미지스트들에게 시의 새로운 지평 을 열어준 하이쿠 문학 등을 우리는 제대로 읽지 못했다. 파랑새에 단지 파랗다는 것 이상의 의미를 부여하지 않았던 탈이데올로기의 즉물적 파 랑새는 나에게 파란 지우개를 주었다.

아가야 울지 마라 잘 자라 우리 아기. 아빠는 씩씩한 힘센 군인 그 아이가 왜 울 어… 먼 만주 벌판 비족 토벌하고 개선하는 아빠의 선물은 귀여운 우리 아기의 데 쓰가부토(鐵帽, 철모).

갓난아기에게 피비린내 나는 철모를 선물하겠다는 이 끔찍한 '군국 자장 가'를 지울 수 있는 파란 지우개가 다름 아닌 이 하쿠슈의 '파랑새'였다.

• 寫生派 | Ezra Pound(1885~1972)

06 일본에는 에도 시대부터 동요란 말이 있었다. 이때 동요란 우 리가 아는 어린아이 노래가 아니라 비판적인 내용이 담긴 노래 를 의미했다. 아이들이 부르던 노래는 와라베 우타(동요)라고 했다. 그러 다 메이지 시대에 근대음악이 소개되고, 학교 교육용으로 창가(문부성 창 가)로 불리는 많은 노래가 만들어졌다. 주로 도덕관념을 강화시키는 교훈

적인 의미를 담는 노래였다. "이렇게 살아라, 저렇게 살지 마라"는 교훈을 담고자 했다. '와라베 우타' 같은 자연발생적인 노래나 문부성의 교육적인 창가와 달리 동요가 요즘과 같이 의미를 띤 것은 스즈키 미에키치의 주도로 아동 잡지 《빨간새》가 창간 이후부터였다. 이때부터 동요는 "아이들을 위해 창작된 예술성이 높은 가요"란 의미를 갖게 되었다. 스즈키 미에키치는 "아이들을 위한 노래"를 만들고자 했다. 그런 생각에 자는 주변 문인들을 불러 모으고 동요 창작에 힘썼다. 그런 동요에는 의미가 담기거나 교훈성, 계몽성, 과학성을 찾아보기 힘들었다.

《빨간새》에 실린 〈카나리야〉˚가 보통 동요의 효시라고 불리고, 기타하라 하쿠슈의 동요가 나오면서부터 동요의 세계는 풍성한 수확을 얻게 된다. 이때부터 동요 보급 운동이나 아동문학 붐이 일어났고 어떤 동요들은 국민 모두가 아는 노래가 되었다.

˚ 〈かなりや〉

07 우리가 일본의 동요 〈파랑새〉에 관심을 가져야 하는 까닭이 여기에 있다. 일본인들은 오래전부터 어린이 문화에 관심이 많았다. 어린이 장난감(바람개비) 등이 발달했고, 동요도 많이 만들어졌다. 반면 우리는 소파 선생˚이 '어린이'란 말을 만들었을 뿐, 어린이가 뭔지에 대해 깊은 관심을 갖지는 못했다.

'신동요'˚ 운동'은 국가에서 자꾸 동요에 정치색을 집어넣으니까 그러지 못하게 반대운동을 펼친 것이었다. 동요가 군가가 되는 것을 막은 셈이다. 운동의 참여자들은 군국주의에 적극적으로 반대하고 그것에 대항해 뭔가를 만든 사람들이다. 일본인 모두를 싸잡아 나쁘다고 하는데, 이런 운동을 펼친 사람들, 그러니까 일본 내에서 군국주의에 저항한 사람들은 우리 편으로 볼 수도 있지 않을까. 반일을 내세워 일본인 모두에게 대적하는 건 슬기로운 대처방법이 아니다. 오히려 일제 36년 그때 우리가 겪었던 쓰라림을 다시 겪지 않기 위해서 일본 내에서 일본인들이 어떻게 군국주의에 대항했는지 자세히 살필 필요가 있다. 말라리아 치료약인 키니네는 페루에서 나는 '키나'라는 나무껍질로 만들어진다. 풍토병인 말라리아의 치료제는 그 풍토병의 근원지에서만 난다. 열병이 있을 때 그 병을 고치는 약초는 그 병의 발생지에서 얻을 수 있다. 같은 맥락에서 일본의 군국주의에 저항하는 대항문화*를 일본 속에서 발견할 수 있다.

* 방정환(小波 方定煥, 1899~1931) | 新童謠 | Counter-culture

08
오래된 연못 개구리 텀벙!
古池や蛙飛こむ水の音

바쇼*의 하이쿠 작품이다. "개구리가 연못에 뛰어들었다"가 전부다. 우리라면 "인생무상"이나 슬픔과 같은 감정이나, 관념이 의미를 부여했을 텐데 "텀벙!" 빠지는 소리로 끝이 난다, 이런 즉물성이 하이쿠의 특성이다. 만약 글 말미에 "아! 슬프다"라고 했다면 어떨까. 기쁘다고 해석할 수 없을 게다. 그러니 다양하게 해석될 여지를 남겨둔 셈이다.

그렇지만 그렇게 순수하게 내버려두니까, 제멋대로 이용될 가능성도 높아진다. 하얀 종이에 마음대로 색칠을 할 수 있는 것과 마찬가지다. 총독부의 식민화 정책에도 이용될 수 있다는 것이다. 빨간 열매를 따먹으면 빨간 새가 된다는 건, 아이가 환경에 따라 얼마든지 바뀔 수 있는 존재, 환경에 좌우되는 존재라는 뜻으로도 읽힌다. 자신의 의지가 아니라, 뭘 먹느

나에 따라 달라진다는 순응주의와도 연관이 있다.

빨간 열매 따 먹으면 빨간 새 되듯, 한국인이 일본말 쓰고 천황을 받들며 일본인처럼 살면 일본인이 될까. 과학적 근거 없이 색채의 동일성만 가지고 이야기하면 한국인도 일본인이 될 수 있는 식의 즉물주의는 군가에 많이 이용되었다. 어린아이들이 "왜 새가 파래요?"라고 묻는데, "파란 열매 따먹었으니 파래"라고 대답하면 물음 자체가 무화된다. 더 이상 묻지 말고 받아들일 수밖에 없다. 이렇게 반(反) 원리주의적인 요소가 군국주의에 이용되었을 때는 100% 원리주의 이상의 위험성도 내포하게 된다.

셋째 꼬부랑길

부정과 긍정의 두 둥지

01 슬픈 이야기에서는 미움과 부정의 힘이 생산된다. 마테를링크
의《파랑새》는 그와 반대다. 틸틸과 미틸은 먼 나라 낯선 나라
들을 찾아 모험을 한다. '기억의 나라', '밤의 나라', '숲과 행복과 미래의 나
라'를 차례차례 순례한다. 그러다가 집에 돌아와 보니, 떠날 때는 몰랐는
데도, 자기 집 새가 파랗게 변해 있었다. 처마 밑 새장 안의 비둘기가 바로
자기네들이 찾아다녔던 파랑새였다는 거다. 집에서 멀리 떠나면 떠날수
록, 현실에서 먼 꿈을 꿀수록 가까이에 다가오는 행복의 새. 그리고 그것
이 '틸틸과 미틸', 그리고 병든 이웃 소녀를 행복하게 하는 긍정의 힘을 낳
는다. ➦

➦ 샛길 〈파랑새를 찾는 파란만장 모험〉

02 마테를링크의《파랑새》는 집으로 돌아와 파랑새를 발견하는
것으로 작품이 끝이 난다. 그래서 행복은 가까운 곳에 있으니
굳이 집 밖으로 나설 필요가 없다는 오해를 불러일으키기도 한다. 만약
틸틸과 미틸이 계속 집에만 있었다면 자기 집에 있는 새가 파랑새였다

는 것을 깨달을 수 있었을까? 파랑새가 파랑새인 줄 알아보게 되는 안목, 지혜를 얻었던 것은 모험을 마치고 나서다.

우리는 흔히 여행이 끝나고 '어이구, 우리 집이 제일 편하네.'라고 말한다. 하지만 우리 집이 제일 편하다는 것도 떠나봐야 아는 법이다. 방안에만 틀어박혀 있으면 절대 알 수가 없다. 누가 외국 생활을 하면 프랑스인, 미국인이 되서 돌아올 것처럼 생각한다. 하지만 꼭 그런 것은 아니잖는가? 오히려 외국여행을 하고 나서 한국을 더 잘 볼 수 있게 되기도 한다. 행복은 먼 데 있는 게 아니라고 모험을 지레 포기하고 주저앉고 안주하면, 파랑새가 파랑새인 줄 모르거나, 진짜 파랑새가 아닌 걸 파랑새인 양 알고 살게 된다.

03 파랑새를 얻진 못했지만 틸틸과 미틸은 파랑새를 찾으러 다니는 여행에서 많은 것을 보고 느끼게 된다. '밤의 궁전'에서는 인간들에 의해 힘을 잃어가는 무서움과 질병에게 동정심을 느꼈고, '행복의 나라'에서는 행복의 필수조건이라고 생각했던 사치의 본모습을 보게 된다. '달이 비치는 숲속'에서는 인간의 욕심에 죽어가는 동물, 나무들과 대화하며 그들을 이해한다. '미래의 나라'에서는 인간은 누구나 하나 이상의 선물을, 즉 의사, 기술자, 영웅의 능력이나 하다 못해 큰 범죄나 질병을 일으키는 능력이라도 꼭 가지고 태어난다는 사실을 통해 인간의 탄생은 하나하나가 각각의 의미를 가진다는 사실을 깨닫게 된다. 인간의 인생을 흔히 여행에 비유한다. 여행의 결과로 무엇을 얻느냐가 중요한 것이 아니라, 여행의 과정 중에 보고 듣고 느낀 것이 인생의 알맹이가 된다.

녹두밭의 파랑새, 하쿠슈의 파랑새, 그리고 마테를링크의 파랑새, 세 파랑새는 역사를 움직이는 부정과 긍정의 두 둥지를 내 가슴에 틀었다.

파랑새를 찾는 파란만장 모험

벨기에의 시인이자 희곡작가인 마테를링크
가 쓴 동극《파랑새》의 줄거리는 이렇다. 가
난한 나무꾼의 자식인 틸틸과 미틸(치루치루
와 미치루)은 크리스마스 날 선물을 받지 못
했다. 그날 밤 요술쟁이 할머니가 나타나 자
기 딸을 위해 파랑새를 찾아 달라고 했다.
요술쟁이 할머니가 선물로 준 마법의 다이
아몬드를 가지고 개, 고양이, 빵, 사탕, 물,
불, 빛, 우유 요정을 불러내 함께 떠났다. 틸
틸과 미틸은 요정들과 함께 '추억의 나라',
'밤의 궁전', '달이 비치는 숲속', '한밤중의
묘지', '행복의 궁전', '미래의 나라'를 돌아
다니며 파랑새를 찾지만 파랑새는 쉽게 잡

1908년 모스크바에서 초연된 〈파랑새〉 포스터

히지를 않는다. '추억의 나라'에서 오랜만에 만난 할아버지 할머니에게 선물 받은
파랑새는 까맣게 변해버리고, '밤의 궁전'에서 잡은 파랑새는 빛을 받자 죽었다. '달
이 비치는 숲속'에서는 나무와 동물들이 인간을 믿다며 공격하는 바람에 도망치느
라 바빴다. 다른 나라에서는 파랑새를 보지도 못했다. 파랑새로 상징되는 '행복'은
그렇게 쉽사리 손에 넣을 수도 없으나 손에 넣더라고 곧 색이 바래거나 죽거나 날
아가 버리는 것이었다. 그들은 결국 집으로 돌아와서야 새장 속에서 파랑새를 발견
한다.

넷째 꼬부랑길

얼음장 밑으로 흐르는 강

01　군가가 아니었다. 동요도 아니었다. 그런데도 학교에서 가르치고 아이들이 열심히 불렀던 색다른 창가*가 있었다.

니노미야 긴지로 동상. 일본 시즈오카현 소재

"나무베고 새끼꼬고 짚신을 삼아서 부모님 공양하고 아우를 돌보고 형제 사이좋게 효행을 다하니 우리가 배울 것은 니노미야 긴지로…."

전시의 기름을 보급하기 위해 운동장을 모두 아주까리밭으로 만든 교정 한구석에, 그 노래의 주인공 니노미야 긴지로*의 동상이 서 있었다. 등에는 나뭇짐을 지고 손에는 책을 들고 읽는 모습이 우리 또래 아이라고 하는데도 늙어

보였다. 📤

• 唱歌 | 二宮金次郎(1787~1856) | 📤 샛길 〈일본 아이들의 엄친아, 니노미야 긴지로〉

02 '바쿠단산요시',* 구군신, 그리고 가미카제 특공대처럼 천황을 위해 죽자는 세상에서, 부모에게 효도하고 형제 우애 있게 자라면서 열심히 책을 읽는 니노미야 긴지로는 분명 일본 사람인데도 이웃 동네 할아버지쯤으로 보였다. 더구나 그는 짚신과 관계가 깊다. 밤마다 짚신을 삼고 아침 일찍 그것을 팔아 푼돈을 모은다. 그렇게 시작해 몰락한 집안을 살리고 물건을 아껴 쓰는 법과 농사짓는 법을 개량하여 나중에는 기근으로 죽어가는 마을 전체를 일으켜 세웠다. '사쿠라마치'를 필두로 수십, 수백의 농촌을 빈곤과 게으름과 기근에서 구해낸 '니노미야'는 총칼이 아니고서도 영웅이 될 수 있는 길을 걸었다. 📤

• 爆彈三勇士, 폭탄삼용사 | 📤 샛길 〈폭탄삼용사〉

03 농사법 개량과 수차*와 제방을 쌓는 신기술, 그리고 고리대금을 하지 않고서도 돈을 당당하게 증식하는 그 모든 놀라운 철학들은 한 권의 책, 한 켤레 짚신에서 가져온 것이라 한다. 긴지로는 길가에서 다 해어진 짚신을 가슴에 안고 기도하는 할머니의 짚신 공양*에서 큰 감명을 받았다.

"그동안 수고 많았네. 네 몸을 해칠 때까지 나에게 바쳤으니 이제는 네가 나온 곳으로 돌아가거라. 그 논에서 퇴비가 되어 새 볏짚으로 자랐다가 다시 짚신이 되거든 또 함께 살자."

할머니의 기원대로 짚신은 순환한다. 논에 버린 짚신은 다시 벼가 되어 자라고 그 벼는 짚을 남기고 죽는다. 짚은 새 신발로 태어났다가 닳게 되면 다시 죽어 논바닥으로 돌아간다. 이러한 끝없는 순환 속에서 살아가는 생명을 발견하고 그 소모와 재생산의 되풀이에서 부를 얻는 니노미야의 마을 부흥의 정신이 생겨난다.

• 水車 | 供養

04

나는 그의 손에 들려 있는 한 권의 책이 무엇인지 늘 궁금해했다. 책의 힘이 어떤 것인지를 어린 나이에도 잘 알고 있었으니까.

우리 집 뜰아랫방에는 신조사˙ 판 《세계문학전집》 36권 한 세트가 고스란히 서가 속에 꽂혀 있었고 형님들이 방학 때 읽다가 두고 간 책들이 가득 쌓여 있었다. 등화관제 속에서 나는 전구에 검은 갓을 씌워놓고 몰래 그 책들을 닥치는 대로 읽었다. 일장기와 군가와 일본 육군 노기 다이쇼˙ 와는 다른 이야기들, 그리고 일본 신들과는 또 다른 신들의 신화가 펼쳐졌다. 그러다가 전쟁이 막바지에 이른 어느 날 나는 고본 책갈피 속에서 찢긴 노트장에 쓴 시 한 편을 발견했다. ↪

"아 내 동생아 너를 위해 운다
너 부디 죽지 말거라
막내둥이로 태어나 부모 정을 독차지한 너
부모님이 너에게 칼날 쥐어주고 사람 죽이라고 가르쳤으리요
사람을 죽이고 죽으라고 스무 네 해 동안 너를 키웠으리요"

05   좀 어려운 고전체로 쓴 시였지만 아들을 징용 보내고, 딸을 정
신대에 보내고 장독대에서 몰래 숨어서 우는 여인네들과 같은
목소리였다. 교정을 아주까리 밭으로 갈아엎어도 니노미야 긴지로의 동
상이 서 있는 공터가 남듯이 아무리 등화관제로 칠흑 같은 어둠을 만들
어도 찢어진 노트장 위의 시를 읽는 빛을 가리지 못하듯이(뒷날 나는 그것
이 러일전쟁 때 쓴 여류시인 요사노 아키코*의 반전시라는 것을 알게 된다.) 강은
얼어도 그 얼음장 밑으로는 따뜻한 물이 흐른다는 사실을 식민지 교실에
서도 그렇게 배웠다. 물의 비중은 섭씨 4도일 경우 제일 무겁다. 이 때문
에 빙점 아래의 강은 쉽게 얼지만 그 바닥에 가라앉은 물은 얼지 않고 흐
른다. 그랬다. 일제가 국가 체제를 군사체제로 바꿔도 군사 문화와 별개의
것이 있었다. 죽어라 세뇌시켜도 사람들은 100% 세뇌되지 않았다. ↱

• 與謝野晶子(1878~1942) | ↱ 샛길 〈연애시인, 반전시인 요사노 아키코〉

06   어머니와 형들이 모두 책을 좋아해서 어린 시절을 책과 가까
이 지냈다. 여섯 살 무렵부터 책을 읽었고, 글쓰기를 시작했다.
36권짜리 《세계문학전집》이 나에게 많은 영향을 미쳤다. 그것이 내 교양
의 기본을 갖추게 하였고 문학의 기본기를 다지는 초석이 되었다. 고등학
생이나 대학생들이 보는 성인용 책이었지만, 가나로 루비(한자 옆에 한자
의 발음이나 단어의 해설을 적어놓은 것)*가 달려 있어 어린아이들도 읽을 수
있었다. 게다가 소설이니 뜻을 잘 몰라도 스토리를 따라 술술 읽을 수 있
었다. 모르는 부분이 있으니 상상도 하게 된다. 내가 지닌 독창성과 상상

력의 원천은 어려운 책들을 읽으면서 모르는 부분을 끊임없이 메우려는 것에서 생겨났다고 본다. 수업 시간에 그걸 보다가 들켜서 혼난 적도 있다. 이해도 못 하는 걸 폼 잡는다고 야단치다가 내가 책 내용을 줄줄줄 이야기하는 걸 보고 선생님이 놀라기도 했다.《세계문학전집》이 세계로 향한 창을 내게 열어주었다.

또한 유럽에 대한 지식을 알게 되었다. 일본제국주의가 아무리 군국주의를 설파하고 오만 가지 교육을 시켜도《세계문학전집》을 통해 세상에 여러 다른 삶의 방식, 길이 있다는 것을 알게 되었다. 그야말로 세계문학이라 사회주의자의 소설, 종교적 색채가 물씬 나는 톨스토이의 러시아 소설, 발자크 소설 같은 걸 읽었다. 서구의 근대 인문주의를 여기서 다 배웠다. 군국주의자들이 아무리 통제를 하고 국민들을 하나도 묶으려고 해도《세계문학전집》이 그게 전부는 아니라는 것을 일러주었던 게다. 식민지 시대의 서구체험은 신조사《세계문학전집》에서 나왔다고 해도 과언이 아니다. 이걸 안 읽었으면 오늘의 내가 없었을는지 모른다.

• ルビ

07 겨울 낚시꾼처럼 식민지의 그 얼음장을 조금 뚫고 들여다보면 은빛 비늘을 번쩍이며 헤엄치고 있는 고기 떼들의 아가미가 보였다. 고기만이 아니라 숨 쉬고 움직이고 번식하는 작은 생물들이 조개처럼 입을 꼭 다문 채 초승달처럼 자라고 있었다.

섭씨 4도 생명의 강바닥에는 한국인만이 아니라 "민나민나 고로세"(모두 모두 죽여라)˚라고 노래했던 짱꼴라 시나징(중국)도 있었고 고무나무가 있다는 열대의 남양 사람들도 있었다. 그리고 "기치구 베이에이"(귀신, 짐승 같은 미국과 영국)˚라고 불렀던 서양 사람들도 살고 있다. 알고 보면 일본 사람들도 니노미야 긴지로처럼 요사노 아키코처럼 얼음장 밑의 강물처럼 함께 흐르고 있었다.

• "みんなみんな殺せ". 일본군의 〈돌격 나팔〉 멜로디에 흔히 붙이던 가사다. | 鬼畜米英, 귀축미영

08 우리는 어떻게 역사의 빈틈을 볼 수 있을까?

기원전 5세기 그리스 역사가 투키디데스*는 《펠로폰네소스 전쟁사》*에서 인간에게는 악마 같은 면도 있지만, 그런 면만 있는 건 아니라는 걸 보여준다. 전쟁의 비참함, 인간의 동물성을 직시하면서도 평화 시절 인간이 가지는 장점을 잊지 않았던 데 투키디데스의 위대함이 있다. 일제 36년은 고통스러웠으나 36년 모두를 지옥이라고 말하는 것은 온당치 않다. 어둠 속의 밝음을 보고, 어둠 속의 다른 어둠, 악도 새로운 악을 보는 것이 중요하다. 그래야 일제시대의 고통을 객관적으로 수치화할 수 있고 정신에 미친 영향을 세심하게 따질 수 있다.

• Thucydides | 《History of the Peloponnesian War》

09 세월이 흘러 내가 쓴 《가위바위보 문화론》이 신조사에서 출간됐다. 어릴 때 《축소 지향의 일본인》을 내놓은 강담사*에서 나오는 소년 잡지도 봤었는데, 잡지 나오는 날만 목이 빠져라 기다렸다. 우체부 아저씨가 언덕을 넘어오곤 했는데, 집 앞에 쭈그리고 앉아 우체부 아저씨의 빨간 모자가 언제 오나 고개를 수없이 뺐다. 아버지가 일본에서 오는 우편물을 찾아오라고 우체국에 심부름을 보내셨는데, 아버지 책만 오고 내 책은 안 오면 섭섭했다. 그런 어린 시절의 기억 때문에 신조사와 강담사는 내게 각별한 출판사였다. 이런 개인적인 추억뿐만 아니라, 어렸을 때 '고쿠고조요'를 강요당하던 내가 일본어로 일본인을 상대로 책을

썼다는 자부심도 있었다. 내 어린 시절에 괴로움을 주었던 일본어를, 내가 고역 끝에 배운 일본어를 이용해 일본에 되돌아갔다는 생각도 들었다. 만약 이런 경험이 없었다면 일제 시대의 내 소년 시절은 그저 비참했을 뿐이겠지. 어디서도 보상받을 수 없는 소년 시절을 일본 교육을 받고 자랐던 내가《축소 지향의 일본인》을 들고 일본으로 간 것이다.

• 講談社 (고단샤)

10 역사란 공짜가 없고 순전히 나쁜 역사도, 좋기만 한 역사도 없다. 이럴 경우에는 이렇고, 저런 경우에는 반드시 이렇다는 규칙도 정해져 있지 않다. 인간이 정해진 존재가 아니니까. 인간의 마음은 물처럼 자연의 규칙대로 0도에서 얼고 100도에서 끓지 않는다. 반대로 0도에서도 끓고 100도에서도 얼 수 있는 존재가 인간이다. 아크로바틱 * 하는 사람들은 인간 육체의 한계를 뛰어넘지 않는가. 어떻게 인간이 가랑이 사이로 머리를 끄집어낼 수 있을까 싶다. 몸도 그런 한계를 뛰어넘을 수 있는데, 하물며 인간의 역사랴.

어둡고 괴로운 기억도 재산이 되고, 불행도 상상력과 창조력을 더하면 행복이 되기도 한다. 그런 자세라면 역경이 와도 견딜 수 있다. 따라서 식민지에서 당한 것도 어떻게든 거름으로 삼아 뭔가 결실을 맺을 수 있다. 고통스러웠던 역사 아래에서도 새로 써나갈 미래를 발견하는 능력이 인간에게는 존재하는 거다. 강물에 구멍 뚫어 놓고 보면 얼음장 밑에도 살아 꿈틀거리는 물고기들을 볼 수 있는 것처럼.

• Acrobatic Gymnastics

샛길

일본 아이들의 엄친아, 니노미야 긴지로

흔히 손토쿠(尊德)라는 별명으로 불렸던 니노미야 긴지로(二宮 金次郎)는 1787년 가난한 농부 집안의 장남으로 태어났다. 집안 형편 때문에 학교는 다니지 못했지만, 땔나무를 지게에 진 채로도 책을 손에서 놓지 않았단다. 14세에 아버지를 여의고, 홀어머니를 모시고 살며 동생들을 돌봤다. 그러다 16세에 어머니마저 여의자 고아가 됐고, 가족이 뿔뿔이 흩어졌다. 동생들은 친척 집에 맡길 수밖에 없었고, 자신은 완고한 백부 밑으로 들어갔다. 그곳에서 긴지로는 주경야독의 삶을 시작했다. 낮에는 농사일을 하고, 밤에는 빈 땅에 아주까리를 심고 기름을 짜내 밝힌 불로 책을 읽으며 농업기술을 연구했다. 아무도 거들떠보지 않은 늪지를 개간하고 버려진 벼 모종을 가져다 심어 쌀 한 가마니를 얻었고, 그것을 종잣돈으로 삼아 가산을 늘려 20대 초반에 가문을 부흥시켰다. 이런 실적을 기반으로 긴지로는 이후 농촌진흥 전문가로 활동, 일본 마을 부흥의 상징이 된다.

메이지유신 정부는 어린이들의 역할 모델로 니노미야 긴지로에 주목했고, 그를 근대 일본 어린이들이 본받아야 할 근면과 덕행의 이상으로 삼았다. 긴지로는 천황 다음으로 교과서에 많이 나왔다고 할 정도로 당시 교육에서 중요한 역할을 차지했다. 소학교 교단 옆에는 긴지로의 동상이 세워지고, 아이들은 그를 기리는 노래인 〈니노미야 긴지로〉를 불렀다. 한국에도 긴지로 동상이 많이 세워졌는데, 전쟁 말기 대부분 전시 물자로 다시 공출되었다. 긴지로 동상은 학생들이 지어내는 일명 '동상 괴담'의 원형이기도 했다.

폭탄삼용사

만주사변이 발생한 이듬해인 1932년 1월, 일본은 상하이를 기습 침략하며 중국군과 전투에 돌입했다. 일명 '1차 상하이 사변'이다. 2월 24일, 일간지 《아사히신문》에서 상하이 특파원 발로 다음과 같은 기사를 보도했다.

> "폭탄을 몸에 두르고 (적의) 철조망에 뛰어들어 터뜨림으로써 자신과 함께 그것을 분쇄해, 장렬하게 폭사하고 보병의 돌격로를 연 3명의 용사가 있다."*

다른 매체들도 위 기사를 인용해 후속 보도를 냈다. 일명 '바쿠단산요시', '폭탄3용사'의 등장이었다. 보도를 본 육군성은 이 건을 가지고 언론을 이용해 선전전을 벌일 생각을 하게 된다. 세 용사에 대한 훈장 수여가 즉각 결정되었고, 이어 교과서 수록까지 검토되기 시작했다.

이에 《아사히》가 후속 기사를 이어나갔다. 2월 26일 상보를, 27일에는 전사자들을 '민족정신의 극치', '야마토 정신'의 특질로 찬양하는 사설을 게재했다. 독자들의 반응도 뜨거워서, 유가족을 위한 성금 모금에는 당시로서는 거금인 6만 5000엔이 모였다. 3용사의 영웅담이 담긴 소책자가 전국 학교에 배포되었고, 시험 문제로 출제하라는 지시가 떨어졌다. 3용사에 대한 추모곡과 영화가 만들어졌으며, 추모곡 공모에서는 《아사히》와 《마이니치》가 현상금 경쟁을 벌이기도 했다. 이 '폭탄삼용사' 열풍은 이전의 '노기 마레스케 할복사건'이나 이후의 '군군신'의 신격화와 함께, 일본군의 인명 경시 풍조를 심화시키게 된 계기로 평가받는다. 일명 '특공', '옥쇄'라는 이름이 붙은 일본군 자살공격 전술의 시발점으로도 여겨진다.

2007년 6월 13일, 《아사히》는 1개 면 전체에 반성하는 내용의 기사를 실었다. 75년 전의 저 보도가 실은 '엉터리'였다는 거다. 특파원들이 현장에 있었던 장교의 얘기만 듣고 창조해낸 기사였다. 아사히는 이를 '신문이 꾸며낸 영웅' '특종경쟁, 미담 만들기'로 규정했다. 사건의 실상은 다음과 같았다.

《아사히》에 보도된 '폭탄삼용사'

"3용사로 알려진 사람은 애초 폭탄의 도화선에 불을 붙여 철조망에 내던지고 재빨리 돌아올 예정이었다. 그러나 도중 한 명이 쓰러져 시간이 지체되는 바람에 그냥 돌아왔다. 그러자 상관은 '천황과 국가를 위해 가라'며 노발대발했다. 되돌아간 세 명이 철조망에 도착했을 즈음 폭탄이 터졌다."*

• "일본 신문, '황국영웅' 조작 보도에 반성", 《한겨레신문》, 2007년 6월 13일 자. |《한겨레신문》, 위 기사

돌격!

뤼순요새 공격을 지휘하는 노기를 묘사한 그림. 《Le Patriote Illustré》, 1904.

노기 마레스케, 일명 '노기 다이쇼'는 1849년 에도에서 태어났다. 노기의 집안은 조슈번 소속의 무사 가문으로, 부친은 허약했던 아들을 무사로 키우기 위해 엄격하게 양육했다. 일곱 살 아들이 춥다고 하자 바깥에 끌고 나가 우물물을 끼얹었다는 일화가 유명하다. 그 반발이었는지 노기는 무사 대신 학자의 길로 가려고 했지만, 막부 말에서 메이지유신에 이르는 혼란기에 유신파에 가담, 군인의 길에 들어섰다. 1877년 세이난 전쟁 때 연대장이었던 노기는 사쓰마번의 반란군에게 패배, 군기˚를 빼앗기는 치욕을 겪었다.

이후의 여러 전쟁에서 전공은 나쁘지 않아 노기는 대장까지 진급했고, 러일전쟁에서 13만 군대를 이끌고 뤼순요새의 공략에 나서게 된다. 시바 료타로*의 《언덕 위의 구름》*에서 노기의 일화가 등장하는데, 여기서의 노기는 요새에 무조건 소총 돌격이라는 얼토당토않은 전술을 쓰는 무능한 지휘관이다. 완전히 근대화된 요새를 상대로 구시대적 소모전을 시도했던 것은 철저히 오판이었으나, 그가 사병과 같은 음식을 먹고 같은 이불을 덮고 잤기에 부하들이 노기를 믿고 사지로 돌격했다고 한다.

뤼순요새 공략은 결국 6만 2000명의 사상자를 냈다. 전사자 가족을 중심으로 노기에 대한 분노가 끓어올랐지만, 노기가 두 아들을 모두 러일전쟁에서 잃었다는 사실이 밝혀지자 동정하는 여론이 더 강해졌다. 노기는 뤼순 전투에서 둘째 아들이 죽는 모습을 쌍안경으로 지켜보았다고 한다. 노기는 귀국한 후 해군의 도고 제독과 함께 양대 군신으로 꼽힐 정도로 명성을 누렸다.

그는 메이지 천황이 죽자 자결하여 자기 생도 마감했다. 일본 사회에 엄청난 파장을 일으켰던 이 사건은 태평양전쟁 당시 자살공격을 찬양하는 문화의 배경이 된다. 죽고 나서도 그 전설이 군인들을 다시 사지로 몰아간 것이다.

* 軍旗 | 司馬遼太郎(1923~1996) |《坂の上の雲》, 文藝春秋, 1969~1972.

연애시인, 반전시인 요사노 아키코

요사노 아키코는 일본의 여성 시인
이다. 1878년 일본 오사카 근처 사카
이˚시의 유명한 화과자집 셋째 딸로
태어났다. 12세 때부터 가게 일을 도
우며 바쁜 나날을 보냈고, 한밤중이
되어서야 부모 몰래 책을 읽곤 했다.
문학이 그녀의 유일한 피난처였던
셈이다. 20세가 되자 그녀는 본격적
으로 동인 활동을 시작했고, 22세 때
낭만주의 문예지 《묘조》(明星)의 회
원 모집을 위해 오사카에 방문했던
요사노 뎃칸˚을 만났다. 뎃칸의 소
개로 아키코는 야마가와 도미코˚와
친분을 맺었는데, 얼마 지나지 않아

요사노 아키코

세 사람은 삼각관계에 빠진다. 심지어 뎃칸은 아이가 있는 유부남이었다. 셋은 같이
여행을 떠나기도 했고, 뎃칸은 임신한 아내를 두고 야마가와 도미코에게 더 마음이
끌리는 듯하는 등 혼란스러운 상황이었다. 하지만 도미코가 집안이 정해 준 혼처와
결혼하게 되자 아키코는 유리한 고지에 올랐고, 23세 때 가출하여 뎃칸과 결혼에
성공했다.

같은 해 발표한 요사노 아키코의 첫 시집 《헝클어진 머리칼》˚은 뎃칸과의 체험을
관능적으로 묘사한 작품으로, 도미코와의 삼각관계에 대한 내용도 들어가 있다.
당시의 청년 세대로부터 '압도적인 지지'를 받은 이 작품은 서구적 참신함에 혼연
히 융화한 일본미의 전통 감각, 또 자유분방한 관능적 표현 등이 두드러진다고 평
가받는다. 요사노의 자유주의적 연애관은 일본은 물론 중국 젊은이들에게도 큰 영

향을 미쳤다. 이후의 시풍은 관능적 성격 대신, 내면적 관조와 사색의 기풍이 점차 짙어진다.

러일전쟁이 발발하고 러시아에 대한 전의가 전국적으로 고조되어 가던 1904년, 요사노 아키코는 참전하는 동생에게 보내는 시 〈넌 무슨 일 있어도 죽지 마라〉* 를 발표했다. 발표되자마자 논란이 되었는데, 작가에게는 "국가 관념을 업신여기는 위험한 사상", "반전적 인도주의 문학자"라는 공격이 쏟아졌다.

• 堺 | 與謝野□幹(1873~1935) | 山川登美子(1879~1909) |《みだれ髪》| 〈君死にたまふことなかれ〉

아주까리 기름으로 차를 굴린다

아주까리는 피마자라고도 하며, 중동부 아프리카가 원산지인 야생초다. 소량은 약용으로도 쓰이지만, 리신*과 같은 유독성분 때문에 식용으로는 사용되지 않는다. 먹을 수 없으니 딱히 재배하지도 않았고, 여기저기 난 아주까리를 그냥 '기름'으로만 썼다.

19세기에 들어 아주까리기름은 윤활유로 각광받았다. 아주까리기름은 점도가 높고 안정적이며, 저온에서 윤활성이 우수하고 석유나 기타 유기용매에 잘 용해되지 않는다. 그래서 비행기, 트럭, 각종 기계장치에 쓰였다.

아주까리는 오늘날 바이오 연료로 다시 주목을 끌고 있다. 브라질에서는 바이오디젤의 원료로 아주까리 농장을 조성하기도 한다. 일제시대 일본군은 아주까리 생산을 장려했고, 그때의 경험을 바탕으로 현재는 아주까리를 바이오 에너지로 활용하고 있다. 일본에서는 연료뿐만 아니라 아주까리를 식물 원료로 이용해 수지를 만들어 노트북, 휴대전화의 부품을 만들고, 생분해가 가능한 플라스틱까지 개발한다고 한다.

• Ricin

아버지 고개

부재하는 아버지, 부재하는 아버지

첫째 꼬부랑길

우리 아버지들은 어디로 갔나

01   "애 아빠 어디 가셨대유!"

어렸을 때 너무나 많이 들었던 말이다. 이런저런 이유로 아버지들은 지금 출타 중이시다. 충청도 사투리로 길게 늘어뜨린 여인네들의 이 말의 여운 속에는 동정과 원망과 자탄과 그리고 회한의 모든 감정이 들어 있다.

'갑오년이라든가 바다에 나가서는 돌아오지 않는다 하는 외할아버지'에 나오는 미당 서정주*의 '자화상'만으로는 설명할 수 없는 저마다의 사연들이 있었기 때문이다. ➦

• 未堂 徐廷柱(1915~2000) | ➦ 서정주, 11 장독대 고개 1-02

02   그러나 너무 걱정할 것은 없다. 사내와 시국을 원망하며 아낙네들이 모여 울고 짜는 일은 어제오늘의 이야기가 아니다. 오히려 인정 많은 마을, 한(恨) 공동체의 일상적 라이브 쇼라고 생각하면 된다. 주역이 된 아기 엄마가 옷고름으로 눈물을 닦으며 "이루 말로는 다 못혀"라고 목메어 대사를 잇지 못하면 청중들은 "사람 사는 일 다 그

런 겨. 우리라고 속 편해서 사는 거 아녀"라고 추임새를 보낸다. 그러는 사이 뒷마당의 앵두는 빨갛게 익어가고 맨드라미꽃은 닭 벼슬처럼 홰를 치며 피어난다.

03   아이들은 아이들대로 텅 빈 집에서 혼자서 큰다. 이런 때 부르는 노래가

아버지는 나귀 타고 장에 가시고
어머니는 건넛마을 아저씨 댁에
고추 먹고 맴맴
담배 먹고 맴맴

이다. 아파트의 '빈 둥지 증후군'은 나귀 타고 다니던 꽤 먼 시절부터의 내력이었던 것 같다. 나귀를 타고 가는 거리면 결코 가까운 장터는 아닐 것이다. 어쩌면 한 사흘 장 본다는 핑계로 집을 비울 수도 있다. 그런데 또 어머니는 왜 이웃마을도 아닌 건넛마을로 그것도 아주머니, 할머니 댁이 아닌 아저씨 댁으로 간 것일까.
이 대목이 수상해서인지, 요즘 부르는 노랫말에는 '어머니'가 '할머니'로, '담배'가 '달래'로 바뀐 것 같다.

04   근거 없는 억측보다 주목해야 할 것은 아이들이 빈집에서 어른들이 없는 사이에 담배와 고추를 먹고 맴맴하는 고통이다. 이러한 빈 둥지 현상은 식민지의 불행만은 아니었던 것 같다. 같은 시기의 일본의 동요 〈금붕어를 죽이는 아이〉*는 그보다 몇 배나 잔인하고 어둡다.

엄마야 엄마야 어디로 갔나
빨간 금붕어하고 놀아야지

엄마는 왜 안 오나 쓸쓸하구나
금붕어 한 마리를 찔러 죽인다

엄마를 기다리다 쓸쓸하고 화나고 배가 고파 아이는 한 마리 두 마리 금붕어를 죽인다. 그리고 마지막에는 '맴맴'이 아니라 '뻔득뻔득'이라 외친다.

눈물이 진다 해가 진다
빨간 금붕어도 죽고 죽는다

엄마 나 무서워 눈이 뻔득여
뻔득뻔득 금붕어의 눈이 뻔득여

하지만 고추 먹고 우는 아이, 금붕어를 죽이며 공포에 떠는 아이는 어머니를 기다린다는 점에서는 예외 없이 같다. 문제는 "아빠야 아빠야 어디로 갔나"라고 찾는 애들은 애초부터 없었다는 현상이다. 인간의 가정에는 동물사회에는 볼 수 없는 아버지가 존재한다는 사실에도 불구하고 말이다.

• 기타하라 하쿠슈, 〈金魚〉

05 한자의 지아비 '부'(父)는 두 손에 도끼(斧)를 들고 있는 현상을 본뜬 것이라고 한다. 그런데 술 마시고 놀음하는, 김유정*의 〈금 따는 콩밭〉(1935)처럼 허황한 꿈을 따라 떠도는 사람들의 손에는 도끼가 없다. ➥

한자의 경우만이 아니라 영어로 읽어도 역사는 남자들의 것이다. 역사를 뜻하는 영어의 'History'를 파자*하면 'His Story'가 된다. 그래서 여성사 학자들은 'Herstory'라고 적는 사람도 있지만 어쨌든 한 나라의 역사가 남성들의 도끼(전쟁 무기)에 의해 만들어진 것은 부정하지 못한다. 그것처럼 개인 가족사인 마이스토리(My Story)도 아버지의 도끼에 의해 좌우된다. 나라를 잃었다는 것은 우리 아버지들이 도끼를 잃었다는 뜻이다. 구석기의 수렵채집 시대부터 사용해 오던 돌도끼, 그 부권을 잃은 히스토리요, 마이스토리다.

외갓집이든 달래를 캐는 들판이든 아이들이 부르는 "엄마야 누나야"의 모성공간은 수많은 역사의 높은 파도에도 한국 아이들의 정체성을 붙잡는 든든한 닻이었지만, 부성공간의 도낏자루는 부러지고 녹슬고 이가 빠져 더는 휘두를 수 없게 된 것이다. 1939년 내 나이 일곱 살, 2차 세계대전이 일어나고 중국과의 전면전으로 일손이 부족했던 일본은 국민 징용령을 공포한다. 조선인 강제 동원의 징용으로 우리 아버지들이 일본 탄광으로, 공장으로 끌려가기 시작했다. 그때 내가 들은 말이 바로 그것이었다.

"애 아빠 어디 가셨대유."

• 金裕貞(1908~1937) | 破字 | ➥ 도끼, 10 아버지 고개 5-01 | 11 장독대 고개 1-03 | 12 이야기 고개 2-03

한국의 아버지들은 수탉처럼 울었는가

01 유행어에 나타난 아버지의 유형은 세 가지다. 기러기 아빠, 펭귄 아빠, 그리고 독수리 아빠다. 기러기 아빠에 펭귄 아빠가 추가된 것은 그보다 더 슬프고 외로운 아버지들이 나타났기 때문이다. 기러기 아빠는 그래도 이따금 날아가 아내와 아이를 보고 온다. 하지만 금융위기의 아빠는 비행기표 살 돈이 없어 썰렁한 빙산 같은 집에서 혼자 갇혀 산다. 펭귄이 된 것이다. 말만 새지 날 수 없는 펭귄처럼, 말만 아빠지 아빠 노릇 못 하는 아버지의 출현이다.

그러나 독수리 아빠는 펭귄은 물론이고 기러기 아빠보다도 행복하다. 돈도 있고 권력도 있어 아무 때나 날아가 떨어져 사는 가족과 만날 수 있다. 어쩌면 아내와 자식이 없기에 높은 하늘을 자유롭게 날면서 먹잇감을 사냥할 수 있는지도 모른다.

02 그런데 만약 자기는 어떤 새에도 속하지 않는다고 안심한다면 그것은 큰 오해다. 세상은 날이 갈수록 '아버지 없는 가족' '아버지 부재의 사회'가 되어 간다. 그래서 한편에서는 이런 농담도 생

겨나고 있다.

유학 간 아들에게서 전화가 걸려 왔다. 전화를 받은 아버지는 받기가 무섭게 늘 그랬듯이 교환수 노릇을 하려고 한다.

"아, 너냐. 엄마 바꿔줄게."

"아니에요. 아버지한테 드릴 말씀이 있어서요."

"왜? 할 말이 뭔데. 니 돈 떨어졌나."

"아니에요. 돈이 아니라요, 절 보내시고 외롭게 사시는 것 같아서 아버지와 이야기가 하고 싶어서요."

그 말을 듣자 아버지는 이렇게 말한다.

"너, 술 먹었니?"

이것이 기러기 · 펭귄 · 독수리 아빠보다도 더 심각한 오늘의 우리 아버지들 모습이다. 한국인 이야기가 뭐 별거냐. 아무리 심각하게 써봤자 이런 농담만큼도 제대로 우리의 얼굴을 그려내기 힘들다.

그래, 그러면 옛날 아버지는 어땠는가. 한마디로 새는 새지만 그냥 새가 아니라 수탉이다. 암컷이 수컷 발등에 알을 낳으면 털로 품어 부화시키는 진짜 펭귄을 제외하고는 모든 새는 모성의 메타포다. 알을 품고 병아리를 달고 다니는 것은 오로지 암탉의 몫이기에 수탉은 원래부터 펭귄이니, 기러기니, 독수리에 견줄 필요가 없다.

03 암탉은 알을 낳지만 귀신과 도깨비가 판치는 어둠을 내몰고 광명을 부르는 것은 언제나 수탉의 역할이다. 그래서《한시외전》*에는 닭에게 다섯 가지 덕이 있다고 예찬한다. ⤳

'머리에 관을 쓴 것은 문(文)이요, 발에 갈퀴*를 가진 것은 무(武)요, 적에 맞서서

감투하는 것은 용(勇)이요, 먹을 것을 보고 서로 부르는 것은 인(仁)이요, 밤을 지
켜 때를 잃지 않고 알리는 것은 신(信)이다.'

이러한 오덕(五德)은 주로 수탉에게 주어진 것이다. 그리고 닭의 이미지
를 한층 더 거슬러 올라가면 천년 사는 단정학이 될 것이고, 더 올라가 오
동나무에 오르면 봉황˙이 될 수도 있다. 신라 때까지 올라가 신성한 숲을
만나면 계룡˙까지 나타난다. ➦
암흑기라고 부르는 일제 36년, 그때의 아버지들은 비록 날개가 퇴화하고
깃이 뽑혀 나가 가축처럼 길들어졌어도 각혈처럼 어둠 속에도 빛을 토할
줄 알았다.

• 《韓詩外傳》| 距 | 鳳凰 | 鷄龍 | ➦ 샛길 〈임금께서 닭의 덕을 몰라주시니〉 | 샛길 〈우리 민족에게
닭은 어떤 동물이었나?〉

04 대낮에도 높은 장대 위에 올라 홰를 치며 우는 장닭들도 있었
다. 다만 발갈퀴의 '무'와 적에 맞서 싸우는 '용'이 일본에 꺾여
그 자랑스럽고 아름답던 닭 볏마저 쓸모없는 것처럼 보였을 뿐이다. 그리
고 먹이를 나누던 '인'과 시를 알리는 '신'의 목소리도 변성돼 갔다.
일제 강점기의 한국인상을 분석하는 데 있어 문화인류학은 일종의 조류
학˙과 같은 것이 된다. 아버지에 대한 새 이미지는 식민지 아이들의 성장
과정을 측정하는 중요한 지표다. 그리고 해방 뒤에서 오늘에 이르는 부권
상실의 추적도 용이하게 한다. 가령 관세음보살은 고통받는 인간을 보호
하고 구제하는 '정'과 '자비'의 상징이다. 인도 교리에서는 이 관세음보살
은 남성상이다. 그런데 놀랍게도 한국(동아시아)으로 들어오면 모두가 여
성으로 바뀐다. 마치 서양의 천사가 남성적 이미지로 그려지고 있는데 한

국에 오면 선녀처럼 여성으로 변하는 것과 같다.

* 鳥類學

05 그래서 미국의 소설을 대표하는 마크 트웨인*의 《톰 소여의 모험》(1876), 《허클베리 핀의 모험》(1885)과 허먼 멜빌*의 《모비딕》(1851), 또한 헤밍웨이의 소설이 모두 여자 없는 남성들의 세계로 꾸며져 있고 그 유명한 제임스 딘* 주연의 영화 〈이유 없는 반항〉(1955)도 부성애가 중심이다. 그리고 식민지 아이들이 따라 부른 일본의 군가들은 모두가 '니혼단지'(日本男兒, 일본남아)의 이미지로 〈지치요 아나타와 쓰요캇타〉(아버지여, 당신은 강했습니다)*란 노래를 원형으로 삼은 것이다. 그때 우리 아버지들은 수탉처럼 울었는가. 이야기해 보자.

* Mark Twain(1835~1910) | Herman Melville(1819~1889) | James Byron Dean(1931~1955) | 〈父よあなたは強かった〉

06 아버지를 '새'에 빗댄 까닭이 있다. 각국별로 일본의 원숭이, 영국의 불독, 프랑스의 닭처럼 한 나라를 대표하는 동물이 있다. 우리나라는 옛날부터 사람을 종종 새에 빗대곤 했다. 다음은 시집살이 노래다.

시아버니 호랑 새요, 시어머니 꾸중 새요, 동서* 하나 할림 새요, 시누 하나 뾰족 새요, 시아지비 뾰중 새요, 남편 하나 미련 새요, 자식 하나 우는 새요, 나 하나만 썩는 샐세.

온 집안 식구들을 새에 빗대어 노래한다. 《장끼전》이나 《까치전》 같은 고

전 소설에서도 사람의 속성을 새로 나타냈다. 선사시대의 유물이나 삼국 시대의 고분 벽화에도 새가 많이 나타난다. 새의 이미지는 육식 동물이 지배하는 근육의 이미지와는 다르다. 새는 짐승이되, '날개'를 가진 짐승 이다. 넓고 높은 창공을 자유롭게 날아다니는 새는 동경의 대상이며 자유 의 이미지를 지녔다.

새는 태양과도 연결된다. 새는 해가 걸린 하늘을 자유롭게 날아다니니, 고 귀하고도 신성한 이미지를 얻게 된다. 또한 새는 '영혼불멸'을 상징하기도 한다. 땅과 하늘을 연결시키는 존재가 새다. 천사들은 새처럼 다들 날개를 달고 있다.

• 同墻

07 아버지를 수탉에 비유한 까닭은 이런 것이다.

　　　암탉은 알이라도 낳지 수탉은 시간 맞춰 우는 것 외에 하는 일 이 없다. 괜히 볏만 세우고 이리저리 똥폼만 재고 다닌다. 양계장에 가보 면 병아리 감별사들이 하는 일이 뭘까? 암평아리 속에서 수평아리를 골 라내는 일을 한다. 알도 못 낳는 수평아리들은 죽어 암평아리의 사료가 된다. 남아 선호 사상이 득세한다지만, 한국 남자들의 신세도 수탉과 다를 바가 없다. 허울만 좋고 별로 하는 일이 없다는 게 닭인 것이다. ↪

물론 그게 전부는 아니다. 일제 강점기, 그 어둠 속에서도 피를 토하며 운 닭들도 있었다.

바로 붓을 들어 식민지 지배에 항거하면서 조국 광복과 민족 독립을 지향 한 문학가들이다. 〈님의 침묵〉˙의 한용운이 있었고, 〈별 헤는 밤〉의 윤동 주,˙ 〈그날이 오면〉의 시인이자 소설 《상록수》를 쓴 심훈,˙ 〈빼앗긴 들에 도 봄은 오는가〉의 이상화,˙ 〈광야〉와 〈청포도〉의 이육사˙가 있었다.

한용운은 3·1운동 민족 대표와 좌우합작 민족운동단체인 신간회에서 활동한 독립운동가였다. 윤동주는 일본 유학 중 독립운동을 꾀했다고 체포되어 후쿠오카 형무소에서 옥사하였다. 심훈은 3·1운동에 참여하였다가 중국으로 망명하여 신채호와 이회영을 보좌하며 독립운동에 참여했다. 이상화는 대구에서 3·1운동을 주도했고 1922년 일본에 유학을 갔다가 1923년 관동대지진 당시 한인학살을 목격하고 귀국하였고 조선프롤레타리아예술동맹(KAPF)에 가맹하여 활동했다. 그는 의열단원 이종암 사건에 연루되어 피검된 후 고문으로 얻은 병으로 1943년 병사하였다. 이육사는 의열단에 가입하여 독립운동을 하다가 북경의 일본영사관 감방에서 옥사하였다.

• 韓龍雲(1879~1944) | 尹東柱(1917~1945) | 沈熏(1901~1936) | 李相和(1901~1943) | 李陸史 (1904~1944) | ↪ 샛길 〈못난 수탉, 내 꼴이 아닌가〉

임금께서 닭의 덕을 몰라주시니

노*나라 애공*의 충신인 전요*는 닭이 가진 다섯 가지 덕을 인간에 빗대어 계유오덕(鷄有五德)이란 명언을 남겼다.

전요는 노 애공을 섬기면서도 제대로 인정받지 못하던 처지였다. 전요가 애공에게 말했다. "저는 임금을 떠나 황곡(한번에 천 리를 난다는 새)*처럼 살까 합니다." 애공이 "무슨 뜻이요?" 하고 물으니 전요는 "임금께서는 닭을 보신 적이 없습니까? 머리에 갓을 이고 있는 것은 문(文)이며, 발에 달린 발톱은 무(武)입니다. 또 적이 나타나면 용감하게 달려드는 것은 용(勇)이고, 먹이 앞에서 서로 불러들이는 것은 인(仁)이고, 밤을 지키되 때를 놓치지 않고 우는 것은 신(信)입니다. 닭은 이처럼 다섯 가지 훌륭한 미덕을 갖추었건만 임금께서는 날마다 닭을 삶아 드십니다. 왜 그렇겠습니까? 그놈이 사람 가까이 있기 때문이죠. 무릇 황곡은 한 번에 천리를 날아 임금의 원지(園池)에 내려앉아서는 임금이 기르는 물고기와 자라를 잡아먹고 임금의 곡식을 쪼아 먹습니다. 닭처럼 다섯 가지 미덕을 갖추지 못한 황곡을 임금께서 귀히 여기는 것은 그것이 사람으로부터 먼 데서 왔기 때문입니다. 그래서 신은 임금을 떠나 황곡같이 살겠다는 것입니다." 애공은 전요의 말을 듣고 적어 두겠다고 하자 전요는 "제가 듣기로 밥그릇에 밥을 먹는 자는 그 그릇을 깨지 않으며, 나무 그늘의 덕을 보는 자는 그 가지를 꺾지 않는다 하였습니다. 신하를 등용하지는 않으시면서 그 말은 무엇 하러 받아 적으십니까?" 라고 대꾸하고는 마침내 연나라로 떠나 버렸다.*

• 魯 | 哀公 | 田饒 | 黃鵠 | 《한시외전》권 2. 《한시외전》은 중국의 서한 초기에 연(燕)나라 학자인 한영(韓嬰, ?~?)이 남긴 저술이다. 고사(古事)를 소개하되 《시경》(詩經) 등의 구절을 말미에 인용하면서 결론을 내리는 것이 특징이다.

우리 민족에게 닭은 어떤 동물이었나?

닭은 신라 건국 신화에서부터 상징적인 존재로 나타난다. 《삼국유사》에서 닭은 알영이나 김알지 같은 왕이나 왕비가 나타날 때 상서로운 전조를 나타내는 새다. 천마총의 천장에는 닭 그림이 그려져 있으며, 실제로 그곳에서는 달걀과 닭뼈의 흔적이 발견되기도 한다. 저승에 가져갈 식량의 의미, 또는 아마도 새로운 생명의 탄생인 알, 새벽을 알리는 닭이라는 상징을 통해 부활의 의미를 담으려 했을 것이다. 계룡(鷄龍), 계림(鷄林)이라는 지명이나 인도인들이 신라인을 '닭을 숭상하는 사람'이라고 불렀던 것에서도 신라인들과 닭 사이의 연관성을 알 수 있다.

고려시대의 섣달 그믐날 귀신을 쫓는 행사인 나례* 의식에서도 닭 다섯 마리를 제물로 바쳤다고 한다.

이육사의 '광야'에서의 닭은 한국 민족의 부활을 상징한다.

> 까마득한 날에
> 하늘이 처음 열리고
> 어데 닭 우는 소리 들렸으랴

어둠을 쫓고 빛을 부르는 존재, '닭'의 상징성이 드러나는 작품이다.

* 儺禮

못난 수탉, 내 꼴이 아닌가

〈수탉〉˚은 이효석˚의 단편소설이다. 이효석은 동물, 특히 가축을 작품에 자주 등장시킨다. 〈돈〉(豚)에서는 돼지, 〈산〉(山)에서는 개, 〈메밀꽃 필 무렵〉의 나귀 등이 대표적인데, 모두 주인공의 처지와 심정을 반영하는 대상들이다. 〈메밀꽃 필 무렵〉에서 "저 꼴에 제법 새끼를 얻었단 말이지. 읍내 강릉집 피마에게 말일세…."라고 언급되는 허생원의 나귀는 그 주인의 역사를 그대로 반복한다. 자기 자식이 귀엽듯 나귀 새끼도 귀여운 거다.

"우리 안의 닭의 무리가 눈에 나 보였다. 가운데에서도 못난 수탉의 꼴은 한층 초라하다. 고추장에 밥을 비벼 먹여도 이웃집 닭에게 지는 가련한 신세가 보기에도 안타까웠다. 못난 수탉, 내 꼴이 아닌가 ─ 을손은 화가 버럭 났다."에서 보듯 〈수탉〉은 주인공과 동물의 동일시가 두드러진 작품이다. 소설의 주인공 을손은 무기정학을 당했고, 여자와 만나지 못하게 되었고, 일자리마저 빼앗겼다. 그는 싸움에 져서 한쪽 눈이 찌그러진 닭을 '그 꼴을 하고 살아서는 무엇 해.' 하며 죽여 버린다.

• 《삼천리》, 1933년 11월호 | 李孝石(1907~1942)

셋째 꼬부랑길

모모타로는 소금장수가 아니다

01 군가는 재미없다. 군가에 나오는 사쿠라(벚꽃)는 피는 꽃이 아니라 늘 지는 꽃이다. "하나토 지레",* 벚꽃처럼 지거라. 전쟁터에서 깨끗이 죽으라는 뜻이다. 그것을 어려운 말로는 산화(散華)라고 한다.

죽는 이야기가 아니면 이번에는 달력에서 반공일과 공일을 지우고 〈월월화수목금금〉으로 죽도록 일하자는 노래다. ➦

• "散兵線の花と散れ", 〈보병의 본령〉(歩兵の本領) 가운데 가사 | ➦ 샛길 〈월월화수목금금〉

02 그런데 딱 군가가 아닌 재미있는 노래 하나가 있었다. 그것은 아이들에게 제일 인기가 높은 〈모모타로 노래〉*다. 복숭아 속에서 나온 모모타로(桃太郎)는 허리에는 칼과 수수경단을 차고 도깨비* 들이 사는 섬을 정벌하러 출정을 한다. "소랴 스스메, 소랴 스스메"* 작대기를 들고 진격의 추임새를 하며 걸어가면 정말 수수경단 하나씩 주고 부하를 만든 개, 원숭이, 그리고 꿩이 내 뒤를 쫓아오는 것만 같았다. 드디어 도깨비 나라에 당도하자 꿩은 날아서, 원숭이는 성벽을 넘어서, 모

모타로와 개는 열어준 성문 안으로 돌격해 도깨비들을 모두 퇴치한다. 항복을 받은 모모타로는 빼앗은 금은보화를 가득 싣고 "엥야라야, 엥야라야"* 수레를 끌며 할아버지 할머니 집으로 돌아온다.

모모타로는 늘 내 마음을 졸이게 하는 소금장수가 아니다. 여우와 도깨비들에게 당하는 것이 아니라 모모타로는 거꾸로 그들을 정벌해 보물을 빼앗아온다. 일본 노래를 부르면 시끄럽다고 소리를 지르는 어른들도 모모타로의 노래를 부를 때만은 따라 부른다. 언젠가는 금은보화를 가득 실은 수레를 몰고 고향에 돌아오는 꿈을 꾸는 것 같았다.

• 〈桃太郎さんの歌〉 | 오니(鬼) | "そりゃ進め"(자아 나아가자) | "えんやらや"(영차! 영차!)

03 그런데 탈아론*을 주창한 후쿠자와 유키치*는 일본인이면서도 모모타로에 대해 다른 생각을 가지고 있었다. '하루하루의 가르침'이라는 가훈을 통해서까지 자기 아이들에게 "모모타로가 도깨비섬으로 간 것은 보물을 빼앗으러 간 것이니 도둑놈이나 진배없다"고 가르쳤다. 설령 도깨비들이 세상을 해치는 악한 자라서 응징했다고 쳐도, 보물을 약탈한 것은 사욕에서 나온 비열한 행위라고 했다. 침략자로 규정한 거다.

• 脫亞論 | 福澤諭吉(1835~1901)

04 아무리 어린애였지만 왜 나는 모모타로를 우리를 괴롭힌 침략의 상징으로 생각지 못했을까. 식민지 아이들이 모모타로 노래를 부르며 놀 때 그와 같은 가르침을 준 어른들은 왜 없었을까? 내게 더욱 충격을 준 것은 한국에도 팬이 많은 아쿠타가와 류노스케*가 쓴 모모타로의 패러디를 읽었을 때였다. 아무 때고 인터넷을 열어 검색하면 읽을

수 있는 그 소설에서, 도깨비 섬은 야자수가 우거지고 극락조가 우는 아름다운 낙원으로 설정돼 있다. 도깨비들은 거문고를 켜고 춤을 추면서 옛 시를 읊기도 하고 여자들은 어린아이를 품에 안고 이야기를 들려주는 정겨운 모습이다. 높은 문화와 평화의 섬에 부하들을 이끌고 침입한 모모타로는 모든 것을 부수고 살육하고 평화롭던 섬을 초토화한다. 그리고 보물을 내놓으라고 협박한다.

항복을 한 도깨비 대장이 보물을 내주면서 이렇게 묻는다.

"혹시 우리가 댁들에게 무슨 잘못이라도 저지른 일이 있었나요."

그러나 모모타로는 자기가 일본 제일의 무사이며 자기에게는 세 부하가 있기에 이 섬으로 쳐들어왔다고 말한다. 명분도 논리도 없는 말을 하고는 인질까지 잡아 보물을 싣고 고향으로 돌아간다. 이렇게 아쿠타가와의 소설 속 도깨비들은 평화주의자로, 모모타로는 침략자로 그려졌다.

• 芥川龍之介(1892~1927)

05　일본인들이 열광하던 모모타로를 패러디한 아쿠타가와의 동기는 무엇이었을까. 그것은 그가 중국에 갔을 때 청조* 말의 대(大) 국학자요 루쉰*의 스승이기도 한 장빙린* 선생을 만났기 때문이라고 한다. 그 자리에서 장빙린은 "내가 가장 혐오하는 일본인은 모모타로"라고 말한 것이다. 아쿠타가와는 그의 말을 듣고서야 어렸을 때부터 들었던 그 모모타로가 침략의 캐릭터라는 것을 깨닫는다. 동시에 실제 인물, 살아 있는 일본 사람보다도 가공의 설화적 인물인 모모타로를 더 혐오하고 있다는 사실에 두 번 놀랐을 것이다. 실체보다도 허구가 지배하고

있는 세상, 그리고 그 속에서 창조된 이미지들이 만들어내는 현실이 더 무서운 것이다.

우리 지식인들은 왜 아쿠타가와의 모모타로와 같은 텍스트를 창조하지 못했는가. 우리 어른들은 왜 장빙린처럼 모모타로가 살아 있는 일본인들보다도 더 무섭고 혐오스러운 존재라는 것을 깨우쳐 주지 않았을까. 이것이 커서도 내가 잊지 못하는 모모타로 콤플렉스다. 우리가 넘어야 할 벽이다.

• 淸朝 | 魯迅(1881~1936) | 章炳麟(1868~1936)

06   모모타로 이야기는 구체적으로 어떻게 군국주의와 연관이 되었을까?

일본 민속학의 아버지라고도 불리는 야나기타 구니오*가 민속학 연구서를 저술한 1930년대는 근대 국민국가 일본이 제국주의적 팽창정책에 따라 침략의 길로 들어선 시기였다. 이러한 현실 속에서 국민을 하나의 의식으로 통일하는 문제가 시급했다. 야나기타는 모모타로 등 설화 연구를 통해 이를 도모하고자 했다.

전근대의 공동체에서 구성원들은 서로 매일 얼굴을 맞대는 친밀한 사이였다. 서로를 타인이라고 여길 일이 없었다. 하지만 근대에 이르러 공동체가 국가라는 단위까지 확대되자 문제가 생겼다. 국민 한 사람이 다른 수백, 수천만 명의 국민들과 모두 알고 지낼 수는 없다. '동포 국민'의 대부분이 내가 '보지도 알지도 못한 타인'으로 채워지게 된 것이다.

야나기타 구니오는 이 '보지도 알지도 못한'과 '동포 국민' 사이의 괴리를 해결할 방법이 '도덕의 법칙'이라 보았다. 국가라는 공동체가 새롭게 조직되고 개편된 것이라면 그 공동체의 구성원이 되는 '동포 국민'도 새로울 것이 당연하니, 새 '동포 국민'을 내면에서부터 연결시키는 새로운 법칙이 필요하다는 거다. 그 법칙으로 야나기타가 생각한 것이 '도덕의 법칙'이며 '바른 행위의 훈련'이었다.

그는 모모타로에 등장하는 신화적인 요소를 '치이사코' *라는 개념으로 정리했다. 야나기타는 일본의 고대에 이미 기이한 탄생을 믿는 '치이사코'라는 신앙이 존재했고, 이와 관련된 신화가 민족 단위로 전승되었다고 주장한다. 모모타로에 등장하는 일본 고유 신앙과 오늘날 일본 국민을 조화시키는 도덕 법칙이 동일하다는 이야기다.

• 柳田國男 | 小さ子

07 야나기타는 〈모모타로론(論)〉을 포함한 설화 연구를 통해, 일본의 고유신앙에서 일본 민족의 동일성 확립뿐만 아니라 또 다른 의미까지 획득하려고 했다. 야나기타는 일단은 "아무리 일족이라고 하더라고 천몇백 년이나 떨어져서 산다고 한다면, 대체로 먼 존재가 되어버린다는 것은 당연한 일이다"라며 일본과 조선의 민족적 유사성을 부정했다. 하지만 바꾸어 말하면 별개의 민족이라도 긴 시간이 지나면 하나의 민족(一族)이 될 거라는 이야기도 된다.

즉 미적 완성체인 일본의 고유신앙이 식민지에서 조선신사나 북만신사로 구현된다면, 그것들이 식민지 주민을 마음에서부터 일본에 동화시키는 상징적 기능을 갖게 된다는 생각이다. 설화 연구가 신사참배까지 연결되는 게다.

08 실제로 모모타로가 일본 전국에 널리 알려지게 된 것이 메이지 시대부터였다. 에도 시대의 문헌에도 많이 나타나는 것으로 보

아, 모모타로 이야기는 최소한 무로마치 시대˚ 이전에 형성되었을 것으로 보인다. 하지만 활자 인쇄에 의한 서적 보급과 근대의 학교 교육이라는 새로운 제도는 모모타로에게 확실히 다른 지위를 부여했다. 메이지 시대 중반 국정교과서 국어독본에 처음으로 실린 모모타로는 이미 '국민영웅'의 이미지다.

2차 세계대전 시기에는 군국주의의 선전 자료로 이용되었다. 모모타로는 용감한 일본군을, 도깨비는 '귀축미영'의 상징이 되었다. 모모타로를 현재와 같은 스타일로 정착시킨 이와야 사자나미는《모모타로의 교육》이란 교육평론서에서 모모타로를 일본 내셔널리즘의 선전재료로 만들었다. 이처럼 모모타로는 근대 학교교육을 통해 '소년'의 모델이 되었다.˚

˚ 室町時代. 1336년 아시카가 다카우지(足利尊氏)가 겐무(建武) 정권을 쓰러뜨리고 정권을 잡은 때부터 1573년 아시카가(足利) 막부가 오다 노부나가(織田信長)에게 멸망될 때까지의 기간을 칭한다. | 김영남,《동일성 상상의 계보−근대 일본의 설화연구에 나타난 민족의 발견》, 제이앤씨, 2006.

09 하지만 모모타로는 다양한 해석이 가능하다. 훗날 나는 모모타로를 도교 텍스트로도 이해할 수 있음을 알았다. 키워드는 복숭아의 상징성이다. 여기서 '복숭아 동자' 모모타로를 여러모로 해석하는 길이 나온다. 민간에서는 복숭아나무가 생명력을 복돋우고 나쁜 기운을 물리치는 힘을 지녔다고 믿는다. 또 복숭아는 사기(邪氣, 부정한 기운)를 없애는 불로장생의 선과이며, 동시에 여성의 '심볼'이기도 하다. 여성의 생식력을 숭배하는 민간 신앙의 한 형태로도 볼 수 있는 거다.

모모타로의 동물 가신˚들을 유교의 덕목과 연결한 해석도 있었다. 원숭이는 지(智), 꿩은 용(勇), 개는 인(忍)과 의(義)로 상징한다는 것이다.

음양오행설에 따른 해석 역시 존재한다. 모모타로를 도와 개, 꿩, 원숭이가 오니를 쫓아내는데, 이는 오니가 사는 북동쪽 동물(호랑이, 소) 등과 반

대된다. 원숭이는 신(辛), 꿩인 닭은 유(酉), 개는 술(戌)로 서방을 속하는
'금'(禽) 계절로는 가을, 물질로는 금(金)을 나타내며 살생과 연관이 있다
는 것이다.

• 家臣

10　　모모타로를 '주체'와 '욕망'과 관련지은 해석도 등장한다.

　　'우연한 사건'에 의해 태어난 모모타로는 그 상태로는 '주체'로
자립할 수 없다. 주체가 주체로 성립하려면 자신의 의지에 의하여 무엇인
가에 대한 욕망을 가져야 한다. 무엇인가에 대하여 욕망을 갖는 순간 자
립적인 개인으로서의 '주체'가 탄생하는 까닭이다.

모모타로에게 욕망은 무엇인가. 도깨비를 정벌하려는 욕망이다. 개와 꿩,
원숭이는 수수떡을 받고 모모타로의 도깨비 섬 정벌에 동참한다. 그들은
도깨비 섬을 정벌하려는 모모타로의 욕망에 공감했던 거다. 모모타로의
욕망이 스스로의 자각에 의해 발생한 것임에 비하여, 가신들의 욕망은 모
모타로의 이야기를 듣고 발생한 '모방적인 욕망'이다. 욕망의 대상을 외부
(도깨비 섬)에 설정하자, '내부'의 공동체가 최초로 드러난다. 그것은 욕망
을 공유하는 공동체다. 도깨비가 퇴치되어야 하는 까닭도 이런 욕망의 문
제와 관련이 있다. 모모타로와 가신들이 도깨비를 퇴치한 것은 도깨비가
사악해서가 아니다. 도깨비 섬이 욕망의 대상으로서 공동체의 '외부'에 있
기 때문이었다.

이렇게 접근은 다양하지만, 모모타로 이야기를 근대적인 휴머니즘의 입
장에서 정치·사회적으로 해석하는 경우는 드물다.

샛길

월월화수목금금

러일전쟁에 승리한 후에도 일본 해군은 훈련의 강도를 늦춰서는 안 된다는 기조 아래 휴일에도 훈련을 진행했다. "이건 마치 월월화수목금금이 아닌가"라며 해군 사관 한 명이 동료에게 말했는데, 이 말이 해군 안에 널리 퍼졌다. 상부에서는 이것을 긍정적으로 해석한 모양인지, 〈월월화수목금금〉[*]을 제목으로 쉬지 않고 훈련하라는 내용의 군가까지 만들어 보급했다. "대양 함대에서 근무하는 늠름한 남아"란 가사의 노래는 해군 밖에서도 유행하여 직장인들 사이에서도 널리 불렸다. 군의 사기를 높이려는 노래지만, '휴일까지 뺏기고 이게 뭐 하는 짓인가' 하는 불만이 여전히 암시돼 있다.

• 〈月月火水木金金〉

일본 해군 홍보 포스터. 한 주의 일요일은 월요일로, 토요일은 금요일로 바뀌어 있다.

복숭아에서 태어난 아이, 모모타로

모모타로 이야기는 근대 이전까지는 다양한 버전이 존재했다. 에도 시대의 모모타로는 신비한 복숭아를 먹은 노부부의 아들인 경우가 많았고, 모험을 떠날 당시에는 대개 장성한 사무라이의 모습이었다고 한다. 어쨌든 메이지 정부가 정리한 모모타로 이야기는 다음과 같다. 할머니가 빨래를 하러 갔다가 개울에 떠내려온 복숭아를 발견한다. 할아버지와 나눠 먹으려고 집으로 가져왔는데, 복숭아가 갈라져 아이가 태어난다. 부부는 아이를 복숭아에서 태어났다고 해서 모모타로라고 부른다. 어느 날 모모타로는 할아버지

모모타로 이야기의 삽화. 메이지 시대

와 할머니에게 도깨비 섬에 가서 도깨비를 물리치고 오겠노라며 일본 제일의 수수떡을 가지고 집을 나선다. 여행 도중 개와 꿩과 원숭이를 만나서 수수떡을 주며 가신을 삼는다. 모모타로 일행은 도깨비 섬에 도착해서 도깨비를 격퇴하고 보물을 빼앗아 돌아온다.

일본의 민속학자 다카기 도시오˚는 모모타로를 '영웅 신화'로 보았다. 일본 국민은 영웅 신화를 좋아하는 기질이 있는데, 그것과 모모타로의 도깨비 섬 정벌이 맞닿는다는 것이다. 마쓰무라 다케오˚는 모모타로 설화를 대나무에서 태어난 아이가 등장하는 '치쿠오 전설'과 비교 연구했는데, 그 또한 모모타로 이야기 안에서 일본인

의 성격을 발견하려고 했다. 그것이 마찬가지로 도깨비 섬 정벌에서 드러난다는 것
이다. 이런 연구들은 자국의 해외진출을 정당화시킬 필요가 있었던 메이지 시대의
일본 정서와 정확히 부합한다.

하지만 민족은 어디까지나 근대의 발명품이다. 설화가 생겨났던 시기에 이미 근대
의 국가의식이 들어 있었다는 주장이 타당할까. 오히려 일본 민속학자들이 설화 연
구를 통해 일본 민족을 역사적 실체로 만들어낸 것에 가깝다. 다카기 도시오와 마
쓰무라 다케오가 공통적으로 도깨비 섬 정벌에서 상무정신과 해외진출의 특징을
이야기하는 것 또한 민속학이 당대 정치적 상황의 적극적 도구가 된 것에 가깝다.
그것은 모모타로라는 가상의 인물을 재료로 근대 국민국가의 이상적인 국민을 만
들어내려는 노력이었다.

• 高木敏雄(1876~1922) | 松村武雄(1883~1969)

일본의 오니, 한국의 도깨비

일본의 오니(鬼)를 일반적
으로 도깨비라고 번역하
지만, 오니와 도깨비는 사
실 사뭇 다르다. 우리의 도
깨비는 대체로 친근한 존
재다. 민담의 도깨비는 나
쁜 짓도 하지만 대부분 못
된 장난에 가깝고, 어리바
리한 면이 있어 인간에게
이득을 주기도 한다. '돈'
이 무섭다는 말을 곧이곧
대로 믿고 마당에 돈을 뿌
리고, '똥'이 무섭다고 하
니 밭에 거름이 되는 똥 벼
락도 내린다. 도깨비 방망
이도 뺏기고 도깨비 감투
도 내준다. 우리나라에서

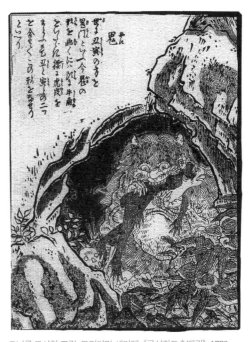

오니를 묘사한 그림. 도리야마 세키엔,《금석화도속백귀》, 1779.

'도깨비 같다'고 하면 행동이 엉뚱하고 의도를 알 수 없다는 뜻이다. 한편 일본에서
'오니 같다'고 하면 큰 욕이라고 한다.

오니는 원한을 가진 원혼으로, 원한의 대상을 찾아 복수하는 것으로 알려져 있다.
오니의 모습은 덩치가 크고, 머리에 뿔이 달려 있고, 눈을 부릅떴으며, 얼굴은 붉거
나 푸르거나 검고, 입에는 송곳니가 튀어나온 것이 전형적이나, 전승마다 다양한 외
양을 가졌다. 여성이나 아이로 변신해서 인간을 속이기도 한다. 헤이안 시대부터 오
니는 사람에게 위해를 끼치거나 사람을 잡아가 버리는 존재로 여겨졌으며, 오늘날

에 올수록 그 이미지는 심화되어 공포와 악령의 대명사처럼 되었다. 사탕수수, 꿀 등을 싫어한다고도 하고, 팥이나 콩을 싫어한다는 이야기도 있다. 일본에서는 대문 에 팥을 뿌려 오니의 접근을 막거나, 입춘 전야에 콩을 뿌려 오니를 내쫓는 의식을 치르기도 한다.

아쿠타가와 류노스케, 루쉰, 장빙린

《라쇼몬》(羅生門)의 작가 아쿠타가와 류노스케의 〈모모타로〉는 《선데이 마이니치》 1924년 7월 1일 자에 단편소설로 실렸다. 히노마루가 그려진 부채를 들고 약탈을 일삼는 모모타로는 누가 봐도 군국주의적 악당이다. 발표 당시의 평가는 부정적이었고 이후로도 아쿠타가와의 작품 중에서는 주목도가 덜한 편이라고 하나, 근래에는 재평가되어 반전(反戰) 소설이자 제국주의를 희화화시킨 작품으로 여겨진다.

루쉰은 중국의 대문호다. 국비장학생으로 일본에 유학, 의학을 배웠으나 국민의 의식 개조가 더 절박한 과제라는 결론을 내리고 문학의 길로 들어섰다. 전하는 이야기로는 의대 수업 자료로 등장한 환등기 사진이 그 계기였다는데, 한 중국인이 총살당하는 광경을 그저 지켜보기만 하는 다른 동포들의 모습이 그에게 강한 인상을 남겼던 것이다. 1918년 중국 최초의 현대소설로 평가받는 〈광인일기〉를 발표하여 이름을 알렸으며, 1921년에는 그의 대표작 〈아큐정전〉(阿Q正傳)을 연재하며 중국 사회에 큰 반향을 일으켰다. 초창기 루쉰은 정치와 연계된 문학은 참다운 문학이 될 수 없다는 입장이었으나, 1930년대에 들어서는 좌익작가연맹에 가입하는 등 정치적으로 활발하게 활동했다.

장빙린은 중국의 혁명가이자 학자다. 급진적인 운동가로 청 정부에 의해 수 차례 체포, 투옥되었다. 캉유웨이 등의 온건 노선을 비판하고 중화민국 건립에 참여, 쑨원(孫文), 황싱(黃興)과 함께 혁명삼존(革命三尊)이라고 불리지만, 말년에는 공산당을 반대하며 쑨원과도 갈라섰다. 정치적 격동의 한가운데에서도 늘 책을 놓지 않던 학자였던 그는 말년에 다방면의 학문 연구로 업적을 이루었다.

넷째 꼬부랑길

역사의 블랙박스를 읽는 법

01 귤은 추억이다. 감처럼 자기 집 마당에서 자라는 게 아니라서
더욱 그 냄새는 향기롭다. 반도의 땅에는 탱자밖에 자라지 않
지만 내지(內地)에 가면, 그것이 맛있고 큰 감귤이 되어 아무 데서나 열
린다고 했다. 식민지의 아이들이 일본을 '내지'(內地)라 하고 내 나라 땅
을 '반도'(半島)라고 불렀던 시절의 이야기다. ↪

그런데 놀랍게도 그 귤을 일본에 가져다준 사람이 신라의 왕손, 다지마모
리˙였다는 게 아닌가. 그것도 한국말이나 역사에 대해서는 입도 뻥긋 못
하게 하던 선생님들이 그렇게 가르쳤다.

• 田道間守 | ↪ 샛길 〈어머니와 귤〉

02 옛날 일본에서는 귤나무나 꽃을 '다치바나'˙라 했는데 그것
은 '다지마모리의 하나(はな, 꽃)'의 준말이라는 것이다. 요새
쓰는 '미캉'˙이라는 말도 귤이 삼한(三韓)시대에 들어왔기 때문에 생겼
다고도 했다. 일본말로 읽으면 '삼한'은 '미강'이 된다. ↪

그래서 창가˙ 시간에는 군가 대신 '다지마모리의 노래'를 배웠다. 풍금소

리에 맞춰 부른 "가오리모 다카이 다치바나오"*'는 '향기로운 귤을 가득
실은 배가 만 리의 먼바다에서 돌아온다'는 뜻이다. 그리고 2절은 '돌아와
보니 귤을 구해 오라고 한 스이닌 천황*은 이미 세상을 떠난 뒤였다'는
이야기로 이어진다.

• たちばな(橘) | みかん | 唱歌 | "香りも高い橘を" | 垂仁天皇, 수인천황 | ⤴ 샛길 〈제과업자들의
신, 다지마모리〉

03

일본의 식민지 통치자들이 다지마모리에 집착했던 이유는 단
한 가지였다. '신라의 왕손이 일본 천황의 명을 받들어 충성을
다했고 생전에 그 임무를 완성하지 못하자 한을 품고 슬퍼 울다가 그 능
앞에서 순사(殉死)를 했다'는 스토리텔링을 이용해 내선일체를 선전하려
한 것이다.

창가 시간에 다지마모리를 노래한 아이들은 극장의 단체관람 시간에는
〈기미토보쿠〉*라는 리진샤쿠* 상등병의 영화를 보았다. 조선인 1호 지원
병으로 천황폐하 만세를 부르고 '장렬하게' 전사하는 장면을 보여주기 위
한 것이다. 다지마모리의 이야기에서 신라의 역사가 강조되는 것처럼, 그
영화에서는 낙화암에서 떨어져 죽은 삼천궁녀의 백제 역사가 부각된다.
실제로 그 영화는 충남 부여에서 촬영됐고, 평소에 잘 부를 수 없었던 '낙
화삼천'이나 민요 '양산도'도 들려온다. 1300년 전 옛날이나 오늘 전쟁터
에서 일어난 이야기나 일본의 역사에는 시차*란 것이 존재하지 않는다.
그들이 쓴 역사는 단 두 마디로 줄일 수 있다. "천황폐하 만세!"다. ⤴

• 〈君と僕〉(너와 나), 1941 | 李仁錫(이인석, ?~1939) | 時差 | ⤴샛길 〈일제시대 블록버스터 영화
'기미토보쿠'〉

04　　그런데 이따금 자랑스러운 '야스쿠니' 신사의 영령들 유품에서
이상한 편지가 나온다. 그것은 여러 가족이 굶어죽게 생겼다는
생활고 이야기 끝에 "네가 천황폐하 만세를 부르고 명예롭게 전사하기를
원한다"는 사연이 적혀 있다. 그래야 그냥 죽는 것보다 은사금을 많이 받
고 일가족을 살릴 수도 있는 것이다.

이렇게 코앞에 일어난 일도 우리는 모른다. 매일 휴대전화를 사용하면서
도 우리는 그 속에 어떤 장치가 어떻게 작동하고 있는지 모르는 것처럼
말이다. 아니, 반도체의 그 복잡한 회로는 아예 들여다볼 수도 없게 만들
어져 있다. 모르며 사용하고, 몰라도 사용할 수 있는 것이 오늘의 전자제
품들이다. 그것을 가리켜 '블랙박스'*라고 한다.

열 길 물속은 알아도 한 길 사람 속은 모른다고 한다. 인간의 속마음이 바
로 블랙박스가 아닐까. 우리는 그 속을 모르는 사람들과 직장에서 일을 하
고 친구로 사귀고 결혼을 한다. 우리 운명을 좌우하는 지도자들을 뽑는다.
날이 갈수록 기계도 사람도 복잡해져서 블랙박스 효과는 점점 더 커진다.

* Black box. 항공기 등의 '블랙박스'와는 별개의 용어다.

05　　역사는 블랙박스의 블랙박스다. 일본의 역사가 특히 그렇다.
일본 인터넷에 올라와 있는 다지마모리의 역사 추리소설은 신
라 왕족 천일창(天日槍, 일본명 아메노히보코)과 일본의 수인천황 사이에
보물 칼을 둘러싼 원한관계가 그려져 있다. 다지마모리는 순사를 한 것이
아니라 복수를 한 것으로 되어 있다.

"너의 죽음은 순사가 아니라 미담으로 왜곡 이용될 것이다."

이것이 소설의 마지막 대화다. 리진샤쿠 아니, 이인석은 왜 지원병이 되었는가. 왜 천황폐하 만세를 부르고 죽었는가. 진짜 동기도, 전사 장면도 깜깜한 역사의 블랙박스 안에 있다. 그러나 그러한 죽음의 이야기가 누구를 이롭게 하는지는 불을 보듯이 환하다. 추리소설의 법칙에 따르면 죽음으로 덕을 보는 자가 곧 범인이다. 그렇다면 리진샤쿠의 조작극으로 가장 이득을 챙긴 이는 누구일까? 전쟁터에 한국 젊은이들을 끌어들여 누가 이득을 보았는지를 따져 보면 범인의 꼬리를 잡을 수 있다. ➤

➤ 샛길 〈지원이 아니라, 강요였다〉

06 항공기의 블랙박스는 그 말 때문에 검은색인 줄 아는 사람이 많지만 실제 색은 찾기 쉬운 오렌지색 아니면 붉은색이다. 지원병이라는 말도 그렇지 않은가. 말뜻만 따지자면 자신의 의지대로 지원했다고 하지만 실상은 반대였다. 위안부도 창씨개명도 다 조선인이 스스로 선택한 거라고 둘러댄다. 귤도, 다지마모리도, 리진샤쿠도, 그 많은 친일파 이야기도 역사의 블랙박스 안에 갇혀 있다. 친일을 단죄하는 것 이상으로, 그 친일의 허구를 만들어낸 일본 역사의 블랙박스를 깰 수 있는 추리력이 중요하다. 그런데 만약 한국의 젊은이가 역사추리에 흥미가 없거나 역사의 이면을 외면한다면 누가 이 블랙박스를 부숴 해독할 수 있을 것인가.

07 일제가 다지마모리 이야기를 가르친 까닭은 무엇일까?
일제는 우리 역사를 가르치지 않으려고 했지만, 자신들의 입맛에 맞는 역사만큼은 어린아이들에게 가르쳤다. 다지마모리 이야기도 한반도 침략을 정당화하고, 그가 천황을 위해 순사한 것을 강조했다. 일본에 대한 충성심, 일본 천황을 공경하기 위한 장치로 이용한 것이다. 한국 역사를 절대 안 가르치고 터부시켰지만, 자기들에게 유리한 것은 가져다 써먹었다.

그러나 그 정보만 오는 게 아니다. 어린아이들은 그 얘기를 들으면서 신라가 일본보다 훨씬 높은 문화를 가졌었구나, 우리가 일본에 문화를 전혀 주었다는 것을 알게 된다. 의도는 A에 있었지만 받는 사람에게는 B, C, D 등의 여러 정보가 묻어오는 게다. 오히려 그런 역사교육이 우리가 누구였는지에 대해 눈뜨게 된다.

08   일제의 의도와는 달리 아이들은 다른 많은 걸 깨닫게 되었다. '일본의 신으로까지 떠받들어진 다지마모리가 신라인이라니…' '고대에 우리가 일본에 영향을 끼쳤다니…' 그런 사실을 되레 깨닫게 된 것이다. 일제야 자기식대로 통치하려고 했지만 어린아이들은 우리가 문화를 전수해줬음을, 일본에서 신적인 존재로 떠받들어졌음을 알았다. 어둠은 빛의 씨앗을 품은 게다.

웅녀가 굴에서 어둠을 참고 태어나듯이 아이가 태내에서 자라듯이 일제 36년간, 일제시대의 학교는 우리에게 어두운 동굴, 어머니의 자궁 역할을 한 것이다. 그리고 36년 동안 어둠을 이겨내고 다시 태어났다. 생명의 DNA, 유린당하고 고통을 당하는 속에서도 지지 않고 끊임없는 생명력이 우리에게 있었다. 그런 생물학적 유전자 때문에 우리는 문화에 적응하고 돌파할 수 있었던 게다. 일제 강점기를 겪지 않았다면, 광개토대왕이 우리와 어떤 관계인지 몰랐을 것이고 근과거와 근미래밖에 몰랐을지도 모른다. 그러나 이때 우리는 1300년까지 거슬러 올라간 역사의 시간을 알게 되었다.

샛길

어머니와 귤

내가 열한 살 때 수술을 받기 위해서 어머니는 서울로 가셨다. 이른바 '대동아전쟁'
이 한창 고비였던 때라 마취제도 변변히 없는 가운데 수술을 받으셨다고 한다. 그
런 경황에도 어머니는 나에게 예쁜 필통과 귤을 보내주셨다. 필통은 입원하시기 전
에 손수 골라서 사신 것이지만, 귤은 어렵게 어렵게 구해서 병문안 온 손님들이 가
져온 것이라고 했다. 어머니는 귀한 것이라고 머리맡에 놓고 보시다가 끝내 잡숫지
를 않으시고 나에게로 보내주신 것이다.

그 노란 귤과 거의 함께 어머니는 하얀 상자 속의 유골로 돌아오셨다. 물론 그 귤은
어머니도 나도 누구도 먹을 수 없는 열매였다. 그것은 먹는 열매가 아니었다. 그것
은 사랑의 태양이었고, 그리움의 달이었다. 그 향기로운 몇 알의 귤은 어머니와 함
께 묻혔다.

서울로 떠나시는 마지막 날, 어머니는 나보고 다리를 주물러 달라고 하셨다. (중략)
왜 그랬던가. 어머니에게 나는 숙제를 해야 한다고 핑계를 부리고는 제대로 다리를
주물러드리지 않았다. 어머니는 내 얼굴을 물끄러미 쳐다보셨다. 나는 어머니의 신
병이 무엇인지 잘 몰랐던 것이다. 그것이 정말 마지막인지 몰랐던 것이다.

나는 더러 산소에 갈 때 귤을 산다. 홍동백서의 그 색깔에는 지정되어 있지 않은
과일이지만 제상에다가 귤을 고인다. 그때마다 지천으로 흔하게 나돌아다니는 귤
을 향해서 분노를 한다. 어머니가 소중하게 머리맡에 놓아두고 가신 그 귤은 그렇
게 흔한 것, 지폐 몇 장으로도 살 수 있는 그런 귤이 아니기 때문이다. 내 이제 어
디에 가 그 귤을 구할 것이며, 내 이제 어디에 가 어머니의 다리를 주물러 드릴 수
있을까. *

* 이어령, 《어머니와 아이가 만드는 세상》, 문학사상사, 2003.

제과업자들의 신, 다지마모리

《일본서기》 2권에는 일본으로 건너간 신라의 왕자 천일창, 일본명 '아메노히보코'
의 이야기가 등장한다. 배를 타고 일본으로 건너간 아메노히보코는 구슬, 칼, 방패
등의 8개 물건을 천황에게 바쳤다. 천황이 그에게 마음에 드는 곳에서 살라고 했고,
이에 아메노히보코는 다지마*국에 정착했다. 이 아메노히보코의 후손이 바로 다지
마모리다.

고사기에 따르면, 어느 날 천황은 다지마모리에게 비시향과(非時香菓, 도키지쿠노카구
노코노미)를 구해달라고 했다. 다지마모리가 도코요국에서 그것을 발견하여 여덟 개
를 따왔으나 그사이 천황은 이미 세상을 떠났다. 다지마모리는 열매를 둘로 나눠
반은 황후에게 주고, 나머지는 천황의 묘로 가져갔다. 그는 열매를 들고 "비시향과
를 가져왔습니다"라고 울부짖다가 죽고 말았다. 비시향과는 오늘날의 귤을 말한다.
감귤류를 뜻하는 '다치바나'라는 말도 다지마모리에서 유래했으며, 제과업자들은
그를 화과자의 신으로 모신다고 한다.

• 但馬

일제시대 블록버스터 영화 〈기미토보쿠〉

〈기미토보쿠〉 포스터

1941년 영화 〈기미토보쿠〉는 당대 동아시아 최고의 배우들이 총출연했던 국책 홍보 영화다. 일반 영화사가 아니라 일본군 선전기관인 조선 주둔군 산하 조선군보도부가 제작을 맡았으며, 대대적인 홍보와 함께 한일 양국에서 동시 개봉했다. 일본 문교부에 의해 추천 영화로 지정되어 학생들이 극장으로 동원됐으니, 당시 학교에 다녔던 한국인들에게는 단체 관람의 기억으로 남을 수밖에 없었던 영화다. 한편 일본 영화 잡지 《신영화》 1942년 1월호에서는 "누가 봐도 알 수 있는 것처럼 이것은 영화로서 치졸하기 짝이 없는 작품이다.

좀 더 심하게 말하면 영화로서의 폼조차 이루지 못하고 있는 것이다"라며 혹평하기도 했다.

영화에는 일본 영화계의 일급 스타들, 그리고 만주국의 유명 배우였던 리샹란(야마구치 요시코), 그리고 한국인으로는 당대 최고의 배우들이었던 황철, 심영, 서월영, 이금룡, 복혜숙, 문예봉, 김신재, 김소영 등이 출연했다. 감독은 조선 출신인 허영(일본이름 히나쓰 에이타로)이 맡았으며, 주연을 맡은 김영길은 당시 일본에서 유명했던 오페라 가수였다.

선전의 주된 목적은 한국인 지원병 제도로, 내선일체의 정신이 전면적으로 강조되었다. 대사는 당연히 모두 일본어였다. 현재 영상은 1/5 정도만 남아 있는 상태지만, 뱃사공 역을 맡은 김정구가 주제가 〈낙화삼천〉을 부르는 장면이나 김영길이 민요 〈양산도〉를 부르는 장면 등은 여전히 주목할 만하다. 그러나 이런 볼거리들이 지원병 모집이라는 목적을 위해 동원한 장치라는 걸 알면 속 편하게 관람하기 어려워진다.

> "광복 이전 조선에서 가장 뛰어난 남자 배우로 꼽혔고 광복 이후 월북해 북한에서도 최고의 대우를 받은 황철이, '덴노헤이카 반자이(천황폐하 만세)'를 외치며 죽은 조선인 지원병 제1호 전사자 이인석 역을 열연하는 장면이나, 어색하기는커녕 충분히 아름답기만 한 김소영의 기모노 입은 모습 등을 보면, 권력의 필요에 부응하는 예술의 빛과 그림자를 여실히 보게 된다."•

• "대동아 올스타' 출연 영화의 달콤 씁쓸한 향연",《오마이뉴스》, 2009년 5월 20일 자.

지원이 아니라, 강요였다

중일전쟁이 장기화되고, 일본이 미국과의 전쟁에 돌입함에 따라 식민지 젊은이들에게도 "일본 신민으로서 동등하게 죽을 수 있는 권리"가 확대되었다. 일본 육군이 조선인의 동원을 본격적으로 검토한 것은 1937년부터다. 일반 조선인들을 대상으로 하는 병역의무는 1944년 4월의 징병령부터였지만, 실제로는 1938년의 육군특별지원병제도를 통해 '지원'이라는 형식으로 조선인들도 전선에 투입되었다. 특히 "징병 적령을 초과 또는 징병적령자로 중등학교 졸업 정도를 입학자격으로 하는 수업연한 2년 이상 학교에 재학하는" 조선인 학생들을 지원 대상자로 선정, 학교와 지역은 물론 친인척까지 동원하여 승낙할 때까지 집요하게 '지원'을 종용했다. 이 결과 해당자 6203명 전원이 신체검사의 대상이 되었고, 신체불구자를 제외한 70.7%가 학도병으로 지원하는 성과를 올렸다. 이렇게 동원된 조선인 학도병은 각 전투부대의 내무반에 배치되었는데, 학생들은 특권계급 출신이라는 이유로, 또는 조선인이라는 이유로 심한 체벌에 시달리기도 했다.

창씨개명은 '정신동원'으로 분류되었지만 병력동원과도 관계가 있다. 일본인은 같은 성이 거의 없어 보통 성만으로 인물을 구분한다. 반면 조선인은 같은 성이 많으니 성을 부르면 여러 명이 대답하니 지휘에 혼선이 생긴다는 것이었다. 결국 창씨개명이 병력동원의 전제조건이었던 셈이다.

다섯째 꼬부랑길

아버지의 아버지의 아버지

01 누가 일제 시대 '국민학교'를 다니던 때의 느낌과 그 상황을
시로 써보라고 한다면, 아마 나는 이상˚의 연작시 〈오감도〉
(烏瞰圖) '시제1호'와 '시제2호'를 표절할지 모른다. 무엇보다 그때의 음
산하고 어두운 장면들을 조감(鳥瞰)하려고 할 때 나는 어쩔 수 없이 솔
개나 학이 아니라 한 마리 까마귀가 되어야 한다. 그러니 별 수 없이 이
상처럼 조감도를 오감도(烏瞰圖)로 고쳐 쓸 수밖에⋯. ➥

또 지성보다 '오감'으로 역사의 가도를 달리는 아이들의 오감도(五感圖)
이기도 하다. 그러므로 자연히 그 아이들의 모습은 "13인의 아이가 도로
로 질주하는" 이상의 〈오감도〉 '시제1호'를 그대로 닮게 된다. 역시 "길은
막다른 골목이 적당"할 것이고 "아이들은 무섭다고 그럴" 것이다.

13人의 兒孩가 도로로 질주하오.

(길은 막다른 골목이 적당하오.)

제 1의 兒孩가 무섭다고 그리오.

제2의 兒孩도 무섭다고 그리오.

제3의 兒孩도 무섭다고 그리오.

제4의 兒孩도 무섭다고 그리오.

제5의 兒孩도 무섭다고 그리오.

제6의 兒孩도 무섭다고 그리오.

제7의 兒孩도 무섭다고 그리오.

제8의 兒孩도 무섭다고 그리오.

제9의 兒孩도 무섭다고 그리오.

제10의 兒孩도 무섭다고 그리오.

제11의 兒孩가 무섭다고 그리오.

제12의 兒孩도 무섭다고 그리오.

제13의 兒孩도 무섭다고 그리오.

십삼인의 兒孩는 무서운 兒孩와 무서워하는 兒孩와 그렇게뿐이 모였소.

(다른 사정은 없는 것이 차라리 나았소)

그중에 1인의 兒孩가 무서운 兒孩라도 좋소.

그중에 2인의 兒孩가 무서운 兒孩라도 좋소.

그중에 2인의 兒孩가 무서워하는 兒孩라도 좋소.

그중에 1인의 兒孩가 무서워하는 兒孩라도 좋소.

(길은 뚫린 골목이라도 적당하오.)

13인의 兒孩가 도로로 질주하지 아니하여도 좋소.

02 시의 형태도 마찬가지다. 제1에서 제13까지의 아이들을 매스
게임을 하듯 순서대로 줄지어 놓은 그 시 1호의 도형은 우리
아이들이 매일 아침 교정에 도열하여 규조요하(宮城遙拜, 궁성요배)를
하며 '황국신민의 서사'를 외치던 것과 다를 게 없다. 13이란 숫자가 조
선 13도˚를 가리킨 것인지, 최후 만찬의 예수와 제자가 모인 서양의 불
길한 13수˚인지는 몰라도 그 질주하는 집단이 무서워하는 아이와 무서
운 아이의 혼합체라는 것은 틀림없는 일이다. ⇨

일본 사람들이 한국 애들에게 가르친 내선일체의 동조론˚이란 것이 바로
그런 것이다. 정말 그들과 우리가 한 몸뚱이˚라면 왜 황국신민을 매일 아
침 맹세해야만 하는가. 진짜 아버지가 친자식에게 매일 아침밥 먹기 전에
"나는 아버지 아들입니다"를 외치라고 하는 것을 본 적이 있는가. 황국신
민의 맹세를 반복할 때마다 황국신민이 아니라는 것을 여실히 알게 되는
것이다. 자기들은 내(內)를 차지하고 한국인은 비하할 때 부르는 센진(鮮
人)의 선(鮮)으로 부르는 내선일체란 구호 자체가 모순을 품고 있는 것이
아닌가. ⇨

• 道 | 數 | 同祖論 | 一體 ⇨ 샛길 〈황국신민 서사를 만든 사람도 한국인이었다〉 | 내선일체, 2 학교
고개 5-04 | 3 한국말 고개 2-01, 05 | 10 아버지 고개 4-03 | 10 아버지 고개 5-05

03 한일합병 후 한국을 여행한 일본의 시인 다카하마 교시˚는 그
의 글 〈조선〉에서 조선 아이와 일본 아이가 섞여 놀고 있는 것
을 보면서, 그리고 한국인 동네에서 가게를 열고 있는 일본 부인을 보면
서, 조선 사람이 일본화하는 것이 아니라 "일본 사람이 조선화"하는 것을

두려운 눈으로 바라보면서, 그 큰 충격에 대해 고백하고 있다.

이상의 시제1호가 '아이'라는 말을 횡으로 집단화한 도형 형태의 시라고 한다면, 시제2호는 '아버지'라는 말을 종으로 이어놓은 선형 모양의 시라고 할 수 있다. 아이의 시가 사회의 집단성을 보여준 '공간축의 오감도'라면, 아버지의 시는 역사의 지속성을 나타내는 '시간축의 오감도'라고 할 수 있다.

나의아버지가나의겨테서조을적에나는나의아버지가되고또나는나의아버지의아버지가되고그런데도나의아버지는나의아버지대로나의아버지인데어쩌자고나는작고나의아버지의아버지의아버지의……아버지가되니나는웨나의아버지를껑충뛰어넘어야하는지나는웨드듸어나와나의아버지와나의아버지의아버지와나의아버지의아버지의아버지노릇을한꺼번에하면서살아야하는것이냐

- 高浜虛子(1874~1959) 하이쿠 시인, 소설가. 하이쿠 잡지 《두견》(ホトトギス)의 발행인이며 여러 사물을 노래한 와카나 하이쿠를 썼다. 수많은 인재를 기르고 하이쿠 보급에도 힘쓴 시인이며 나쓰메 소세키의 영향을 받아 죽음과 삶을 함께 이야기하는 사생(死生) 문체로 된 소설을 쓰기도 했다.

04 그들이 동조론을 펴면 펼수록 아이들은 아버지의 아버지 또 그 아버지의 아버지로 거슬러 올라가게 된다. 일본도 마찬가지다. 개인이나 만세일계라는 천황가나 아버지의 아버지를 강조하면 강조할수록 그 결과는 아주 수상해진다. ⤷

왜냐하면 일본 황실의 상징으로 역대 천황의 즉위식이 열렸던 정전인 시신덴˚의 오른편에 심는 다치바나˚를 신라의 왕손 다지마모리가 구해다준 것이 아닌가. 그의 할아버지는 일본인이 또한 신으로 모시는 아메노히

보코, 일본에 철과 병기 등의 기술을 전파했던 통치자다.

• 紫宸殿 | 귤(橘) | ↪ 샛길 〈조선과 일본은 한 민족?〉

05 메이지 시대의 사학자 구메 구니타케˙ 교수가 〈일본의 신도는 제천의 옛 풍습〉˙이라는 글을 썼다가 도쿄대에서 파면당한 일을 생각해 보면 그들이 두려워한 고대사의 블랙박스 속에 무엇이 들어 있었는지 짐작이 간다. ↪

일본 황실에서 갈라진 헤이게(平家)와 겐지(源氏)의 두 무사집단이 바로 백제계와 신라계의 후예들이라는 문제 제기는 일본의 저명한 역사 소설가이며 추리작가인 사카구치 안고˙만의 생각이 아니다. 일본의 인터넷 블로그에서는 금기시하던 그런 논의들이 활발하게 전개되고 있기 때문이다. '헤이게'가 모셔온 교토의 히라노 신사가 비류와 온조 그리고 성왕 등 백제의 다섯 임금을 모시는 곳이라는 것은 간무덴노의 황후가 백제인이라는 것처럼 공개된 사실이다. '겐지'가를 이끈 주역의 이름에도 '신라' 자가 붙어 있는 경우가 있는 것도 그 엑스 파일의 하나다. ↪ ↪

내선일체를 배우면서 오히려 아이들은 자신도 모르게 아버지의 아버지로 거슬러 올라간다. 그러면서 한국의 민족과 일본 고대의 블랙박스를 통해 잃어버린 아버지들의 탱자나무를 배우고 있었다. ↪

• 久米邦武(1839~1931) | 〈神道は祭天の古俗〉,《史学会雑誌》1891년 10-12월호 | 坂口安吾 (1906~1955) | ↪ 샛길 〈구메 구니타케 교수가 쫓겨난 까닭〉 | 샛길 〈"간장선생"의 작가, 한일 동족설을 주장하다〉 | 샛길 〈신라사부로 요시미쓰〉 | 내선일체, 2 학교 고개 5-04 | 3 한국말 고개 2-01, 05 | 10 아버지 고개 4-03 | 10 아버지 고개 5-02

샛길

황국신민 서사를 만든 사람도 한국인이었다

'황국신민의 서사'는 일제가 1937년
에 고안한 맹세이다. 조선인의 '황국
신민화'를 추진하던 조선총독부 학
무국의 기획으로, 학무국장 시오바
라 도키사부로[*]의 3대 모토 '국체명
징', '내선일체', '인고단련'을 구체적
으로 실천하는 방식이 적혀 있었다.
문안은 학무국 촉탁으로 있던 이각
종의 작품이고, 학무국 사회교육과
장 김대우가 관련 실무를 맡았다. 그
해 10월부터 각급 학교의 조례와 모
든 집회에서 제창하도록 했고 출판
물에도 의무적으로 게재하도록 했으
며, 학생들은 이것을 암송해야 했다.
당시 총독 미나미 지로[*]의 '황국신
민의 서사' 친필 복사본이 매일신보

황국신민의 서사

부록 편으로 전국에 뿌려졌다고 한다. 해방 후 이각종과 김대우 모두 반민특위에
체포되기도 했다.

• 鹽原時三郎(1896~1964) | 南次郎(1874~1955)

조선과 일본은 한 민족?

일본과 한국의 고대사 연구를 통해 일본의 조선 지배를 정당화하려는 노력은 에도 시대 말기부터 이어져 왔다. 일선동조론은 조선과 일본이 원래 같은 민족이라는 이론으로, 따라서 일본이 조선과 한 나라인 것이 당연하다는 결론으로 이어진다. 일선동조론의 대표적인 학자는 호시노 히사시,* 기다 사다키치* 등으로, 기다 사다키치는 〈일선양민족동원론〉*이라는 논문에서 유물, 언어, 신화, 풍습 등 여러 측면을 볼 때 일본과 조선 두 민족이 그 뿌리가 같은, 동일한 민족이라고 주장했다. 역시 같은 피를 나눈 근친관계인 두 나라가 합쳐지는 것이 당연하다는 이야기다. 그는 인종적 차이에 의한 민족 구분론은 수용하였지만 그것에는 한계가 있다고 보았고, 오히려 천황으로 대표되는 정신적인 측면이 일본 민족과 그렇지 않은 민족의 구별에 더 중요하다고 주장했다. 즉 조선인도 천황의 '은혜'를 누린다면 일본인이 된다는 거다.

일선동조론은 '내선일체'라는 구호를 통해 정책적으로 심화되었고, 이는 황국신민화 정책으로 이어진다. 또한 만주사변 이후 일선동조론은 더욱 확장되어 만주, 심지어 몽골마저도 일본과 하나라는 대아세아주의(大亞細亞主義)로 변신하였다.

• 星野恒(1839~1917) | 喜田貞吉(1871~1939) | 〈日鮮兩民族同源論〉, 《民族と歷史》, 1921.

구메 구니타케 교수가 쫓겨난 까닭

스사노오노 미코토, 우타가와 구니요시, 19세기

구메 구니타케는 일본 역사학의 선구자로, 필화사건 당시에는 도쿄대학 교수였다. 젊을 때는 이와쿠라 사절단의 일원으로 시찰 보고서를 집필하는 데 지대한 공헌을 했으며, 일본 국사편찬작업에도 깊이 관여했다. 1892년, 그는 〈일본의 신도는 제천의 옛 풍습〉이라는 논문을 집필했는데, 요지는 일본의 신도(神道)란 일본 특유의 종교라기보다는 동아시아의 공통된 풍속인 하늘을 모시는 것의 일종이라는 것이었다. 이 논리에 따르면 천황이 하늘의 최고신이 아니라 많은 천손족의 무리들 가운데 하나의 제후*에 불과하다는 의미가 된다고 하여 당시 신도가(神道家)들의 극렬한 비판을 받았다. 다케하야 스사노오노 미코토*가 신라 땅에서 배를 만들어 타고 동해를 건너가 일본 이즈모 땅에서 머리 8개 달린 뱀을 퇴치했다는 일본의 대표적 개국신화에 대해서도 그는 "다케하야 스사노오노 미코토는 신라국의 군주로 일본에서 '신라대명신'(新羅大明神)으로 숭배받았다"는 점을 부각시켰다. 이 또한 국수주의자들의 비난을 샀고, 그는 대학에서 쫓겨나고 말았다. 이것이 일명 '구메 구니타케 필화사건'이다.

* 諸侯 | 建速須佐之男命 |《古代史》, 1907.

〈간장선생〉의 작가, 한일 동족설을 주장하다

영화〈간장선생〉*의 원작자로 한국에서도 잘 알려진 일본의 소설가 사카구치 안고
역시 한일동족설의 주장자다.

"고대에 고구려 · 백제 · 신라 등 삼한과, 중국대륙 및 남양 방면으로부터 끊임없이
씨족적으로 집단 이주해왔다. 그들은 이미 도호쿠*지방의 변경지대며 이즈*의 7
개 섬에 이르기까지 각지에 흩어져 토착(土着)해 살았다. 또한 그 당시는 아직 '일본'
이라는 나라 이름도 없었던 시대였기 때문에, 이주해온 사람들은 어느 특정한 나라
사람들이라기보다는 부락민 또는 씨족의 구성원으로서 다른 집단들과 뒤섞여 살게
되었다고 본다. 그런 가운데 그들 속에서 유력한 호족이 나타나게 되고, 본국으로부
터 유력한 씨족들이 계속해서 건너옴으로써 차츰 중앙정권을 이루기 위한 다툼이
생기게 되었다고 본다. 특히 바로 코앞에 있는 한국으로부터 이주해온 사람들이 호
족을 대표하는 중요한 존재가 되었다는 것은 틀림이 없다."*

• 〈肝臟先生〉, 1998. | 東北 | 伊豆 |《坂口安吾全集 第12卷》, 講談社, 1983.

신라사부로 요시미쓰

오쓰시의 신라선신당

일본 시가현*오쓰시*에 있는 신라선신당(新羅善神堂) 안내판에는 "이 건물이
1339년에 재건되었으며 신라선신당에 모셔진 신라 신은 원성사를 개산*한 지증대
사의 수호신이다. 신상*은 국보이며, 이곳에서 미나모토노 요시미쓰(源義光)가 원
복(元服, 성인식)을 한 뒤 이름을 신라사부로 요시미쓰(新羅三郎義光)로 이름을 바꾸었
다"라는 내용이 적혀 있다.*

• 滋賀県 | 大津市 | 開山 | 神像 | "일본 시가현 오오츠시에 웬 신라선신당?",《우리문화신문》, 2019
  년 4월 19일 자

11

장독대 고개

근대가 상실한 사이의 공간

◆ 첫째 꼬부랑길 ◆

역사의 뒤꼍 한국의 장독대와 툇마루에 있는 것

◆ 둘째 꼬부랑길 ◆

바람과 물로 지은 강변의 집

역사의 뒤꼍 한국의 장독대와 툇마루에 있는 것

01 　國破山河在

　　　나라가 패망하니 남은 것은 산과 강뿐이요,

城春草木深

성 안에 봄은 와도 풀과 나무만이 푸르렀구나. *

나라 잃은 아버지들이 늘 마음속에서 외우고 다녔다는 두보의 시 한 구절이다. '나라 국'(國) 자에서 네모난 테두리 '口'를 빼보면 더욱 그 뜻이 명확해진다. 국경을 잃은 나라는 '혹'(或) 자가 되는데 옛날에는 '나라 국' 자를 그렇게 썼다. 다시 그 글자에서 성곽의 '口'를 빼면 병기 * 를 의미하는 '과'(戈) 자만 남는다. 하지만 성을 잃으면 무기의 의미도 없어진다. 결국 마지막에 남는 것은 그것들을 받쳐주고 있는 '한 일'(一) 자의 땅이다. 그것이 산하며 초목인 자연이다.

$$一 (+口) \rightarrow 므 (+ 戈) \rightarrow 或 (+ 口) \rightarrow 國$$

그런데 반도가 바다와 대륙 사이에 있는 것처럼 그 반도의 문화에는 인간과 자연을 매개하는 중간 공간이 존재한다. 그것이 툇마루와 장독대가 있는 한국의 뒤울안 공간이다. 군화 소리가 아무리 크게 울려도, 대문 빗장이 벗겨져 바깥바람이 세게 몰아쳐도 그것은 집안 앞뜰에서 멈춘다.

• 두보(杜甫), 〈춘망〉(春望) | 兵器

02 놋주발과 놋대야, 모든 쇠붙이를 공출로 걷어가던 날, 손때 묻은 그 살림 도구를 망치로 조각을 내던 날, 어머니가 그 아픔을 견뎌내신 곳도 바로 그곳이었다. 인기척이 없는 뒤꼍 툇마루와 장독대에서는 장들처럼 조용히 아주 조용히 부글대는 생명들이 발효되고 있었다. 분을 삭이고 오랜 소망의 기도가 숙성되어 간다.

그것이 외적들이 침략하기 훨씬 그 이전부터 한반도의 삶과 문화를 숙성시킨 생명 공간이었다. 모진 시집살이를 견뎌낸 곳도, 남편의 구박을 이겨낸 곳도 바로 눈물방울과 손때로 찌든 그 툇마루였다. 어떤 역사도 범하지 못하는 그 집안 장맛을 담은 장독대였다. 정말인가. 미당 서정주 시인이 쓴 〈외할머니의 뒤안 툇마루〉란 시 한 편을 읽어보면 알 것이다.↪

할머니네 집 뒤안에는 장판지 두 장만큼한 먹오딧빛 툇마루가 깔려 있습니다. 이 툇마루는 외할머니의 손때와 그네 딸들의 손때로 날이날마다 칠해져 온 것이라 하니 내 어머니의 처녀 때의 손때도 꽤나 많이는 묻어 있을 것입니다마는, 그러나 그것은 하도나 많이 문질러서 인제는 이미 때가 아니라, 한 개의 거울로 번질번질 닦이어져 어린 내 얼굴을 들이비칩니다.

그래, 나는 어머니한테 꾸지람을 되게 들어 따로 어디 갈 곳이 없이 된 날은, 이 외할머니네 때거울 툇마루를 찾아와, 외할머니가 장독대 옆 뽕나무에서 따다 주는 오디 열매를 약으로 먹어 숨을 바로 합니다. 외할머니의 얼굴과 내 얼굴이 나란히 비치어 있는 이 툇마루에까지는 어머니도 그네 꾸지람을 가지고 올 수 없기 때문입니다.

↪ 서정주, 10 아버지 고개 1-01

03 　어머니의 어머니의 어머니로 거슬러 올라가는 '툇마루'는 이미 우리가 읽었던 이상의 연작시 〈오감도〉 '시제2호'에 나오는 "아버지의 아버지의 아버지"로 거슬러 올라가는 것과 대조를 이루는 장소다. 아버지 손에 든 도끼(斧)와 무기(戈)를 빼앗겨도 천기에 따라서 장독 뚜껑을 열고 닫는 어머니의 손은 묶이지 않는다. 그래서 나라를 떠나 뿔뿔이 흩어져도 우리는 그 땅을 모국˙이라고 부르지 않았는가. ↪ ↪

기억할 것이다. "어머니 몸 안에 바다가 있었네"라는 그 대목. 우리는 20억~30억 년 전에 모태에서 겪었던 생명의 역사를 기억한다. 그까짓 36년은 불똥만도 못한, 그 왕양한 자궁 속의 바다를 말이다. 그런데 바다와 육지를 이어주는 매개 공간이 없었더라면 어떻게 바다의 생명체들이 뭍으로 올라올 수 있었겠는가. 그 매개 공간이 반도이고 그 반도를 집으로 옮겨 온 것이 우리의 툇마루요, 장독대다. ↪

• 母國 | ↪ 도끼, 10 아버지 고개 1-05 | 10 아버지 고개 5-01 | 12 이야기 고개 2-03 | ↪ 이상, 6 식민지 고개 3-01 | 10 아버지고개 1-05 | ↪ '한국인 이야기', 《너 어디에서 왔니》 2 배내 고개

04 　과장이 아니다. 다른 나라에서는 볼 수 없는 툇마루 공간은 건축적으로 볼 때 안도 아니요, 바깥도 아니다. 그리고 장독대 역시 지붕이 있는 내부 공간도 아니면서 비와 이슬에 그냥 노출된 바깥 공간도 아니다. 툇마루는 바깥과 안을 잇는 매개 공간인데 바깥 공간은 개방적이나 내부 공간은 종이나 천 같은 가공적인 소재로 꾸며진다. 자연

그대로의 맛을 느끼면서도 김치처럼 잘 발효된 맛이랄까. 우리나라의 장* 문화 자체가 화식과 생식 사이에 존재하는 발효식품이다.

의지할 곳 없을 때 뒤울안 툇마루를 찾아와 외할머니가 따주신 오디를 약처럼 먹고 숨을 돌리는 아이. 오디는 선악과처럼 산고의 고통 없이는 생명을 낳지 못하는 이브의 혈액을 가장 많이 닮은 열매다. 붉다 못해 까매진 오디 물을 입술에 묻히고 외할머니 얼굴과 하나가 되는 툇마루 속을 가만히 들여다보고 있으면 모계로만 이어져 내려온다는 DNA의 '미토콘드리아'가 보인다. 우리의 몸, 우리의 피, 그리고 모든 흙 속에 내재해 있는 반도의 미토콘드리아를 찾아가 보자.

• 醬

바람과 물로 지은 강변의 집

01   사주는 태어난 날의 시까지 따지면서 태어난 장소에 대해서는 입을 다문다. 이유는 간단하다. 사주보다 더 무서운 것이 한국인에게는 풍수(風水)인 까닭이다. 사주는 바꿀 수 없지만 장소는 옮길 수 있고, 사주는 살아 있을 때만의 일이지만 풍수는 죽어서도 후손에 영향을 미친다. 풍수 사상이 아니라도 삶은 늘 거처하는 터전을 선택하는 데서부터 시작된다. 여우는 태어난 곳을 향해 머리를 두고 죽는다는 '수구초심'˙의 사자성어가 생긴 것도 다 그런 이유에서다.

˙ 首丘初心. 고향을 그리워하는 마음을 뜻한다.

02   중국 톈진 태생의 중국계 미국인 지리학자 이푸 투안은 '토포필리아'라는 말을 만들어 학계에 큰 관심을 일으켰다. 토포필리아˙는 희랍어로 장소를 뜻하는 '토포'와 사랑을 의미하는 '필리아'를 합쳐서 만든 조어로 '장소애'˙라고 번역할 수 있다. 한마디로 자연환경과 인간존재를 이어주는 정서적 관계를 나타낸 이론인데, 풍수 문화권에서 살아온 사람들에게는 새로울 것이 없다. 그런데도 서양에서는 그

말을 영국 시인 위스턴 오든이 먼저 썼다느니, 또 누구는 '통섭'˙˙으로
유명해진 에드워드 윌슨의 '바이오필리아'˙˙˙가 토포필리아를 원용한 것
이라느니 꽤나 시끄럽다.

˙ 段義孚(Yi-Fu Tuan, 1930~2022) | Topo-philia | 場所愛 | Wystan Hugh Auden(1907~1973) | 統
攝. 즉 '서로 다른 것을 한데 묶어 새로운 것을 잡는다'는 의미로, 인문·사회과학과 자연과학을 통합해
새로운 것을 만들어내는 범학문적 연구를 일컫는다. 에드워드 윌슨(Edward O. Wilson, 1929~2021)
이 사용한 '컨슬리언스(consilience)'를 그의 제자인 이화여대 최재천 교수가 번역한 말이다. | Bio-
philia, 生命愛

03   하지만 한국의 시인 김소월은 그들보다 반세기도 전에 몇 줄의
시로 토포필리아와 바이오필리아가 무엇인지를 보여주었다.

엄마야 누나야 강변 살자
뜰에는 반짝이는 금모래 빛
뒷문 밖에는 갈잎의 노래
엄마야 누나야 강변 살자.

후렴을 빼면 다 합쳐도 30자밖에 안 되는 시지만 그 속에는 한국인이 살
고 싶어 하는 욕망의 공간이 숨은그림찾기처럼 감추어져 있다.
"강변 살자"고 한 자연공간은 직접적으로 표현돼 있으니 더 말할 필요가
없을 것이다. 그런데 그전의 "엄마야 누나야"는 그게 "아빠야 형님아"와 대
립하는 여성 공간이라는 것을 암시한다. "뜰에는 반짝이는 금모래 빛"과
"뒷문 밖에는 갈잎의 노래"에서 우리는 앞뜰과 뒷문의 전후 공간성을 발
견한다. 그리고 그 앞 공간에는 반짝이는 빛의 시각공간이 있고 뒷문의
후방 공간에는 갈잎의 노래가 들려오는 청각공간이 대칭을 이룬다. 금모
래는 무기물의 입자요, 갈잎은 황금색과 대조를 이루는 초록색 유기물의

평면성이다. 빛과 바람소리로 진동하는 이 방향, 감각, 물질로 이루어진 공간은 뜰 앞에 흐르는 강물과 뒷문 밖을 에워싼 산의 전체적 경관을 보여준다.

• 金素月(1902~1934)

04 뒤에는 산이 있고 앞에는 강이 흐르고 있는, 어디에서 많이 보고 들어본 경관 같지 않은가. 그것은 우리 먼 조상에서부터 오늘의 부동산 업자까지 목마르게 추구해온 '배산임수'*라는 집터다. 산 사람도, 죽은 사람도, 고향에 살고 있는 사람도, 타향에서 살고 있는 사람도 정지용*이 "차마 꿈엔들 잊힐리야"라고 노래 부른 그 공간이다. 그게 기와집인지, 초가집인지, 하얀 집인지, 푸른 집인지는 몰라도 산과 강 사이의 경계에 있는 집터의 경관만은 산수화처럼 분명하게 떠오른다.

그것이 달래 마늘의 향내가 나는 한국인의 '토포필리아'다. 우리가 어릴 적에 "엄마야 누나야"라고 부르던 여성 공간이다. 우리가 '모국'(母國)이라고 부르는 곳이지만 '디아스포라'(실향민)로서의 한국인에게는 다만 가슴속에만 존재했던 '부재의 공간'이다. "아빠야 형님아"라고 부르며 살아가는, 현존하는 그 장소는 적어도 그 아이가 살고 싶다고 노래한 그 강변은 아닐 것이다. ↱

• 背山臨水 | 鄭芝溶(1903~1950) | ↱ 정지용, 12 이야기 고개 2-03 | 12 이야기 고개 3-04

05 반짝이는 금모래가 아니다. 바람에 살랑거리는 나뭇잎 소리가 아니다. 아스팔트의 길에서 위급한 구급차의 경보음처럼 외치며 경쟁하고 투쟁하고 땀 흘리면서 살아가는 남들(他者)의 공간, 디아스포라의 이국땅이다.

기차는 떠나간다 보슬비를 헤치고
정든 땅 뒤에 두고 떠나는 님이여!

노래를 시키면 나는 으레 이 노래 〈정한(情恨)의 밤차〉(1935년 5월 발표)를 불렀다. 손뼉을 치면서도 왠지 쓸쓸한 표정을 짓는 손님들 앞에서, 한국 인들 앞에서… "엄마야 누나야 강변 살자"고 노래한 그 시 속의 아이처럼, 나는 가사의 뜻도 모르면서 구성지게, 아주 구성지게 노래를 부른다. 그래 야 칭찬을 많이 받는다.

이야기 고개

억압으로도 막지 못한 이야기

삿갓이 만들어내는 이야기 나라

01 "옛날 얘기 한 자루만!"

아이들은 할아버지, 할머니에게만 성화를 부리는 것이 아니다. 장마철이거나 눈이 많이 내린 겨울밤이면 아이들은 아무에게나 옛날 얘기를 음식 조르듯 한다. 호미처럼 이야기에도 자루가 달려 있는가. 그것을 잡고 상상의 밭고랑을 매면 우렁각시가 나오고 선녀가 내려오고, 도깨비와 옆구리에 비늘 돋친 장수가 나타난다. "옛날 옛적 어느 곳에…"라고 말문만 열리면 불가능은 없다. 따분한 일상*이 하늘 옷을 입고 이야기 나라로 들어간다.

땅에서는 기차가, 하늘에서는 비행기가 나는 시대였지만 내 마음을 사로잡는 콜 사인은 여전히 소금장수였다. 아무리 옹색해도 소금 없이는 못 사는 것처럼 아무리 쫓겨도 '이야깃거리(정보)' 없이는 살 수 없는 것이 산동네 사람들이었다. 그래서 소금만 아니라 이야깃거리도 한 가마니씩 지고 오는 소금장수들은 멀리 떨어진 바다와 두메산골을 이어주는 신문이요, 라디오요, 영화였다.

• 日常

02 　소금장수가 아니면 누가 이 높은 고개를 넘어오고 으슥한 산
　　　　길을 지나 오두막 외딴집까지 찾아오겠는가. 온몸에 바닷바
람을 묻히고 걸어오는 소금장수가 아니면 누가 그 환상적인 이야기판
을 꾸며주고 떠나겠는가. 더구나 소금장수는 일방적으로 정보를 뿌리
는 보통 미디어가 아니었다. 그들 자신이 깊은 산속에서 길을 잃고 헤매
다가 구미호에게 홀리는 이야기의 주인공이 되기 때문이다. 산동네 사
람들은 그냥 이야기의 소비자들이 아니었다. 스스로 이야기를 지어내는
탁월한 이야기꾼들이기도 했다.

03 　시대가 바뀌면 입에서 입으로 전해지던 소금장수 이야기도 라
　　　　디오와 TV의 전파를 타고 인터넷의 네트워크와 연결된다. 그
것이 〈전설의 고향〉이요, '인터넷 괴담'이다. 하지만 이야기를 생산하고 소
비하는 한국적 패턴은 달라지지 않는다. 그것이 궁금하면 경북 안동시 북
후면 신전리에 있다는 400년 묵은 노송을 찾아가면 된다. 높이 10여m, 나
무 둘레 4m가 넘는다는 소나무가 눈을 끌지만, 우리 관심을 돋우는 것은
'김삿갓 소나무'라는 그 이름과 그에 얽힌 이야기이다.

04 　방랑시인 김삿갓˙이 이곳 신전리 석탑사에 들렀다가 지나는
　　　　길에 이 소나무 아래에서 쉬어 갔다는 것이다. 그 후부터 그 소
나무 가지가 삿갓 모양으로 변했다는 것인데 놀라운 건 옛날 삿갓을 쓴
소금장수들도 이 소나무 밑에서 쉬어 갔다는 이야기다. 김삿갓과 소금장
수가 한 소나무 밑에서 쉬어 갔다는 말은 한국의 옛날 얘기 공간이 어떤
것인지를 설명해 보여주는 것이고, 400년 묵은 그 소나무가 두 삿갓의 비
밀을 증언해 주고 있는 셈이다.

05 대부분의 사람은 '이규태 코너'˙˙에서 보았듯이 소금장수를 김삿갓과는 반대의 극에 존재하는 물질적 측면에서만 바라보았다. 옛날 기방˙에서 기생들이 반기는 인기 손님 순위 1위는 소금˙ 자루를 메고 오는 염서방으로, 은이나 곡식 자루를 메고 오는 은서방, 복서방을 따돌렸다. 그만큼 소금은 곡식이나 돈보다 얻기 어려운 귀물이었다. 가뭄에 콩 나듯 나타나는 소금장수는 가장 기다려지고 또 선망받는 직업이어서, '평양감사보다 소금장수'라는 속담이 생겨났고 괜히 히죽거리면 "소금장수 사위 보았나"라고 묻기도 했다.

• "염서방은 화채(花債)로 소금(鹽) 자루를 메고 오는 손님이요, 공서방은 빈(空, 공)몸으로 오되 스태미나를 화채로, 은서방은 돈(銀, 은)을 화채로, 복서방은 곡식 한 짐(卜, 복)을 화채로 지고 오는 손님이다. 소금은 곡식, 돈보다 귀한 물건이었다."("열기와 소금정치",《조선일보》, 1987년 11월 18일 자 5면) | | 妓房 | 鹽

06 그러나 소금장수의 삿갓이 김삿갓이 머물던 같은 소나무 아래 있었다는 것을 모르면 한국인 이야기도, 한국인의 정보공간의 특성도, 오늘날의 인터넷 공간도 알 수 없다. 그리고 소금장수와 김삿갓이 동행할 때 이효석의 〈메밀꽃 필 무렵〉(1936)의 장돌뱅이 나귀가 등장하는 중대한 의미도 놓치게 된다. 낮에는 장터에서 물건을 팔고 달밤에는 산길에서 사랑 이야기를 늘어놓는 허생원의 나귀 등에는 장 보따리만이 아닌 이야기 보따리도 실려 있었던 것이다. 그러고 보면 끝날 것 같지 않은 장마, 날 샐 줄 모르는 겨울밤에 아이들이 조르던 '이야기 한 자루'의 그 자루는 호미자루가 아니라 소금을 담았던 '이야기 자루'였던가 보다.

• 李孝石(1907~1942)

둘째 꼬부랑길

질화로에 재가 식으면

01 낯선 사람이 오면 나는 으레 엄마, 아빠의 뒤에 숨었다. 그러면 손님은 "이 녀석, 낯가림하네"라고 서운해 하고, 어른들은 "괜찮아. 인사드려라." 하고 말씀하신다. 우리 아저씨, 우리 아주머니, 우리 동네분…. 무엇이든 '우리'란 말만 붙으면 낯선 것은 사라진다. 그때 나는 '우리'라는 말이 '울타리'라는 말과 같다는 것을 알게 된 것이다. 정말 낯선 사람이면 울타리 밖으로 내쫓고 그 자리에 소금을 뿌렸으니까. 밤에 오줌을 싸면 아침에 키를 뒤집어 쓰고 동네방네 얻으러 다녀야 하는 것도 바로 그 소금이었다. 그게 설탕이었으면 좋겠다고 하던 시절에도 소금은 항상 불가사의한 힘을 갖고 우리를 따라다녔다.

약장수 아저씨가 일본 순사들에게 잡혀갔다는 이야기를 들으며 생각난 것도 소금장수 이야기였다. 일본 순사는 인간의 간을 빼먹는다는 구미호고, 아저씨는 불쌍한 그 소금장수였다. 민족이니, 공동체니 하는 거창한 역사책에서가 아니라, 그 뒤에도 내내 소금장수 이야기를 통해 우리의 이야기를 들을 수 있었다.

02 "욕망이 없으면 결핍도 없다" " 는 말로 구석기시대의 경제학
을 찬미한 마셜 살린스 " 와 같은 석학이 만약 소금장수 이야
기의 원리를 알았더라면 '나물 먹고 물 마시고 팔 베개를 베고 잠을 자
는' 한국인의 그 자족적 삶 속에서도 결핍이란 단어가 존재한다는 사실
을 알았을 것이다. 그것은 두말할 것 없이 소금이다. 그것이 먼 바다로
부터 소금장수가 산골로 들어오게 된 이유며, 또 산골 사람들이 낯선 떠
돌이를 반갑게 맞이해야만 했던 이유다. 그리고 그들은 한 울타리를 만
들어 이계 " 의 낯선 요괴들에게 소금을 뿌렸다. 그것이 선녀 얘기든, 도
깨비 얘기든 옛날이야기들은 소금을 구하고 소금을 뿌리는 동일 구조
로 이루어진다.

• "Want Not Lack Not" | Marshall David Sahlins(1930~2021) | 異界

03 그리고 또 하나의 결핍이 있다. 나물을 익혀 먹으려고 할 때의
욕망인 그 '불'이다. 나물을 무쳐 먹고, 삭혀 먹고, 익혀 먹었던
한국인들은 화롯불에 둘러앉는다. 소금장수 이야기를 확대 재생산한 '노
변정담' " 이다.
정지용 " 의 시 '향수'를 모르면 한국인이 아니라는 말을 감히 할 수 있는
것도 그 때문이다. ➔

질화로에 재가 식어지면
뷔인 밭에 밤바람 소리 말을 달리고
엷은 졸음에 겨운 늙으신 아버지가
짚벼게를 돋아 고이시는 곳
그곳이 참아 꿈엔들 잊히리야…

이 시 구절 속에는 채집시대에서 농경시대로 바뀐 한국인 전체의 아버지 모습이 담겨 있다. 팔베개가 '짚벼게'로 바뀐 것이 그것이다. 한국 농경문화를 상징하는 짚으로 새끼를 꼬며 짚신을 짜면서 질화로에 재가 식을 때까지 이야기로 지새우는 사람들이다. 질화로 옆에서 잠자는 농부는 잠자는 숲속의 미녀가 아니다. 도끼(斧)를 든 구석기시대의 아버지며 대초원에서 말을 달리며 사슴을 잡던 수렵민, 그것도 말 위에서 90도로 돌아 등 뒤의 사슴을 쏘는 고구려 벽화의 그 사냥꾼이다. ➲

- 爐邊情談 | 鄭芝溶 | ➲ 정지용, 장독대 고개 2-04 | 12 이야기 고개 2-05 | 12 이야기 고개 3-04 | ➲ 도끼, 10 아버지 고개 1-05 | 10 아버지 고개 5-01 | 11 장독대 고개 1-03

04 그렇기 때문에 농작물을 거둔 빈 밭에 부는 밤바람 소리를 들으면 평원을 달리는 말발굽 소리를 연상하는 사람들이다. '뷘' '밭' '밤' '바람'의 'ㅂ'음이 네 개나 겹쳐 두운(頭韻)을 이루고 있는 그 아름다운 시 구절의 'ㅂ'음은 아버지와 불을 상징하는 배꼽말의 유아어로 되어 있다. 어머니와 물을 상징하는 'ㅁ'과 대응되는 그 'ㅂ'음은 말이 되고, 활이 되고, 벌판에서 활활 타오르던 모닥불이 되었다가 이윽고 질화로의 불이 되고, 그 불은 재가 된다.

05 지용 자신이 그 시에서

파아란 하늘빛이 그립어
함부로 쏜 화살을 찾으려
풀섶 이슬에 함추름 휘적시던 곳

이라고 말한다. '파아란 하늘빛'을 '초록빛 넓은 초원'으로 고치면 금세 그 장면은 고구려 벽화의 모습으로 변할 것이다. 벌판에 불을 피워놓고 사슴 고기를 먹으며 이야기하던 그 이야기꾼들은 어느새 질화로에 밤이나 콩을 구워 먹으면서 오순도순 이야기하는 농사꾼으로 변해 있었던 것이다. 말과 사슴이 뛰던 초원은 황소가 게으르게 우는 실개천이 흐르는 들판이 되고, 나물 캐던 여인네들은 벼 이삭을 줍는 아내와 누이로 그려진다.

검은 귀밑머리 날리는 어린 누이와 사철 발 벗은 아내가
따가운 햇살을 등에 지고 이삭을 줍던 곳…."

같은 곡식이라도 이삭은 흘린 것, 버려진 것으로 소유자가 없다.《구약성서》〈룻기〉에 쓰인 것처럼 줍는 사람이 임자다. 옛날 채집시대의 그 나물이 아닌가. 농경시대에는 장돌뱅이, 산업시대에는 약장수가 소금장수를 대신해도 한국인의 옛날이야기는 똑같지 않은가. ➦

➦ 샛길 〈룻기〉

룻기

구약성서의 룻기는 사랑에 대한 이야기다. 베들레헴에 살던 남자 하나가 흉년으로 인해 아내인 나오미 그리고 두 아들과 함께 모압 지방으로 이주하여 살았다. 아버지가 죽은 후 아들들은 모압 여성들과 결혼했는데, 아들들도 모두 죽어 나오미와 두 며느리는 과부가 되었다. 이스라엘 땅에 기근이 가시자 나오미는 고향으로 돌아가기로 결심한다. 한 며느리는 모압에 남기로 하지만, 다른 며느리인 룻은 나오미와

함께 베들레헴으로 떠난다. 룻과 나오미는 들판에서 이삭을 주우며 어렵게 사는데, 룻의 선량함에 감동한 부유한 지주 보아즈가 그녀와 사랑에 빠진다. 나오미의 지혜로 보아즈와 룻은 결혼하고, 그들의 증손자가 바로 이스라엘의 왕 다윗이 된다.

롯과 나오미. 귀스타브 도레. 1866.

구들 식으면 한국의 이야기도 식는다

01   '화롯불 이야기'가 한국인의 것이라고 하면 발끈할 사람들이 많을 것이다. 한국인들이 공자, 석가모니를 한국인이라고 왜곡한다는 헛소문을 듣고 우리를 역사의 좀도둑으로 모는 중국, 타이완의 네티즌들이 아닌가. 그런 소리야말로 왜곡 전달된 것이니 맞서 싸울 일이 아니다. 하지만 '노변한담' * 이란 네 글자 숙어는 엄연히 중국에서 온 한자말이다. 더구나 일본의 '고타쓰', * 서양의 '벽난로'도 가만히 있지 않을 것이다.

세계 대공황 때 루스벨트 대통령이 매주 대국민 라디오 방송을 해서 유명해진 프로그램 이름 역시 '노변담화' * 였다. 정책을 펼칠 때 일방적으로 강행하기보다 국민의 마음을 어루만지며 진솔한 소통을 시도한 것으로, 최근 조 바이든 미국 대통령도 루스벨트 전 대통령의 노변담화를 벤치마킹하고 있다고 한다. 코로나19로 실직의 고통을 겪고 있는 시민과의 통화 내용을 트위터와 페이스북, 유튜브로 공개하기도 했다.

* 爐邊閑談 | こたつ | 爐邊談話, Fireside Chats

02 　그런데 왜 '화롯불 이야기'를 한국 고유의 문화유전자로 고집
　　　하려 드는가. 그 이유를 알려면 앤드루 매카시가《우리가 처
음이 아니라네》˙라는 책을 어째서 쓰게 됐는지, 그리고 왜 오늘의 센트
럴 히팅 시스템이 서구의 발명품이 아니라 수천 년 전 한국의 온돌이라
고 못 박아야 했는지를 살펴보면 된다. 그러면 당연히 지금 세계의 화두
가 된 에너지 재활용의 원조가 한국의 화롯불이라는 것에도 동의하게
될 것이다.

˙ Andrew Thomas McCarthy,《We are not the first》

03 　온돌의 구들을 덥히기 위해 불을 때고 난 뒤 타고 남은 그 불
　　　똥과 재를 다시 주워 담아 재활용한 것이 다름 아닌 한국의
화롯불이기 때문이다. 그래서 나는 일찍이 한국을 소개하는 글에서 그
화롯불을 '불들의 납골당˙'이라고 불렀다. 에너지의 재활용 단계를 넘
어 "질화로에 재가 식으면"이라는 말은 한국의 소금장수 이야기와 그
정서를 담은 문화유전자로 남게 된 것이다.

˙ 納骨堂

04 　사학자들은《후한서》˙를 인용해 한국의 온돌문화가 고구려 때
　　　생긴 것으로 소개하고 있지만, 그보다 오래된 북방지역 신석기
시대의 유적에서도 온돌 모양의 구조와 구들이 발굴되고 있다. 누가 뭐래
도 온돌문화는 추운 북쪽에서 살던 한국의 조상이 남쪽으로 가지고 내려
온 문화유전자의 하나다. 지금까지 내 글을 읽은 사람은 생물이 바다에서
처음 육지로 올라올 때 자기 몸 안에 바닷물과 그 생명 유지 장치를 그대
로 가지고 왔으며, 그것이 우리를 키운 어머니 배 안의 양수였다는 말을

기억할 것이다.

그런데 어머니의 자궁 속에만 태고의 바다가 있는 것이 아니라, 우리의 피와 뼈 속에도 바다가 있으며 그것이 바로 소금이라는 것을 우리는 알고 있다. 그렇다면 왜 내가 '한국인 이야기' 본편을 탄생 이전의 태아의 기억 으로부터 시작해 유아 시절의 소금장수의 이야기로 마무리 짓고 있는지 를 짐작할 수 있을 것이다.

• 後漢書, 기원후 25년부터 220년까지 후한 왕조사를 기록한 역사서.

05 낯선 외지로 떠날 때 우리는 여행 가방을 들고 나온다. 평소 집 에서 생활하던 물건들을 챙겨 배낭에 담아 짊어진다. 어디를 가도 집에서 살던 것처럼 그 환경을 운반해 가는 것이다. 생물적 유전자 가 바다를 떠날 때 바닷물을 가져왔듯이 북방의 겨울 나라를 떠날 때 우 리가 가지고 온 것이 바로 '온돌'이라는 구들장이었고, 그 구들을 덥히던 아궁이의 불과 재를 가지고 방 안으로 들어온 것이 질화로의 불이다. 로 켓을 타고 외계로 가는 우주 비행사의 캡슐과도 같은 것이다. 그것이 정 지용의 '향수'의 근원점인 화로를 에워싸고 오순도순 이야기를 하는 지붕 밑 정경이다. ➡

➡ 정지용, 11 장독대 고개 2-04 | 12 이야기 고개 2-03, 05

06 지루한 겨울이 가고 여름이 오면 화롯가 이야기는 돗자리 위에 모여 앉은 마루방 이야기가 된다. 높은 서까래가 그대로 보이 는 바람의 집, 마치 원두막 같은 남방의 주거공간이다. 그렇구나. 북에서 내려온 온돌이 남에서 올라온 마루방과 만나 삼세동당*의 초가삼간*을 만든 것이 한국인의 집이구나. 다 쓰러져 가는 움막 같은 집일망정 남과

북의 주거 양식을 동시에 한 지붕 안에 담은 주거문화가 어디에 있는지, 아이들 말대로 "나와 보라"고 하라. 구들장이 식지 않는 한, 마루방에 시원한 바람이 불어오는 한, 그 집에서 자란 아이들은 남북을 통일한 것이다. 겨울에는 화롯가에서, 여름에는 돗자리 펴놓은 마루방 위에서 오순도순 둘러앉아 소금장수 이야기를 한다. 싸움하지 말라. 남북을 통일한 기막힌 이야기를 듣고 자란 아이들이 아직 이 땅에 살아있다.

• 三世同堂. 조부모와 부모, 자녀 3대가 한집에 사는 것. | 草家三間. 세 칸짜리 초가라는 뜻으로, 아주 작은 집을 이른다.

왜 천자문에서는 하늘이 검다고 했을까

'검다'는 말 하나에 얽힌 동서양의 역사와 사상!
본문에서 미처 다 풀지 못한 이야기 보따리

최초의 의문, 검은색

'현'(玄)은 검은색을 뜻한다. 어린 시절 나는 천자문이 시작부터 왜 '천지현황'(天地玄黃), '하늘은 검고 땅은 노랗다'고 말하는지 납득하지 못했다. 검은색이라니, 내가 눈으로 보는 하늘의 파란색과는 전혀 다르지 않나. 서당 훈장님께 물어봐도 "이 쥐방울만 한 녀석이 어딜 와서 따져? 옛 선현들이 다 그렇게 말씀하신 걸 가지고"라는 꾸중만 돌아왔다. 책 맨 처음 〈천자문 고개〉에서 이야기했듯, 이것이 내가 교육에서 마주한 최초의 충격이었다.

왜 하늘이 검다고 할까? 천자문의 첫 구절에서 드는 의문은 그것만이 아니었다. 왜 땅은 또 노란가? 그리고 한자에 약간이라도 익숙한 독자라면, 검은색을 뜻하는 한자는 '현' 말고도 '흑'(黑)이 있으며, 흑이 좀 더 일상적으로 쓰이는 글자라는 것을 알 테다. 하지만 잘 쓰이지 않는 '현' 자가 왜 가장 먼저 등장할까?

'현' 자는 특별한 글자다. 우리가 금방 던진 물음 안에 도교를, 불교를, 동양 철학을 풀이하는 단서가 있다. 책 본문에서 이야기했듯, 현대는 질문을 던지는 사람들의 시대다. 단서에서 다시 의문을 품으며 새로운 단서를 찾아나가다 보면, 오늘날의 최신 이론들까지 쏟아져 나오는 장관이 펼쳐진다. 단, 거기까지 이르려면 나는 물론이고 독자 여러분들 역시 머리를 모터처럼 열심히 돌려야 한다.

검은색 실타래

현(玄)을 보면 딱 '실 사'(糸)자를 천장에 매달아 놓은 모양이다. 한자의 원조인 갑골문자로 올라가 보면, 현(玄)은 실제로 아래로 늘어뜨린 실타래 한 줄을 형상화한 상형문자다. 그런데 명주실이건, 무명실이건, 실은 대개 밝은 색이다. 그런데 왜 현은 까맣다는 뜻이 됐을까? 여러 가지 설이 있는데, 하나는 이렇다. 하얀 실에 노랑 물이 들고, 또 빨간색의 물이 들고, 그렇게 계속 실에 여러 색의 물이 들면 어떤 색이 될까? 그렇다. 까만색이 된다. 여러 다양한 실의 색들이 하나로 합쳐진 것이 '현'의 색깔이라는 게다. 그러니까 '현'하면 간단치 않은 것, 뻔하지 않은 것, 뭔가 복잡한 것이라는 의미가 담긴다. 그래서인지 확실히 '흑' 자에 비해 뭔가 심오하고, 심각하고, 멀리 있다는 느낌의 글자다.

'검다'는 색깔 자체도 추상적 관념적 성격이 강하다. 정보에 어두운 사람을 "정보가 깜깜하다"고 평한다. 실제로 정보에 무슨 명암이 있는 것도 아닌데 말이다. 비슷한 말로 "정신이 가물가물하네"도 있다. 실제로 옛날엔 '검을 현'이라고 안 하고 '감을 현'이라고도 했는데, '멀리 가는 이 도령이 티끌처럼 보이다가 가물가물하는' 것, 그렇게 먼 데 있는 느낌을 이미지화했을 때 '현'이 되는 거다.

그러니 왜 천자문에서 '천지현황'이라고 했는지 실마리가 잡힌다. 땅의 것은 내가 좀 알겠어도, 하늘의 문제는 그렇게 간단치 않다는 거다. '현묘'(玄妙)하다고 표현하는 딱 그것이다. 논리적으로 합리적으로 따질 수 없는 것, 숫자로도 못 따지는 그 세계, 이를테면 우주를 일컫는 말이 곧 '현'이다. 만약 '현' 자를 영어로 옮기면 뭐가 될까? 엑스 썸씽 그레잇(X Something Great)이 아닐까? 오묘한 진리, 정말 우리가 인간의 능력으로는 알 수 없는 깜깜한 안에 있는 것! 거기에 '현'이라는 이름이 붙은 게다.

검을 현(玄)자가 붙은 말들을 몇 개 꼽아 보자. 현금(玄琴)이라고 하면 거문고를 말한다. 두루미를 현학(玄鶴)이라고도 부르는데, 전체가 하얀 백로와는 달리 꼬리 쪽이 까매서 붙은 이름이다. 이렇게 거문고나 학을 검다고 부르는 건 좋은 의미일까, 나쁜 의미일까. 선비들이 가장 아끼던 악기가 거문고, 가장 좋아하던 새가 학 아닌가.

당연히 좋은 뜻이다. 학의 단정한 자태를 보면 코코 샤넬이 1926년에 발표해서 오늘날까지도 그 명성이 자자한 야회복 '리틀 블랙 드레스'(Little Black Dress)가 떠오른다. 검은색은 서양에서도 때로 죽음, 상복의 것으로 여겨지지만, 이렇게 아주 깊이 있고 우아한 이브닝드레스의 색도 될 수 있다.

그리고 아이들도 아는 쉬운 말, '현관문'(玄關門)에도 '현' 자가 붙어 있다.

검은색 문

박목월* 선생의 시 〈가정〉을 보자.

> 지상에는 아홉 켤레의 신발.
> 아니 현관에는 아니 들깐에는
> 아니 어느 시인의 가정에는
> 알전등이 켜질 무렵을
> 문수가 다른 아홉 켤레의 신발을.

이 시에서 신발 벗어놓는 데가 어디인가. 시인이 신발을 벗어놓는 자리, 누구나 다 집에 들어갈 때 통하는 장소, '현관'(玄關)이다.

* 朴木月 (1916~1978)

어렸을 때 나는 '하늘이 검다'(天玄)는 것을 두고 한참 씨름하고 있었다. 그런데 어느 날 그 심오한 글자가 '현관'이라는 일상적이고 평범한 말에도 들어간다는 사실을 알게 된 게다. 아침저녁으로 현관에 들락날락할 때마다, 이 '현' 자가 늘 내 가슴에 걸렸다.

'이게 왜 현관이야? 왜 검은 문이라고 불러? 일본말에서 온 거 아냐?* 우리가 일본말 막 써도 되는 거야?' 어렸던 나는 막연히 그렇게 생각했다.

나이가 들어 건축가들이 쓴 글을 읽다 '현관은 어두워서 검을 현을 쓴다.'라는 문장을 발견했다. 이렇게 어둑어둑하다고 해서 현관이 됐다고 얘기하면, 거짓말이다.

* 일본어로는 현관을 겐깡(げんかん, 玄関)이라고 발음한다.

검은색 골짜기

내가 '현빈'을 말하면 사람들이 웃기부터 한다. 여배우 손예진과 결혼한 현빈이 떠오른다는 게다. 그러나 여기서 내가 말하려는 '현빈' 역시 대단한 존재다. 앞서 말한 '썸씽 그레이트'(Something Great)를 한 마디로 표현한 것이니까. 노자의《도덕경》(道德經)은 이렇게 시작한다.

> 도를 도라 하면 참된 도가 아니고, 이름을 이름이라 말하면 참된 이름이 아니다. 이름 없음(無名)은 하늘과 땅의 시작이요, 이름 있음(有名)은 만물의 어머니다.
> -《도덕경》제1장

하늘과 땅, 천지(天地)가 등장한다. 그리고 뒤이어 '만물의 어머니'(萬物之母)가 나온다.

> 그러므로 나는 언제나 무욕(無欲)으로 그 오묘함을 보고 유욕(有欲)으로 그 가장자리를 본다. 이 둘은 같은 것인데 다만 그 이름이 다르다.

이때, 같으면서도 다른 둘을 일컬어 무엇이라 할까?

> 그 같은 것을 일컬어 '현'(玄)이라고 하니, '현'이며 또 '현'이어서 모든 묘함의 문(門)이 된다.
> 同謂之玄, 玄之又玄, 衆妙之門

《도덕경》의 이 구절에서 드디어 우리 집 '현관문'(玄門)이 나오기 시작한다. 현(玄)이라는 것이 바로 세상의 묘한 것들, 오묘함의 문(妙之門)이었던 거다. 이제 현관을 대하는 자세가 달라질 게다. '한국인 이야기'를 읽은 사람은 도덕경과 함께 현관에 드나드는 셈이니까. 하지만 아직 끝이 아니다. 이제 현빈을 찾으러 도덕경 6장으로 가자.

골짜기의 신은 죽지 않으니, 이를 일컬어 현빈이라고 한다.

谷神不死, 是謂玄牝.

- 《도덕경》6장

'골짜기의 신은 죽지 않는다'는 말을 음미해 보자. 그렇다. 모든 것은 변하고 죽는다. 그런데 골짜기의 신만은 죽지 않는다! '골짜기'는 음험하고 어둡고 좁은 공간이다. 산과 산 사이에 움푹 패어 들어간 곡지(谷地)에 뭐가 있는지 사람들은 잘 모른다. 거기에 죽지 않는 신이 있다는 거다. 그 이름이 현빈(玄牝)이다.

현묘한 암컷의 문, 그것을 일러 천지의 뿌리라고 한다.

玄牝之門 是謂天地之根

이 인상적인 문장에도 역시 '문'이 등장한다. 골짜기의 신 '현빈'(玄牝)이란 현(玄)에다 암컷 빈(牝)이 붙은 문(門)이다. 모든 생식을 관장하는 문인 자궁(子宮)인 셈이다. 그 어둡고 오묘한 문 안에 천지의 뿌리가 박혀 있다. 그래서 그 현빈이란 어떤 특성을 지니고 있나?

겉으로는 겨우겨우 이어지는 것 같으나 아무리 써도 다하지 않는다.

綿綿若存 用之不勤

작아 보이지만 쓰고 써도 다 하지 않는다. 이것이 노자의 《도덕경》에 나오는 현관의 뜻이다. 현빈이란 곧 창조 이론인 거다. 천지가 합쳐지고 거기에 뿌리가 있는데 그게 골짜기의 신이다. 도도하게 흐르는 강물을 거슬러 올라가 보면 골짜기의 시내가 졸졸 흐른다. 그게 흘러 흘러 바다가 되니 창조의 근원인 셈이다.

이 현빈의 문을 더 탐색해 나가면, 하늘의 문까지 열린다. 그리고 우주의 시계가 보인다.

별의 마음

우리에게 무척 낯익은 윤동주의 시 〈서시〉를 다시 읽어보자.

> 죽는 날까지 하늘을 우러러
> 한 점 부끄럼이 없기를,
> 잎새에 이는 바람에도
> 나는 괴로워했다.
> 별을 노래하는 마음으로
> 모든 죽어 가는 것을 사랑해야지.
> 그리고 나한테 주어진 길을
> 걸어가야겠다.
>
> 오늘 밤에도 별이 바람에 스치운다.

'별을 노래하는 마음'에서의 별은 어디에 있는 별일까. 뒤에서 확인하게 되겠지만 북쪽에 있는 별, 바로 북극성이다. 모든 별이 북극성을 중심으로 회전한다. 그 북극성이 바로 별의 뿌리, 현빈이다. 저 지상(地上)과 맞닿은 생사를 가늠하는 칠성, 일곱 개의 별, 북극성을 위로 하고 있는 천제의 중심, 만물의 근원이다. 그것을 바라보는 마음을 영어로 컨시더(Consider)라고 한다. '생각한다'는 의미의 이 컨시더에서 '시더'(sidus=star)는 '별'을 뜻한다. 또 '컨'(con)은 '바라본다'는 의미다. 그러니까 영어로 '생각한다'는 말은 '별을 바라본다'는 이야기다.

'별을 노래하는 마음으로 죽어가는 것을 사랑한다'던 윤동주의 마음을 헤아려 본다. 얼마나 멋있는 말인가. 그리고 그것은 현빈, 현묘, 컨시더와 맞닿아 있다. 한 가지 더. 영어의 '욕망'이란 뜻의 디자이어(Desire)에도 '시더'(sider)가 들어 있다. 별은 우리에게 욕망을 불러일으킨다.

다섯 가지 색

중국의 마지막 황제, 푸이 *가 이런 말을 했다.

> 어렸을 때 황제가 되니 모든 게 노란색이었다. 옷도 노랗다. 기둥도 노랗다. 모든 게 노랗다.

황제는 뭘 입는가? 황금색 곤룡포. 황제는 어디에 있어야 될까? 변방이 아니라 지상의 한가운데 있어야 한다. 즉 '흙 토'(土)의 중앙이다. 여기서 동양 5000년의 역사와 문화를 이해할 수 있는 코드를 발견할 수 있다. 거기까지 5분만 투자하면 된다.

동아시아의 전통의 색 분류, 이른바 오방색 가운데 '누를 황'(黃)이 중앙을 뜻한다. 그래서 '천지현황' 했을 때 지가 황과 연결되는 거다. 그리고 검을 현(玄)은 북방, 북쪽을 뜻한다. 물론 이쪽에서 말하는 검은색이니, 노란색이니 하는 것은 실질적인 자연색이 아니라 관념화된 시스템의 빛이다. 실제 감각으로 대하는 색이 아니라 가감적(加減的), 가지적(可知的)인 색이다.

* 溥儀(1906~1967). 청(淸)의 마지막 황제인 선통제(宣統帝)다.

木	火	土	金	水
東	南	中央	西	北
靑	朱	黃	白	黑(玄)
春	夏	分:至	秋	冬
仁	義	信	禮	知

색깔, 오행, 방위, 계절, 윤리 사이의 관계

동서남북 방향으로 계절을 찾으면 동쪽은 봄, 남쪽은 여름, 서쪽은 가을, 북쪽은 겨울이 된다. 여기다 색채를 집어넣으면 봄은 청춘(靑春)이니까 푸른색이다. 청춘에서 장년이 되면 시곗바늘처럼 아래의 남쪽으로 간다. 그럼 주(朱), 붉은색이다. 그래서 여름은 주하(朱夏)라고 부른다. 그다음 가을은? 백추(白秋), 하얀색이다. 그다음 겨울, 현동(玄冬)은? 검은색이다.

우리에게 익숙한 동방의 수호신, 용이 그래서 '푸를 청'(青) 자의 청룡(青龍)이 되는 게다. 반대편 서쪽에는 백호(白虎)가 있다. 그러니까 서쪽은 무슨 색일까? 흰색이다. 남쪽은 주작(朱雀), 빨간색이다. 그다음에 북쪽은 현무(玄武)다. 역시 검을 현이 들어 있다.

방위는 색과도 연결되고 인의예지신이라는 윤리와도 연결된다. 예전부터 문자깨나 한다는 사람은 동대문(東大門)이라 하지 않고 흥인지문(興仁之門)이라고 말했다. 흥인지문에 '인'(仁) 자가 붙어 있다. '의'(義) 자가 붙은 문도 있다. 돈의문(敦義門), 즉 서대문(西大門)을 말한다. 남대문은 숭례문(崇禮門)이라고 불러 '예'(禮) 자가 붙는다. 인의예(仁義禮) 다음에 뭐가 나올까? 지(智)의 홍지문(弘智門)이다. 지(智)는 동서남북 중 북쪽을 가리킨다.

그렇다면 신의 위치는 어딜까? 보신각(普信閣)에 붙어 있다. 옛날로 치면 보신각 위치가 서울의 중앙이었다. 흥인지문, 돈의문, 숭례문 그리고 홍지문 및 숙정문(肅靖門)이 동서남북을 나타낸다. 숙정문은 통행이 금지된 이름만 문(門)이라 인의예지신이 안 들어간다. 이 다섯 개의 연결만 이해하면 동양의 이데올로기와 실제를 다 이해할 수 있게 된다.

여기까지의 어려운 문을 통과했으니 이제 자신이 붙었을 것이다. 오행(五行: 우주 간에 운행하는 원기[元氣]로서 만물을 낳게 한다는 5원소[元素])에서는 나무(木) 불(火) 흙(土) 금속(金) 물(水)이 되고, 오방(五方)에서는 동, 남, 서, 북 그리고 중앙 방향이 되고, 오색에서는 청색, 주색, 황색, 백색, 흑색이 되고, 춘하추동이 되고, 인의예지신이 된다.

검은 방향

천원지방이라는 말이 있다. 하늘은 동그랗고(天元), 땅은 네모졌다(地方)는 뜻이다. 땅에는 동서남북 네 방위가 있고, 그래서 넷이고, 네모다. 이것이 곱이 되면 팔각정(八角亭)의 여덟이 된다. 그렇게 곱해지며 도형의 모서리가 많아지면 마지막에는 뭐가 될까? 동그래질 거다.

네모난 것이 점점 많아지면 원이 되는 식으로, 하늘과 땅은 떨어지지 않고 어딘가에서 이어져 있다. 그렇다면 동서남북 가운데 어느 곳에서 이어질까? 아까 가장 비밀스럽고 오묘한 진리가 시작되는 글자가 '현'(玄) 자라고 말했다. '현', 검은색은 어느 방향인가? 그렇다. 살펴본 대로 북쪽이다.

죽고 사는 것처럼 비밀스럽고 오묘한 것이 있을까? 이것들이 다 어디로 갈까. 역시 북쪽이다. 지금 서울 전체에 묘당들이 어디에 붙어 있을까? 당연히 북쪽에 있다. 그 이름도 북묘(北廟)라고 칭한다. 그리고 '한국인 이야기' 독자들이 일본이나 중국에 가서 임금님 모셔놓은 묘당 찾으려면, 택시 기사에게 어느 쪽으로 가자고 해야 할까? "북쪽으로 갑시다." 이러면 틀림없다. 예를 들어 에도 시대(江戸時代)에 살았던 도쿠가와 이에야스(德川家康, 1543~1616)의 무덤이 어디 있을까? 에도에서 정확하게 북쪽에 위치하는 닛코(日光)다.

내가 일본에서 강연할 때 "왜 하필 닛코에다 묘를 썼을까"라고 사람들에게 물었다. 일본 사람들도 왜 닛코에다 도쿠가와의 묘를 정했는지 모른다. 이 북쪽과 죽음의 연관성을 일본이라는 맥락 안에서 계속 파헤쳐 보면 더욱 흥미로워진다. 원래 일본엔 칠성신앙이란 게 없다. 그러니까 태극, 북극성에 대한 신앙이 없다. 한국만 이걸 가진 게다. 그런데 일본 황실에서는 전부 칠성별에게 빈다. 이런 걸 보면 어린아이가 "왜 북쪽이 검을까?" 하고 묻는 것이랑 "일본 황실이 왜 칠성을 빌까?"라고 묻는 것이랑 일맥상통하는 거다.

북극성 사상이라는 게 뭔가? '우리가 죽으면 뭐에 실려 갈까?' 이거다. 곧 칠성판이다. 아기 낳아달라고 우리 조상들이 어디 가서 빌었나? 칠성각이다. 그러니까 모든 생사, 태어나고 죽는 것이 북쪽에서 이뤄진다. 그래서 죽을 때는 북망산(北邙山)에 간다고 얘기했던 거다.

내가 일본에서 이 강연을 했더니, 한 사람이 손을 딱 들고는 "이제 수수께끼가 풀렸습니다." 그러는 게다. 그래서 내가 "무슨 수수께끼입니까?"라고 물었다. 그랬더니, "내 친구 딸이 죽었는데 밤에 꿈에 나타나더니 '택시비 좀 줘. 나 빨리 가야 돼'"라고 하더란다. 그래서 택시비 주면서 너무 슬퍼서 "너 어디로 가는데? 가는 데 좀 가르쳐 줘"라고 말하자 "딸아이가 '엄마는 몰라도 돼. 그냥 북쪽으로 간다고만 생각해'라고 했다"는 거다.

검은 문의 비밀

도교(道敎)	기(氣)를 순환시키는 최초의 장소
선불교(가마쿠라)	깊은 깨달음의 경지의 입구
일본 에도 시대	건축물 입구 げんかん
노자	현묘(玄妙)의 도(道)로 들어가는 관문(關門)

현관(玄關)의 의미 변화

그러니까 들어오는 입구를 '현관'이라고 하는 것은 입구가 어두워서가 아니다. 가장 성스러운 데로 들어가는 문, 지상에서 정신적인 데로 들어가는 문을 현관이라고 정하는 거다. 도교(道敎)에서 기(氣)를 순환시키는 최초의 장소를 처음 현관(玄關)이라 부르기 시작했다. 단정(丹頂)에서 사람의 배 한가운데로 기가 딱 들어오는데, 그걸 도교에서는 현관이라고 생각했다. 도교 식으로 말하면 현관문은 우리 배에 있다.

중국 육조시대(221~589)의 인도 승려이자 불교 선종(禪宗)의 창시자인 달마 대사가 중국에 와서 '선'이란 말을 한자말로 번역해야 되는데, 선불교(禪佛敎)의 선(禪)이 오묘해서 뭐라 번역해야 될지 모르니까 처음에 현(玄)이라 번역했다고 한다. 지금 우리가 선불교라고 하는 것을 옛날엔 현묘지덕(玄妙地德)이라 불렀다.

불교에서 선방(禪房)에 들어가는 문을 뭐라고 했을까? 그것도 현관이라 했다. 훗날 도교나 불교 사상의 관점이 아니더라도, 사람들이 들락날락거리는 문을 관습적으로 현관이라 부르기 시작했다.

우리는 대개 현관문을 여기저기 신발들이 흩어져 있는 곳쯤으로 생각했다. 하지만 이제 현관이 왜 현관(玄關)인지 알았으니, 오늘부터 드나드는 기분이 달라질지 모른다. 현관이라 하면 기(氣)가 시작되는 곳, 도 닦으러 들어가는 곳이 아닌가. 이렇게 '북'이라고 하는 것을 알고, '현'이라는 걸 알아서, '북'과 '현'이 딱 마주칠 때 도교, 선불교의 비밀이 드러나는 게다.

그런데 유교는 어떨까? 유교는 죽음에 대해 말하지 않는다. 불교, 도교는 생사와 밀접한 관계가 있지만, 공자는 "내가 살아있는 것도 모르는데 어찌 죽음을 말하리요"라고 하였다. 현묘한 것, 너도 모르고 나도 모르는 것은 말하지 말자는 것이다. 대신 유교는 현세적 인간관계나 윤리, 도덕, 질서 이런 걸 얘기한다.

맹모삼천지교(孟母三遷之敎)의 설화를 보자. 맹자의 집은 원래 공동묘지 근처에 있었다. 어린 맹자는 평소 보던 대로 상여 옮기는 흉내와 곡하는 시늉을 하며 놀았다. 맹모가 놀라서 시장으로 이사를 가니 이번에는 맹자가 상인 흉내를 내며 놀았다. 맹모가 걱정하여 공자를 모시는 문묘 근처로 이사를 갔다. 맹자가 관원들의 예절을 따라하고 "학이시습지 불역낙호"(學而時習之 不亦樂乎) 운운하며 글월을 외는 공부에 관심을 가졌다.

맹모의 이사를 교육이라는 시각에서 보면, 다시 말해 무덤에서 학교(문묘)로 옮겨가는 교육과정은 올바르다. 관념적이고 우주적인 시스템 속에서 미시적인 개인의 문제가 아니라 거시적인 생사 문제부터 가르쳤다. 《천자문》의 천지(天地)부터 가르치고 현황(玄黃)부터 가르쳤던 게다. 그다음은 먹고 사는 문제다. 먹고 살려면 무엇을 배워야 할까. 장사를 해봐야 한다. 이후 통합적인 학교 교육의 방향으로 교육이 이뤄져야 한다. 맹모삼천지교를 통해 맹모는 자기도 모르게 제대로 맹자를 가르친 셈이다.

이렇게 보면 이 현(玄)자, 우리가 늘 들며 나는 현관(玄關)이라는 말속에 엄청난 동양사상이 있다. 미래에도 우리는 계속 현관으로 들어갈까.

천자문에 없는 글자, 北

지금《천자문》을 놓고 '현빈' 얘기를 하며 '북쪽' 얘기를 하고 있지만, 막상《천자문》
엔 북(北) 자가 들어 있지 않다.

이상한 일이다. 아주 기초적인 글자가 빠졌다. 왜 그럴까.《천자문》을 만든 주흥사
는 중국이 남북으로 나뉘었던 남북조 시대, 남쪽 나라였던 양나라 사람이다. 혹시
이 사람이 북쪽 사람이 아니고 남쪽 사람이었기 때문에 이상한 일들이 벌어진 건
아닐까.

천자문에 북쪽이 없음을 간파한 사람은 별로 없다. 뿐만 아니라 천자문에는 '봄 춘'
(春) 자도 없다. 반면 다음 계절인 여름, 가을, 겨울은 나온다. 인간의 생활에서 중요
한 북(北) 자, 춘(春) 자가 빠진 것이다. 요즘 사람들의 관점에서만 특이하게 여길 일
은 아니다.

영어에도 제프리 초서(1343~1400)가 글을 쓸 때까지 '스프링'이란 말이 없었다고 한
다. 유명한 윌리엄 셰익스피어(1564~1616)의 희극 〈한여름밤의 꿈〉의 배경은 5월, 계
절상으로는 봄이다. 당시 영국 사람들은 봄이란 개념이 없었던 거다. 사실 영국의

계절은 겨울과 여름으로 나뉘고, 가을이라고 부를 만한 계절이 잠깐 있다. 한국만큼 봄, 여름, 가을이 뚜렷한 나라도 드물다.

다시《천자문》을 만들던 시대로 돌아가 보자. 주흥사는 '북'(北) 자를 빼고 '봄 춘'(春) 자를 뺐다. 반면 잘 쓰이지 않는 한자를 거의 2/3 정도는 넣었다. 이런데도 황제에게 상을 받았다는 거다. 그러니까 이것만 봐도《천자문》이 생각하는 교육은 실용적인 세상을 살아가기 위한 것이 아니었다. 그것은 관념, 시스템을 가르쳐 주는 공부였다. 일본의 '주판' 같은 형이하학이 아닌, 형이상학 교육이었다.

우주 시계, 북두칠성

북두칠성의 계절별 위치

북극성은 일 년 내내 계절에 상관없이 위치가 거의 동일하다. 지도가 없던 옛날에 사람들이 별자리들을 보면서 방향을 찾았는데, 빛나는 7개의 별인 북두칠성이 보이면 북극성을 찾을 수 있어 북쪽의 위치를 알 수 있었다. 북두칠성이 국자 모양 끝부분의 별 두 개를 일직선으로 연결해 그 일직선의 다섯 배 되는 거리만큼 떨어져 위치해 있는 별이 북극성이다. 지구의 자전에 따라 밤하늘의 별은 북극성을 중심으로 회전하는 것처럼 보인다. 따지고 보면 북두칠성은 우주시계다. 옛날 사람들은 북두칠성을 보고 길을 찾았고, 우리가 새로 태어나는 것, 죽는 것, 이런 모든 것을 북극성과 연관지어 이야기했다. 생사를 다스리는 게 전부 북두칠성이라고 믿었기 때문에 우리의 민간 신앙에서는 '칠성신앙'이 큰 비중을 차지한다.

일본에는 원래 이런 믿음이 없었다. 일본 문헌에 사무라이가 전쟁하러 나갈 때 칠성별에게 빌었다든가 하면, "아, 너 한국(조선)에서 온 사람이구나." 하고 알 수 있었다고 한다. 그러니 일본 황실이 새벽 궁성에서 칠성에게 빌었다는 사실이 알려지면 상당히 문제가 될 수도 있다는 게다.

혼비백산

'북'(北)의 갑골문

그런데 이 '북'(北) 자는 어디에서 나온 모양일까. 갑골문을 보면 사람들이 서로 등을 대고 반대 방향으로 가고 있는 모습과 닮아 있다. '위'(胃) 자에다 북 자를 달면? '등 배'(背) 자가 되어 '등 돌린다', 곧 '배신(背信)한다'는 뜻이 된다. 그러니까 '북'(北)에는 왠지 좋지 않은 느낌이 있다.

죽음을 의미하는 북망산이 떠오른다. 흔히 북쪽은 혼백이 만나는 곳이라고 여겼다. 혼(魂)은 하늘로 올라가고 백(魄)은 땅으로 들어간다. '혼비백산'(魂飛魄散)한다는 말이 있는데, 혼은 흩어지고 백은 땅으로 무거워서 들어간다는 의미다. 우리가 죽으면 영혼은 하늘로 가고 몸뚱이는 땅으로 간다. 다시 살려면 이 혼백이 어떻게 해야 될까. 다시 붙어야 한다. 붙는 게 북쪽이다. 우리가 다시 살아려면 어디서 살아날까? 북쪽에서 살아난다. 죽기도 북쪽에서 죽고 살기도 거기서 산다. 북쪽에서 결국 혼비백산이 이루어지는 게다.

나침반

서양에서는 나침반에 '4자'처럼 생긴 기호를 그려 방위를 나타낸다. 지북성(指北性)을 가지는 나침반은 북쪽을 가리킨다. 아인슈타인이 어렸을 때 아버지가 선물로 나침반을 사다줬다. 소형의 영구자석이 수평면에서 자유롭게 회전할 수 있게 하는, 자침(磁針)이 들어있는 나침반이었다. 그 자침은 언제나 북쪽을 가리키고 있었다. 어린 아인슈타인이 '이게 왜 북쪽을 가리키나? 이상하다'라고 생각해서 아버지한테 물어도 알 수 없었다. 아인슈타인은 그때부터 '우주에는 뭐가 있고, 자석은 왜 항상 북쪽을 가리키는가'를 생각하게 되었다.

그 의문이 자꾸자꾸 커져서 왜 물속에서도 우주에서도 나침반이 북쪽을 가리킬까 생각하다가 영국의 물리학자 맥스웰(1831~1879)의 자장이론을 공부하기 시작했다. 그 유명한 맥스웰의 전기자장이론에서 이미 상대성 이론에 앞서서 '상대적'이란 개념이 나온다. 그러니까 어린 아인슈타인이 '왜 북쪽을 가리킬까?' 하는 의심에서 끝나지 않고, 계속 '무슨 힘으로 저렇게 될까?' 하고 고민한 것이 맥스웰 자장이론의 탐구로, 나중에는 상대성 원리라는 우주적 비밀의 발견까지 이어진 것이다.

내가 '하늘이 파란데 왜 하늘이 까맣다고 할까?'라는 의문을 《천자문》에서 찾았던 것처럼, 아인슈타인은 우주에서, 나침반에서 찾았다. 어렸을 때 아버지의 작은 선물 하나가 상대성 원리라고 하는, 엄청난 우주의 질서를 찾아낸 게다.

내가 강연하면 청자들 가운데는 "넥타이 비뚤어졌더군요, 얼굴에 뭐가 났더군요, 반점이 있어요"라고 말하는 사람이 있다. 강의 안 들은 사람이다. 강의를 정말 들은 사람은 넥타이가 뒤집혔는지 얼굴 어디에 반점이 있는지도 모른다. 얘기를 안 들으면서 "와, 저 사람 물도 안 먹고!" 그런 생각만 한다. 내가 제일 싫은 소리가 그것이다. "한 시간 동안 그렇게 연세도 많으신 분이 물 한 모금 안 잡수시고 그러네요". 자신이 보고 듣는 것이 자신의 가슴을 치고 머리를 때려야지 엉뚱한 데에 정신이 팔리면 어떤 것이 정말 중요한지 모르게 되는 거다. 아인슈타인은 그런 사람은 아니었다. 친구들이 다 "자석은 북쪽을 가리키는 거예요"라고 하는 동안, 아인슈타인은 '자석이 왜 북쪽을 가리킬까?' 생각했다.

내가 감히 아인슈타인하고 비길 수 없지만, '왜 하늘이 파란데 까맣다고 가르쳐요?'
라고 한 최초의 질문들이 오랜 세월을 지나오면서 나로 하여금 유불선(儒佛仙)과 동
양사상, 서양사상을 이해하게 만들었다. 그러니 아인슈타인을 만날 때도 이런 별난
질문을 던질지 모르겠다.

"왜 당신 자서전에다 이 자석은 끝없이 북쪽을 가리킨다고 했나. Northward라니.
동시에 다른 자침이 남쪽도 가리키고 있잖소."

북쪽과 남쪽

중국 고대에도 나침반이 있었다. 지남차(指南車), 남쪽을 가리키는 차라는 뜻이다. 나침반은 아인슈타인의 말처럼 북쪽을 가리키고 있지만, 다른 지침은 남쪽도 가리킨다. 자연은 똑같이 남북을 가리키는데 사람은 자꾸 어느 한쪽만 생각하고 다른 한쪽은 제외한다.

'엘리베이터'는 위로 올라간다는 뜻이다. 그런데 올라가기만 하지 내려가진 않나? "나 엘리베이터 타고 내려갈게"라고 말하면 틀린 말일까? 엑시트(Exit)는 나가는 문, 들어오는 문은 게이트(Gate)다. 우리처럼 출입구라고 하면 되는데. 서양 사람들은 어느 한쪽만 택하고 어느 한쪽은 없는 것처럼 여겼다.

나이트(night)는 밤, 낮은 데이(day)다. 하루도 데이다. 두 개가 있는데 어느 한쪽만 갖고 생각한다. 자침이 남북을 동시에 가리키는데 자꾸 북쪽을 가리킨다고 생각하는 것처럼. 이런 생각들이 굳어져서 하나의 시스템이 생겨난다. 한마디로 '구축'되는 것이다. 그러니까 자연하고 구축물은 동일한가? 아니, 동일하지 않다. 구축물은 인간이 인공적으로 만든 시스템이다. '자연 그대로'와 구축물 사이에는 언제나 차이가 있다. 그걸 끝없이 해체하는 게 새로운 사상의 역할이다.

구축과 재구축

모든 게 구축된 것이다. 색깔도 그렇다. 동양인들은, 그리고 한국인들은 동서남북을 나누어서 서쪽과 북쪽에 흑백의 무채색을 넣고 중앙은 노란색으로 했다. 김치를 담는다든지 할 때도 한국 사람은 전부 오방색으로 했다. 하다못해 김초밥 하나에도 오방색의 관념이 들어 있다. 김은 까맣고 밥은 하얗다. 단무지와 계란은 노랗다. 거기다 고춧가루 뿌리거나 실고추를 썰어놓으면 빨갛다. 계란찜에도 오방색이 다 있다. 하지만 자연의 것들은 정해진 색이 없다. 실제 하늘 색깔은 파란색도 검은색도 아니다.

이렇게 따지고 보면 나는 어린 시절 동양의 천자문으로부터 시작한 우주 속에서 나를, 그리고 생명을 끝없이 생각한 셈이다. 아인슈타인이 바늘 하나가 움직이는 것에서 과학적 우주를 바라봤듯이, 그리고 우리가 지금 '현'(玄) 자 하나에서 동양사상을 찾아냈듯이, 자신이, 자신의 생각을 중심으로 삼아서, 세상을 보기 시작하면 바로 자신 안에서 우주를 발견하게 될 것이다.

이것으로 현에 얽힌 이야기도 마무리를 지어야겠다. 이제 나는 동서남북 어디로 가야 할까. 한가운데에 설 것이다. 거기서 북쪽을 바라보며 동시에 남쪽을 사유하리라. 이것이 결론이다.

출간 예정 이어령 유작

끝나지 않은 한국인 이야기 | 전6권

내 마음은 방패연 (가제)

연은 많아도 가운데 구멍이 뚫린 연은 오직 한국에만 있다. 대체 하늘을 향해 무슨 마음을 띄웠기에 가운데가 빈 연을 올렸던가. 유불선 삼교일체의 융합사상을 창조한 한국인의 지혜.

걷다 보면 거기 고향이 있었네 (가제)

도시는 고향을 떠난 실향민의 눈물과 추억으로 세워진 탑이다. 대도시의 아파트에서 한밤중에 눈을 떠 땅속의 지렁이 울음소리를 듣는 디아스포라의 문명 읽기.

바이칼호에 비친 내 얼굴 (가제)

한국인의 정체성을 담고 있는 내 얼굴은 생물과 문화, 두 유전자의 공간과 시간을 찾아가는 신체 지도이다. 얼굴을 통한 한중일 세 나라의 비교문화사.

어머니의 반짇고리 (가제)

옷은 날개이고 깃발이다. 그것은 우리가 추구하는 진선미의 하나다. 어머니의 작은 바늘과 반짇고리 속에 담긴 한국인의 마음, 한국인의 문화 이야기.

애야 밥 먹어라 (가제)

아이들이 뿔뿔이 흩어져 제집으로 달려갈 때, 아무도 부르지 않는 빈 마당에서 저녁노을을 맞이하는 아이들. 한국 식문화의 어제와 오늘을 통해서 본 한국 번영의 출구.

강변에 세운 집 (가제)

모든 문명은 그 시대의 건축과 도시로 축약되고 우리는 그 속에서 나와 민족의 정체성을 읽는다. 충격과 화제를 낳았던 강연 <건축 없는 건축>의 비밀스러운 내용.